우리는 철학에 대해

어느 정도 알고 있다고 생각한다

홍준성 지음

우리는 철학에 대해 어느 정도 알고 있다고 생각한다

모르진 않지만, 잘 아는 것도 아닌 것들에 대한 철학 개념 쌓기

BOOKEND

추천의 말

김겨울 작가

책이 나오면 몇 권 사서 친구들에게 나눠주어야겠다는 생각을 했다. 철학이라는 학문과의 거리를 좁히는 데에 이만한 책이 없다는 생각이 들었기 때문이다.

철학, 하면 무엇이 떠오르는가. 현학적인 말장난? 수염 난 아저씨들? 이 책의 가장 큰 미덕은 철학적 사유를 우리의 일상에서 출발한다는 점이다. 여기서 곧바로 두 번째 미덕을 이야기해야 하는데, 비슷한 시도를 하는 철학서 중에서도 압도적으로 말발이 좋다는 점이다. 우리는 이 철학 연구자가 소설가이자 엄청난 이야기꾼이라는 점을 기억해야 한다. 구어체로 쓰인 저자의 이야기가 술술 읽히는데, 홀린 듯 그 길을 따라가다 보면 당신은 어느새 삶이 결코 철학과 분리될 수 없음을 깨닫게 될 것이다. 그리고 몇 가지 질문을 안게 될 것이다. 거기서부터, 당신의 철학도 시작될 것이다.

문보영 시인

"우리는 철학에 대해 어느 정도 알고 있다고 생각한다"는 한 번도 같은 자리에서 머물지 않는다. 뱀처럼 끊임없이 몸을 틀고 움직이며 사유의 길을 더듬어 나아간다.

'철학은 배울 수 없다'는 이 책의 단호한 첫 문장을 잊을 수 없다. 이 선언은 부정의 에너지가 아니라, 철학의 무궁한 가능성과 뜨거운 파토스를 열어젖힌다. 이는 철학에는 정답이 없다는 안일한 위안이 아니다. "무한 회귀물"인 철학은 뫼비우스의 띠와 같아, 끝없는 헤맴 속에서 다시금 돌아오며, 그 여정에서 어떤 것도 사라지지 않는다.

이 책은 우리를 무장시키지 않는다. 지식의 축적에 무게를 두지도 않는다. 대신 감각을 재구성하도록 하며, 우리가 익숙해진 어둠 속에서 눈을 뜨도록 한다. 어둠 속에서 빛의 부재를 감각하게 하고, 그 부재 속에서만 피어나는 상상력의 시간을 선사한다. 나는 인생의 고비마다 이 책을 펼쳐볼 것이다. 현기증 나게 복잡한 세계에서 우리는 어떻게 살아갈 것인가? 그 물음의 시작은 이처럼 위험하고도 매혹적인 자리일 것이다.

박홍영 **교수(충북대학교 정치외교학과)**

일반적으로 철학은 어렵고 난해하다고 말합니다. 그런 이유는 철학자들이 말하는 언어가 일상의 언어가 아니고, 철학적 인식 방법이 일상의 인식 방식과 다르기 때문입니다. 쇼펜하우어의 『의지와 표상으로서의 세계』도 그렇습니다. '세계'는 이미 있습니다. 그런데 그는 '세계'를 '의지'로 보며, '표상'(주관적 형상)으로 봅니다. 다른 철학자들은 '세계'를 '이성'과 '합리성', '객관적 형상'으로 봤습니다. 이렇듯 쇼펜하우어 방식은 다른데, 그 다름의 설명 방식이 난해하니 철학은 어렵다고 합니다.

그런데 홍준성 작가는 이런 차이를 간명하고 편하게, 그러면서 지적으로 생각(사고, 사유, 고민)하게 합니다. 이미 책 제목이 이를 방증합니다. 우리는 철학에 대해 어느 정도 알고 있습니다. 그러니 독자들은 이번 기회에 자기 생각을 잘 다듬어 보길 권합니다. 칸트도 마르크스도 잘 풀립니다. 더불어 사회와 예술, 종교와 철학도 "간명하고 편하게, 그러면서 지적으로" 잘 풀어냅니다. 그런 이유로 속삭이듯 일독을 권합니다.

차례

추천의 말 5
프롤로그 철학을 배우는 것이 어떻게 가능하겠는가? 11

Agora. 사회

사회 비사회성에 기반한 사회성 읽기 26
인민 아무개를 위한 정치철학 강의 71
헌정 헌법적 환상과 문명화된 검투장 97

Agora. 예술

퇴폐 몰락한다는 것은 무엇인가? 132
이미지 보기보다는 보여지는 존재 171
낭만 잊어버린 낭만에 대하여 179

Agora. 종교

신 독실한 데카르트에 대한 고찰 210

무신론 참호 속에는 무신론자가 없다 233

종말 정치적인 종말론 독법 250

Agora. 철학

철학 열린 태도부터 생산적 무능력까지 274

진리 진리의 두 얼굴 321

에필로그 주의사항 354

일러두기
- 이 책에서 인용한 사전적 정의는 『표준국어대사전』을 따랐습니다.
- 성경 구절은 대한성서공회의 『성경전서 개역한글판』(1961)을 따랐습니다.

프롤로그

철학을 배우는 것이 어떻게 가능하겠는가?

철학을 배우고자 이 책을 펼쳤을 이에게 제일 먼저 드리고 싶은 말씀은, 철학은 배울 수 없다는 것입니다. 중요한 부분이니 반복해서 말하겠습니다—철학 자체는 전달 불가능합니다. 이것이 축복인지 유감인지에 대한 가치판단은 유보하도록 하겠습니다. 그건 제 몫이 아닌 까닭입니다.

지금 이게 무슨 말인지 궁금하다면, 그 반례들을 떠올려 보시면 됩니다. 이를테면 생물학은 가르쳐질 수 있습니다. 생물학이란 생명체의 생리적 메커니즘이나 발생 및 진화를 연구하는 자연과학의 한 분과이죠. 여기서 밝혀낸 사실 중 하나인 '심장'의 생리적 기능이란, 혈액을 온몸으로 펌프질하여 산소와 영양소를 공급하고 또한 노폐물을 제거하는 역할을 한다는 것입니다. 이 사실은 일단 규명된 순간부터는 좀처럼 바뀌지 않습니다. 즉 심장에 대한 생물학적 진리인 거죠. 그래서 이 분야를 가르치는 교수는 고대 이집트에서 심장을 지혜나 기억이 저장되는 공간으로 이해했다거나,

혹은 히포크라테스Hippocrates가 주장한 혈액, 점액, 황담즙, 흑담즙의 4체액설이 균형을 이루는 기관으로 심장이 지목됐다거나 하는 식의 옛 이론들은 가르치지 않습니다. 당연하죠? 반복컨대 심장에 대한 생물학적 진리는 이미 규명됐기 때문입니다. 따라서 저 진리를 요약된 형태로 효율적으로 교육받고, 그 위에서 좌심실에 위치한 유입 판막의 기능이나 폐정맥이 혈액을 이동시키는 세부적인 메커니즘 같은 추가적인 사실들을 연구할 수 있습니다. 이처럼 생물학에서는 과거로부터 물려받은 진리를 딛고서 좀 더 심장에 대한 진리에 가까이 다가가는 것, 다시 말해 학문적 진보가 성립됩니다.

물리학이나 화학, 천문학도 마찬가지입니다. 현대천체물리학 교과서를 펼쳐보시기를 바랍니다. 기원전 6세기 그리스의 아낙시만드로스Anaximander가 지구를 원기둥처럼 생긴 형태로 떠올렸다거나, 아리스토텔레스Aristotle가 별과 행성들이 지구를 둘러싼 원형 궤도를 그리고 있다고 했다거나, 또는 클라우디오스 프톨레마이오스Claudius Ptolemy가 천체의 운동을 대원과 주전원의 조화로운 원운동으로 설명했다는 것—그러니까 '천동설'에 대한 이론들은 일절 나오지 않습니다. 당연히 2세기 아랍의 천문학자들이 '알마게스트' Almagest라는 제목으로 번역했던 프톨레마이오스의 『천문학

집대성 *Megalē Syntaxis tēs Astoronomias*』 같은 저술을—무려 고전 라틴어와 아랍어까지 익혀가며—번역해서 연구하는 천문학자도 없죠. 왜냐, 17세기에 이미 그 유명한 갈릴레오 갈릴레이 Galileo Galilei가 망원경을 이용해 금성의 위상 변화와 목성의 위성을 관측함으로써 지동설을 증명했기 때문입니다.

이처럼 여느 학문 분야에서는 진리가 증명되면 오류의 역사는 폐기 처분됩니다. 이를 통해 규명된 사실과 원리들을 차곡차곡 쌓아서 진보의 계단을 만들어볼 수 있죠. 그러니까 변하지 않는 항구적인 진리가 증명 가능하다는 것은, 곧 이것들로만 이뤄진 교과서를 만드는 것이 가능하다는 의미입니다. 반대로 빅뱅 이론과 암흑 물질을 공부하기 위해 프톨레마이오스의 우주론부터 천년도 넘게 쌓인 케케묵은 텍스트들을 모두 논파해야 한다?—이 경우엔 분량상 교과서를 만드는 것이 불가능하죠. 그리고 이는 사실상 보편적인 진리가 증명된 적이 없음을 뜻합니다. 그게 없으니까 이때까지 나온 학설들을 모두 뒤적거려보는 거 아니겠습니까? 어디선가 진리의 힌트를 발견하게 될지 모른다는 막연한 기대와 반대로 아무것도 찾지 못할지도 모른다는 불안이 뒤섞인 안개 속을 끝없이 헤매는 것입니다.

철학이 처한 사정이 바로 이런 것입니다—철학은 진보하지 않습니다. 이를테면 스토아주의 Stoicism의 경우를

봅시다. 이 철학은 헬레니즘 시대에 발생하여 로마 때 유행한 고대의 철학 사조입니다. 로고스로 대표되는 보편적인 이성과 금욕적인 삶을 중시했는데, 그 유명한 헤겔Georg Wilhelm Friedrich Hegel이 1807년 스토아주의를 현실 도피적이고 소극적인 세계관에 불과한 것으로 대차게 비판한 뒤로—19세기는 누가 뭐래도 헤겔이 철학의 왕이었던 시대였으므로—한동안 잊혔습니다. 그러나 21세기에 들어오면서 영미권을 중심으로 불확실한 시대의 심리적 안정 추구를 위한 방책으로 스토아주의가 다시 소환됐죠. 웹사이트에 stoic이나 stoicism으로 검색하면 자기 계발부터 철학 비평까지 온갖 종류의 스토아주의 저술들이 쏟아지는 걸 볼 수 있습니다. 무덤에 있는 헤겔이 통탄할 일이긴 한데, 좌우간 여기서 취할 수 있는 건 오래전에 망각되고 거부됐던 철학 사조가 갑자기 현대에 재발굴됐다는 것입니다.

그럼 이게 스토아주의만의 예외적인 현상인가. 아닙니다, 전혀 그렇지 않습니다. 철학계를 적당한 높이에서 저공비행만 해봐도 칸트로의 복귀, 현상학 르네상스, 서양철학은 플라톤의 각주, 헤겔로의 회귀, 마르크스의 부활, 스피노자의 귀환, 프로이트로 돌아가자, 다시 소크라테스에게 묻는다 등 옛 철학 사조로 되돌아가자는 온갖 구호와 운동들이 넘쳐난다는 걸 쉽게 확인할 수 있기 때문입니다. 이쯤 되면 사실상 철학이라는 장르는 무한회귀물인 셈인데, 이게 증명해주는 건 철학에 항구적인 진리가 없다는 것입니다.

이 때문에 벌어지는 가장 적나라한 현상이 뭐냐? 이제는 전국 대학교에 몇 남지도 않은 철학과에 진학해서 1학년 전공기초 과목을 들을 때 겪는 가장 당혹스러운 경험은, 철학엔 전공기초 교재나 공인된 교과서가 없다는 것입니다. 대신 철학의 역사를 배웁니다. 믿어지십니까? 철학의 역사를 배운다고? 당연히 철학사는 지극히 피상적인 개념 겉핥기에 지나지 않을 수밖에 없습니다. 장차 2천여 년 동안 쌓인 방대하기 짝이 없는 철학 저술들을 한 개인이 모두 소화해서 요약한다? 그것도 600~700쪽 남짓한 분량 안에? 그건 물리적으로 불가능합니다. 그런데 철학과에선 이런 걸 입문 과정처럼 행합니다. 다른 학문에서 보면 이건 지극히 이상한 일입니다. 반복컨대 천문학과에서 프톨레마이오스 우주론을 공부하고, 화학과에서 연금술 저술들을 번역하진 않죠. 그런데 철학에선 기원전에 적힌 철학 텍스트를 현대에 아무렇지도 않게 다시 소환해서 다룹니다. 반복컨대 철학은 진보하지 않기 때문입니다.

그렇다면 왜 이렇게 됐을까요. 이는 인류의 궁극적인 목적은 무엇이고, 세계의 근본 원리가 무엇인지 같은 철학이 추구하는 질문의 터무니없는 거대함에 기인합니다. 이번에도 예시를 들어보겠습니다. 심장은 내장된 전기전달체계에 의해 운동합니다―이는 생물학적 진리입니다. 표층해류는 바람의 마찰력에 의한 해양 상층부의 운동입니다―이는 해양학적 진리입니다. 우라늄은 그 원자핵이 분열하여 두 개 이상의 작은 원자핵으로 나뉘는 핵분열 운동을 할 수 있습니다―이는 화학적 진리입니다. 그런데 위의 내용으로 미뤄보아 '만물의 근본 원리는 운동이다'라는 추론을 한다면 이때부터는 철학의 영역입니다. 그렇다면―오!―그러합니까? 알 수 없습니다. 이러한 추론에 나름의 일리가 있다고 말할 수는 있겠지만, 반론들도 얼마든지 가능하기 때문입니다. 이를테면 전자가 낭만주의 음악을 들으면서 춤추진 않습니다. 전자는 전기장과 자기장에 관한 연립방정식인 맥스웰 방정식이 정리한 기본 법칙에 따라서 운동하죠. 이때 운동은 법칙을 벗어날 수 없는 것처럼 보입니다. 그러면 이렇게 반문할 수도 있겠군요―세계의 근본 원리는 고정불변의 법칙일 수도 있지 않을까?

게다가 '만물의 근본 원리는 운동이다'에 대한 질적 차원을 구체적으로 건드리면 문제는 더욱 복잡해집니다. 이는 진보할 수도 있고, 퇴보할 수도 있으며, 쳇바퀴 돌 듯 반복될 수도 있고, 그냥 무작위로 옮겨갈 수도 있습니다. 또한 운동은 전쟁일 수도 있고, 협력일 수도 있죠. 능히 예측되듯, 이에 대한 철학자들 각각의 논증은 굉장히 빽빽하고 또한 첨예합니다. 이런 것들을 검토하다 보면 사실상 진리가 없거나 혹은 있더라도 인간 능력으로는 발견할 수 없는 게 아닐까 싶은 기분이 들 정도이죠. 그러나 이러한 회의주의조차도 일종의 철학적 진리에 속합니다. 인류가 도달할 수 있는 궁극적인 지혜를 회의주의로써 규정짓고 있기 때문이죠—이 이상을 넘어가면 광기라는 겁니다. 물론 이 역시도 딴죽을 걸어볼 수 있습니다. 달에 착륙하고 인류의 평균수명이 계속 늘어가는 것처럼 여러 분야에서 지식이 축적되고 삶이 좀 더 개선되는 듯한 증거들이 엄연히 존재하기 때문입니다. 그러나 동시에 이에 대한 반례로서 지구온난화와 우울증 발병률의 증가 또한… 아, 여기까지만 합시다. 하고자 한 말은 충분히 한 듯싶으니까.

세계는 현기증 나리만큼 다양합니다. 또한 이 다양한 것들이 끊임없이 변화하기까지 하죠. 심지어 서는 곳이 달라지면 보이는 풍경도 바뀌는 법이죠? 각각의 철학자가 속한 계급, 성별, 종교, 경제, 지역, 국면 등에 따라서 무수한 관점 변화가 이뤄질 수 있습니다. 따라서 무엇을 근본으로 둘지, 그리고 그 근본의 구체적인 논리체계가 무엇인지에 대한 경우의 수는 사실상 통제 불능입니다. 덕분에 철학에 대한 그나마 신뢰해볼 만한 규정으로, 철학자들이 하는 것이 곧 철학이라는 시시콜콜한 유명론적 농담은 상상 이상으로 진지하게 고려될 필요가 있습니다. 이제 여러분이 어떤 세계에 발을 들였는지 감이 오시는지요. 철학을 배우겠다는 건 바로 이 사유의 심연 속으로 잠수하겠다는 뜻입니다. 여러분이 짊어진 정신적 산소통에 여유가 있을 확률은 극히 희박하며, 강한 조류로 인해 통제력을 잃고 어디론가 빨려 들어갈 심산이 큽니다―아직 늦지 않았으니 얼른 일상으로 돌아가시기를 바랍니다!

자, 이제부터는 평범한 삶의 복귀를 거부한 치기 어리고도 용감하며 정신 나간 이들을 위해 마저 적자면, 이런 맥락에서 임마누엘 칸트Immanuel Kant가 논리학 강의를 하면서 했던 철학에 대한 설명은 지극히 옳다고 하겠습니다.

> 철학을 배우는 것이 어떻게 가능하겠는가?―철학자는 다른 철학자의 이른바 폐허 위에 자신의 고유한 업적을 쌓는다. 그러나 결코 모든 부분에서 항구적이라고 할 수 있는 업적은 없었다. 따라서 우리는 철학이 아직 주어지지 않았다는 이유만으로도 철학을 배울 수 없다. 설사 그러한 철학이 실제로 주어져 있다고 가정하더라도, 그것을 배운 그 누구라도 자기가 철학자라고 말할 수는 없을 것이다. 그것에 관한 그의 지식은 언제나 주관적으로 정보 기록적일

따름이기 때문이다.¹

그리하여—반복컨대—철학을 배우고자 이 책을 펼쳤을 이에게 제일 먼저 드리고픈 말씀은, 철학은 배울 수 없다는 것입니다. 물론 저는 이 책에서 제가 '철학'이라고 생각하는 바에 대해 최선을 다해, 되도록 양심을 지키고자 몸부림치며, 그리고 발휘할 수 있는 최대한의 친절함을 동원하여 전달하고자 노력할 것입니다. 그러나 동시에 제 운명을 낙관하기란 쉽지 않습니다. 철학을 가르치는 것이 불가능하다고 선언했던 저 위대한 칸트조차도, 심지어 철학사에서 극히 중요한 봉우리 중 하나인『순수이성비판』을 적어냈음에도 불구하고, 후대에 그 철학이 너무 형식적이라는 헤겔의 비판이나 혹은 칸트는 백치에 불과하다는 니체의 공격을 피할 수 없었거든요. 그래서 어떤 의미에서 칸트는 자신의 운명을 예감했다고도 볼 수 있겠습니다. 자신의 평생을 바쳐 쌓아 올린 철학이 철학사에서 거대한 폐허로 남게 될 것이라는 슬픈 결말에 대해서 말이죠. 그러니 저라고 크게 다르겠습니까?

물론 너무 절망하고만 있을 필요는 없습니다. 미답지는 탐험가의 가슴을 뛰게 하죠. 아직 철학이 무엇인지 밝혀지지 않았다는 건, 언제든지 다시 도전할 수 있다는 뜻입니다.

또한 철학은 나를 옥죄는 고르디우스의 매듭을 단호히 비진리로 선언하며 잘라버릴 수 있는 하나의 검이 되어주기도 하죠(물론 그 검이 언젠가 나 자신을 향하게 될지도 모른다는 점을 간과해선 안 되겠지만 말입니다). 게다가 폐허라는 칸트의 저 비유도 다시 해석해볼 수 있습니다. 듣자 하니 석유는 고대 해양 생물의 사체가 퇴적되어 대략 수백만 년에서 수억 년 동안 높은 압력과 열을 받아서 형성된 화석 연료라죠. 따라서 우리는 루이 알튀세르Louis Althusser가 주장했듯, 현실을 규명하고 변혁하기 위한 중요한 연료를 시추하기 위해 철학사의 퇴적층에 이른바 "철학적 원형추"❖를 꽂는

❖ 루이 알튀세르, 권은미 역, 『미래는 오래 지속된다』, 이매진, 2008, 225~226쪽. "내가 어떤 저자(그 저자의 저서 자체)를 통해 기억하고 있거나 한 학생이나 친구의 입을 통해 들은 의미심장한 구절은 내게 있어서 철학적 사상 속으로 파 내려가는 깊은 시추 작업처럼 사용됐다. 바다 깊은 곳을 뒤지는 석유 탐사가 바로 이런 시추 작업을 통해서 진해되는 것은 알려진 사실이다. 좁다란 착암기가 지하 깊숙이 파고들어가서는 지하 물질이 담긴 '원형추'라 불리는 것을 지상으로 가져오면, 그것들을 통해 깊숙한 지하의 여러 지층을 구성하는 요소에 대한 구체적인 정보를 알 수 있게 되며, 그리고 지하수층 아래위로 포개진 다양한 수평층 중에서 어느 곳에 석유나 석유를 함유한 토양이 존재하는지 감정하게 된다. 나는 철학에서도 똑같은 방식으로 해 나갔다는 것을 지금 분명하게 깨닫는다. 주워들은 구절들이 내게는 '철학적 원형추'로 쓰였으며, 그것들의 구성요소(그리고 분석)를 보고 나는 문제가 된 그 철학의 여러 깊은 지층들의 성격을 쉽게 재구성했다. 그때부터, 바로 그때부터 나는 이 원형추가 추출된 철학 텍스트를 읽기 시작할 수 있었다."

것이라고 말해볼 수도 있습니다. 그렇지만 폐허이건 시추이건 간에 이런 비유야 아무래도 좋습니다. 이건 취향의 문제일 뿐이며, 취향에 대한 논쟁은 무의미한 까닭입니다. 좋을 대로 하시죠.

그렇지만 여기까지 말했을 때 적어도 동의해볼 수 있는 한 가지는, 우리에게 궁극적인 무언가를 향한 욕망이 존재한다는 것입니다. 철학적 여정이 그 끝에 닿을 수 있을지 말지는 미정이지만, 또한 가진 재능이 모차르트인지 살리에르인지의 문제도 직접 뚜껑을 열어보기 전까지는 미정이지만—욕망을 갖게 했으면 재능도 주셨어야지!—그럼에도 우리가 그 여정을 떠나볼 수는 있는 존재라는 것 정도는 인정해볼 수 있죠. 따라서 철학적 주체는 아주 묘한 상황에 있다고 볼 수 있겠습니다. 철학Philosophie이 무엇인지에 대한 구체적인 앎은 부재하지만, 그 철학을 추구하는 철학함Philosophieren은 유효하기 때문이죠. 참고로 칸트는 모든 과거의 철학을 철학적 이성을 단련하기 위한 일종의 예제로서 취급해야 한다고 말했습니다.

> 철학함을 배우기를 원하는 사람은 철학의 모든 체계를 다만 이성의 사용에 관한 역사로 그리고 자신의 철학적 재능을 연습하는 대상으로 여겨야 한다.[2]

본 책을 통해 제가 제안드리는 바도 이와 같습니다. 목차를 통해 이미 보셨듯, 본 책은 일종의 철학적인 개념 사전으로 기획됐습니다. 낭만, 무신론, 사회, 퇴폐, 종말, 철학, 진리 등 제 나름대로 지금 이 세계를 살아가면서 필요하다고 판단되는 개념들, 좀 더 정확히는 통념의 결을 거슬러서 그곳에 켜켜이 쌓인 먼지들을 다시금 솔질해야만 한다고 여겨지는 개념들을 추려서 모아놓은 거죠. 당연히 새롭게 환기된 본 개념들이 우리가 속한 시대에 대한 일종의 철학적인 비상 프로토콜이 되어주길 희망하고 있습니다─적어도 저는 제 인생의 고비마다 이 개념들을 되짚곤 합니다. 그러나 정답이길 희망하는 것과 정답인 것은 전혀 다른 차원의 문제이죠. 저야 이 개념들을 이어서 엮어낸 철학의 성좌가 진리를 가리켰으면 하지만, 동시에 진리는 바람을 무시하는 걸로 악명높습니다. 그렇지만, 적어도 본 책이 여러분 각자가 가진 철학적 기량을 시험하고 단련하는 데엔 꽤나 쓰임새가 있으리라 감히 믿고자 합니다. 자유롭게 스스로 사유하는 여러분의 철학함을 향해 행운을 빌며 이만 줄이도록 하겠습니다.

이만 마칩니다. 총총.

1 임마누엘 칸트, 이엽 외 2명 역, 『논리학·교육론』, 한길사, 2021, 50쪽.
2 같은 책, 같은 쪽.

Agora.

사회

사회
비사회성에 기반한 사회성 읽기

어디를 가든 사회: 학교부터 지하철까지

사회. 우리는 '사회'에 대해 어느 정도 알고 있다고 생각합니다. 그도 그럴 것이, 인간들이 모인 집단이죠. 통상 사회는 공통된 목적이나 가치관을 공유하면서 묶인 인간 단체를 일컫습니다. 학교, 교회, 동호회, 회사, 군대, 민족, 국가 등 떠올릴 수 있는 예시는 많죠. 당연한 말이지만 인터넷 커뮤니티 역시도 사회의 일종입니다. 개별 커뮤니티가 가진 정체성을 공유하는 구성원들이 광케이블을 통해 디지털적 공통 공간을 공유하죠—앞서 말했듯, 공통 목적이나 가치관 따위를 제공해줌과 동시에 이들이 모일 장소가 구비될 때, 그 모든 형태를 '사회'라고 지칭할 수 있습니다. 실제로 표준국어대사전에도 이렇게 정의되고 있죠.

> 공동생활을 영위하는 모든 형태의 인간 집단. 가족, 마을, 조합, 교회, 계급, 국가, 정당, 회사 따위가 그 주요 형태이다.

이 책의 첫 장을 '사회'로 골랐을 만큼, 저는 사회 개념을 이해하는 것이 중요하다고 보고 있습니다. 물론 저 외에도 많은 이들이 이렇게 생각하고 있죠. 사회가 인간에게 아주 중요하다는 것을 누군가에게 납득시키기 위해, 가령 인간의 뇌는 사회적 인지 및 감정 처리와 관련된 전두엽 피질과 변연계가 발달했다는 식의 신경과학적 논증까지 갈 필요는 없습니다. 사실 직관적으로 보더라도 우리가 시간의 대부분을 보내는 곳은 사회이기 때문이죠. 사회에서 태어나서 사회에서 살아간다고 봐도 무방합니다.

몇 가지만 나열해보자면, 평범한 유년기의 기억 자체가 유치원이라는 사회에서 시작되는 편입니다. 혼자 기어 다니던 이불보보다는 유치원 소풍을 기억하실 심산이 크죠. 그런 뒤엔 보통 국가 단위의 공동체가 요구로 하는 시민을 육성하기 위해 설치된 학교, 다시 말해 초중고 12년제 의무교육으로 넘어갑니다. 여기서 뜻이 맞는 이들끼리 뭉치는 또래집단이 발생하고, 동아리나 입시 학원 같은 또 다른 집단으로 세분화되죠. 이 과정이 끝나면 회사에 취업하거나 대학에 진학합니다. 새로운 법률과 관습에 따라 움직이는 더 큰 사회로 넘어가는 거죠. 설령 이 과정에서 이탈하더라도—이를테면 이른바 '자택경비원'을 하고 있더라도—완전한 의미에서 아무 데도 속해있지 않기는 매우 힘듭니다.

대개 취미나 자신의 상황을 공유할 수 있는 이들이 모인 인터넷 커뮤니티에 소속되어 있죠. 다시 말해 인간의 일생은 사회에서 사회로 넘어나기를 반복합니다.

그래서 여러분이 알고 있는 가치나 체계는 거의 대부분 사회적인 것입니다. 도덕?—무인도에 혼자 살면 도덕이 필요 없습니다. 유머?—공유된 맥락이 없으면 웃을 수 없습니다. 예술?—예술은 창작자-후원자-관객 등 사회적 상호작용 내에서 구성됩니다. 인정이나 평판 역시도 모두 사회적인 합의에 기반하죠. 각종 체계는 말할 것도 없습니다. 교통, 경제, 치안, 의료, 형법 등 사회적인 목적과 수단으로부터 분리된 체계가 단 하나라도 있습니까? 그래서 "지식사회학은 인간 실재를 사회적으로 구성된 실재로 이해한다"[1] 라고 했던 지식사회학의 목소리에 무게가 실리는 데엔 그럴 만한 이유가 있는 셈이죠.

심지어 가장 사적인 감정으로 분류되는 '사랑'도 마찬가지입니다. 어쩌면 사랑 자체는 그 본질에서 극도로 사적인 것인지도 모릅니다. 통상적인 로맨스물의 문법처럼 신분이나 계층을 뛰어넘어 당신의 존재 그 자체를 사랑하는 것, 즉 고유성의 세계가 곧 사랑인 것처럼 보이기 때문입니다. 그러나 이 경우에도 사랑은 사회와 완전히 분리되지 않습니다. 가령 사랑이 어떻게 표현되어야 하는지에 대한 규범은 그 사회의 문화적인 맥락과 강력히 묶입니다. 이는 상대 부모에 대한 공양 선언일 수도 있고, 영화관과 카페에 장시간 단둘이 있는 것일 수도 있죠. 사랑이 형성하는 관계도 마찬가지입니다. 이는 사회의 분위기에 따라서 결혼일 수도 있고, 혹은 단순 동거만으로도 충분할 수 있죠. 그러니까 사랑이 개인의 고유한 내면에서 발현되더라도, 그 뿌리는 사회라는 대지에 깊이 박혀 있을 수밖에 없습니다.

 예시를 좀 더 확장하자면, 사회는 곧 물질이기도 합니다. 이를테면 오늘 지하철 타고 출근하셨죠? 이 지하철을 만들고 운영하는 주체가 누구입니까? 넓게 보면 '국가'입니다. 노동자나 소비자를 특정 장소로 효율적으로 옮기기 위한 경제적인 목적이건, 혹은 좀 더 낭만적으로 시민들의 이동 편익에서 오는 행복추구권을 조력하기 위해서건 간에, 국가라는 사회적인 기구가 예산과 인력을 투입해서 지하철을 설치한 것입니다. 이에 대한 세분화된 구성도 마찬가지로 철저히 사회적입니다. '지하철'이라는 차량은 어디서 온 것입니까?―이는 대학 구성원들로 이뤄진 기계공학의 산물입니다. 여기서 뽑아낸 설계도에서 요구하는 철강이나 알루미늄 같은 실물은?―이를 채굴하기 위한 별도의 광업 공동체가 필요하고, 당연히 이를 수송하기 위한 운송 공동체도 필요합니다. 이외에도 철도차량정비기능사나 철도

토목기사 등 철도 운영을 위한 세부적인 기술 집단들 역시도 반드시 있어야만 하죠. 그러니까 무슨 말이냐면, 사회가 없으면 오늘날 여러분이 누리는 물질 대부분도 없다는 것입니다. 다시 말해 사회는 가치와 물질 전반에 직간접적으로 개입합니다.

마르크스적 예제: 고립된 개념은 존재하는가?

그리하여—반복컨대—사회를 이해하는 것은 굉장히 중요합니다. 사회를 모른다는 것은 단순히 사회만을 모른다는 뜻이 아니라, 그 사회에서 숨 쉬고 살아가는 자기 자신을 모른다는 뜻이기 때문입니다. 물론 이런 생각은 개인성의 반발을 일으키기 쉽습니다. 개인성이 사회성 안에서 구성되거나 혹은 긴밀히 엮여 있는 것이라면, 이는 개인성 단독으로 자기 자신을 성립시킬 수 없다는 뜻이기 때문입니다. 사회는 복잡하고도 역동적인 공간이며, 심지어 개인을 짓밟는 거대한 소용돌이로 돌변하기도 하죠. 이런 것과 엮여 있다는 것은, 사실상 태풍과 이인삼각 달리기를 하겠다는 소리와 다를 바가 없습니다. 따라서 불안하고도 불안하죠—불안할 수밖에 없는 것입니다.

그래서 이 불안은 반작용으로서, 사회성에서 벗어난 개

인만의 어떤 고유한 속성이 존재해야 한다는 요구로 이어집니다. 그 무엇으로도 침범 불가능한 단단한 개인만의 토대가 있다고 믿으려는 거죠. 이는 매우 인간적인 경향이며, 특히 외부 변화에 예민한 문학가들에게서 자주 보이는 증상이기도 합니다―무수한 소설과 수필에서 내면의 단단함에 대한 예찬가를 자주 볼 수 있죠. 어떤 의미에서 이는 '아르키메데스의 점'Punctum Archimedis 같은 것입니다. 자신한테 적절한 지렛대의 받침점만 제공해주면 지구도 들어 올리겠다는 유명한 말이죠. 이 개인은 사회의 바깥으로 나갈 수 있음과 동시에 이를 들어 올리는 능력까지 갖춘 단단한 주체입니다. 그러나 이 비유의 핵심은 지구를 들어 올릴 만큼 긴 막대나 그것을 버틸 수 있는 받침점 같은 건 현실에 존재하지 않는다는 데에 있습니다. 아르키메데스 앞에 있었던 건 자신의 기하학 수식들을 짓밟으며 다가오던 로마 병사였죠. 이런 맥락에서 마르크스Karl Marx가 단독성을 비판했던 사유는 곱씹어볼 만합니다.

> 나아가서 의식이 자기 홀로 무엇을 시작할까 하는 논의는 이러나저러나 마찬가지이다. 이러한 전적으로 쓰레기 같은 논의에서 우리가 얻게 되는 유일한 결론은 다음과 같다. 즉 생산력과 사회관계, 의식이라는 세 가지 계기는

서로 모순에 빠질 수 있고 또 모순에 빠질 수밖에 없다는 것이다. […] "유령", "연대", "고차적 존재", "개념", "숙고[Bedenken]" 등의 표현들이 단순히 관념론적이고 종교적인 표현이고 또 얼핏 보면 고립된 개인에 속하는 관념처럼 보이지만, 이 표현들은 삶의 생산 방식과 그것과 연관된 교류 형식이 발생하는 운동을 실제로 제한하는 경험적인 속박과 한계를 반영하는 관념에 불과하다.[2]

독단적인 것처럼 보이지만 동시에 사회적인 모순은 어떻게 벌어지는가? 구체적인 이해를 돕기 위해 열거된 예시 중 '고차적 존재'와 '숙고' 이렇게 두 개만 뜯어보겠습니다. 먼저 고차적 존재의 경우, 이것이 뜻하는 바는 단연 신입니다. "태초에 말씀이 계시니라 …"라는 「요한복음」 1장 1절 말씀처럼, 교리상 신은 이 세계를 창조한 존재로서 설정됩니다. 따라서 사회로부터 신이 배태된 것이 아닌, 사회를 창조하고 허락한 존재가 바로 신입니다. 그리고 이것이 받아들여지는 방식은—복잡한 신학적 논증을 제외한다면—소위 자신은 신의 존재를 느껴봤다는 경험입니다. 위의 인용문 표현으로는 "경험적인 속박"이죠. 이를테면 갑작스러운 폭풍우를 만나 천둥 번개가 바로 옆에 떨어지는 아찔한 경험을 했던 루터Martin Luther의 경우가 대표적입니다. 그는 이를 단순한 우연이 아닌 신의 부름으로 이해했죠(교황청으로선 유감을 표하지 않을 길이 없는 기상현상이라고 볼 수 있겠습니다). 이외에도 이런 종교적이고도 영적인 경험은 넘쳐납니다. 보통 죽을 고비를 넘긴 경험이나 부모님의 장례식에서 꾼 꿈 따위의 스테레오타입으로 존재하죠.

물론 마르크스가 보기에, 이는 우연에 휘둘리는 인간 존재의 위태로움을 불식시키기 위한 일종의 망상적 해결책입니다. 생사는 무작위적인 것이 아닌 신의 뜻에 달린 일이고, 동시에 신께선 자신처럼 신앙심이 깊은 사람을 함부로 저버리지 않을 것이라는, 허구의 보상체계가 작동하는 거죠. 이때 주목할 것은, 사회학적으로 낮은 소득이나 직업 지위를 가진 이들에게 신앙이 더 도드라지게 나타나는 경향이 있다는 것입니다. 여기엔 여러 요인이 작동하겠지만, 우연이라는 점에 집중하자면, 가난한 계급일수록 우연에 취약할 수밖에 없음을 지적하지 않을 수 없겠습니다. 낙석이나 미끄러짐 같은 산업재해에 해당하는 사고들은 금융가보다는 공사장에서 더 자주 벌어지죠. 또한 가난할수록 우연한 사고를 막기 위한 일련의 조치를 취하기 힘듭니다. 현대에도 하청의 하청을 주는 과정에서 인건비 절감을 위해 안전인력이 배제되는 일이 자주 벌어지잖습니까? 게다가 질병에 걸려도 치료할 돈이 마땅찮다면, 자연치유를 기도할 수밖에 없죠. 그렇기에 가난할수록 종교의 밀도가 높아지는 것은 자연스러우며, 동시에 마르크스가 종교를 이른바 '인민의 아편'Opium des Volkes이라고 규정한 것 또한 자연스럽습니다. 종교는 비참한 현실을 견뎌내기 위한 항우울제인 거죠. 물론 이때 현실이란 철저히 사회 안에서 구성된 병폐이며, 이런 점에서 종교는 철저한 사회적 구성물이라고 할 수 있겠습니다. 마르크스의 말마따나, 인간이 종교를 만드는 것이지 종교가 인간을 만드는 것은 아니니까요.[3]

슐레지엔으로부터의 숙고

그렇다면 '숙고'는 어떠한가? 숙고의 통상적인 이미지는 로댕Auguste Rodin의 「생각하는 사람」처럼 혼자서 고뇌하는 개인입니다. '나는 생각한다. 고로 존재한다'라는 유명한 선언을 통해 사유하는 주체를 정립했던 데카르트René Descartes의 경우도 마찬가지입니다. 데카르트의 사고실험은 집단으로 이뤄지지 않습니다. 이는 난롯가 앞에 앉아서 차분한 마음으로 혼자서 이뤄지는 사색입니다. 즉 데카르트는 고독합니다. 물론 이러한 고독은 데카르트만의 전유물이 아닙니다. 사실 우매한 대중과 고독한 현자의 구도는 역사적으로 굉장히 오래된 전통이기 때문입니다. 가령 아리스토텔레스는 최고의 행복은 이성을 통해 진리를 탐구하는 이른바 관조적 삶theōrētikos bios에 있다고 가르쳤죠. 진리 추구란 시끌벅적한 시장통에서의 대화 같은 게 아닌 것입니다.

그래서 예로부터 사회로부터 두는 거리, 이 거리가 곧 객관의 조건인 것처럼 상상됐습니다. 실제로 우리들의 삶에 나무가 아닌 숲을 보기 위해서는 몇 걸음 떨어질 필요가 있다는 생활의 지혜가 공유되고 있죠. 그러나 거리두기에 실효성이 아예 없다는 말을 하려는 건 아니지만, 그럼에도 '숙고'는 과연 이러한 거리에 기초하는 것일까? 이에 답해 보기 위한 하나의 예시로서 1830년대 독일에서 활동했던 과격파인 '청년 헤겔학파'를 살펴보겠습니다. 그 이름처럼 이들은 헤겔 철학을 급진화하고자 했던—가령 언론의 자유나 봉건주의 타파를 외쳤던—그러니까 당대 권력의 입장에서 볼 때 꽤나 성가셨던 불온한 사상가들이었습니다. 그러나 동시에 이들은 옆나라 프랑스에서 벌어졌던 유혈 혁명과는 달리, 급진적인 시민 봉기에는 직접 참여하지 않았던 지식인 집단이기도 했죠. 그러니까 시민사회와 일정 거리를 뒀던 프로이센식 엘리트였던 것입니다. 그렇다면 이 거리가 어떤 숙고를 낳았냐?

중요한 시험대는 1844년 슐레지엔에서 벌어졌던 가난한 직조공들의 봉기였습니다. 이는 착취에 맞선 독일 최초의 노동자 대중 행동으로 기록된 사건인데, '독일이여, 우리는 너의 수의를 짠다'Deutschland, wir weben dein Leichentuch라는 유명한 시구가 여기서 비롯됐죠. 실제로 이 사건은 공장 건물과 악덕 기업주의 집이 불타올랐던 일종의 반란으로 발전했고, 이내 정부 당국의 군대가 투입되어 유혈 진압으로 막을 내렸습니다. 그렇다면 이 사건에 대한 당시 청년 헤겔학파의 진단은 어떠했냐? 이 진영의 주요 이론가였던 아놀드 루게Arnold Ruge는 "아직까지 여전히 모든 곳에 스며드는 정치적 영혼이 전체 문제에 생기를 불어넣지 않"[4]은 국소적인 반발이자 단순한 기아 폭동으로 이해했습니다. 그러니까 교육을 통해 제대로 계몽된 이른바 "정치적 영혼"을 갖춘 후 정치적 운동을 벌여야 하는데, 슐레지엔의 무지렁이들이 짐승처럼 행동했다는 거죠. 당연히 여기에는 노동자가 스스로 생각할 수 있다는 능동성에 대한 평가절하가 이뤄져 있습니다. 거칠게 말해, 노동자들은 자신들을 이끌어 줄 똑똑한 지도자를 필요로 한다는 거죠.

여기에 반대표를 던졌던 사람이 바로 카를 마르크스입니다. 억압받는 계급이 스스로를 구원해야 한다고 강력하게 역설했죠. 물론 한때 청년 헤겔학파의 일원이었던 마르크스가 처음부터 이런 생각을 가졌던 건 아닙니다. 이를테면 1843년경에 적은 「헤겔 법철학 비판 서설」에서 프롤레타리아트를 해방의 심장으로 규정하긴 하나, 동시에 혁명의 머리는 철학에 있다고 적고 있죠. 그러니까 철학 없이 혁명다운 혁명은 불가능하다는 것입니다.[5] 엘리트주의적 냄새가 짙죠. 이 믿음에 따르자면, 슐레지엔 봉기에는 헤겔 철학을 전공한 지도자가 없었으므로 이는 벌어져서는 안 되는 봉기였습니다. 그러나 실제로는 벌어졌죠—벌어지면 안 되는 것이 보란 듯이 벌어져 버린 것입니다. 그래서 앞서 봤던 청년 헤겔학파의 반응은 이 봉기가 진정한 봉기가 아니었다고 평가절하하는 거였습니다. 반대로 마르크스는? 1830년대의 일련의 경험들과 이 슐레지엔 봉기를 겪으면서 마르크스의 생각은 근본적으로 변화하기 시작했습니다. 슐레지엔 사건이 아무런 놀라움도 주지 못한다고 했던 루게에게 반박하며 그는 이렇게 적었죠.

> 언론 자유와 헌법에 대한 자유주의 부르주아지 전체의 열망을 박살내는 데 단 한 명의 병사도 필요하지 않았던 나라에서, 수동적 복종이 일상사인 나라에서—그러한 나라에서 미약한 직조공들에 맞서 무장력을 전개할 필요성이 사건이 아닐 수 있고 놀랄 만한 사건이 아닐 수 있단 말인가? 무엇보다 첫 번째 조우에서는 직조공들이 승리했다. 그들은 그 후 부대가 증원되고 나서야 진압되었다.✧

여기가 청년 헤겔학파와 마르크스가 갈라지는 주요한 분기점입니다. 1844년 슐레지엔의 가난한 직조공들이 철학을, 그것도 난해하기로 악명 높은 헤겔 철학을 배웠을 리가 없습니다. 빈자로 태어났다면 철학은 고사하고 문맹을 벗어나기도 힘든 시대였습니다. 그러나 항거는 벌어졌고—심지어 청년 헤겔학파가 그토록 집중했던 언론의 자유가 없었음에도!—마르크스는 여기에 집중했습니다. 그리고 슐레지엔에서 들려온 보고들을 상세히 검토하면서 이 사건이 단순히 매 맞는 짐승이 본능적인 발작을 일으킨 부류의 사건이 아님을 알게 됐죠.

이를테면 항거에 참여했던 노동자들은 「피의 법정」Das Blutgericht이라는 시위 노래를 불렀는데, 여기에는 공장 소

❖ 미카엘 뢰비, 황정규 역, 『청년 마르크스의 혁명 이론』, 두번째테제, 2021, 165쪽에서 재인용; 같은 책, 180~181쪽. "이러한 공산주의가 실현되는 구체적인 역사 과정은 프롤레타리아트의 자기 해방 과정이다. 이는 프롤레타리아트가 그들의 빈곤을 자각하고 이로써 혁명적 행동으로 나아가는 것을 통해 이루어진다. 프롤레타리아트의 조건은 인간의 완전한 상실이지만, 이러한 상실에 대한 의식을 통해 재전유의 길이 열린다. 즉 "프롤레타리아트 계급은 […] 헤겔의 표현을 빌리자면, 자신의 실추 속에서 그 실추에 대한 분노라고 할 수 있"고, 그들은 "자신의 정신적·육체적 빈곤을 의식하는 빈곤이자 자신의 비인간화를 의식하는 비인간화"이다. 또한 "프롤레타리아트는 스스로를 해방시킬 수 있으며 또한 그렇게 해야만 한다sich selbst befreien.""

유주와 도매상들이 담합하여 행하는 당시의 착취 상황에 대한 현실적인 인식이 들어가 있었습니다. 또한 부르주아에 대한 공격도 처음부터 폭력 행위로 치달았던 것이 아닙니다. 처음에는 행진하면서 임금 인상 시위를 벌였죠. 서로 연대하고 구호를 짜고—딱 들어도 짐승이 하는 일은 아니죠. 그러다가 경찰이 부당하게 개입하면서 시위는 대대적인 폭력 사태로 번졌는데, 이마저도 살인의 방법으로 벌어진 것이 아니었습니다. 파괴된 건 악덕 공장주들이 착취한 돈으로 쌓은 공장 건물과 저택이었고, 불태워진 것 또한 채무자 명단과 같은 서류였습니다. 그러니까 뭘 모르는 야만인이 마구잡이로 아무거나 때리고 불태운 혼돈의 소용돌이가 아니었다는 거죠.

마르크스는 이를 바탕으로 혁명이 철학자의 머리에서 시작하는 것이 아님을 깨닫습니다. 그리고 널리 알려졌듯 『공산당 선언』에서 프롤레타리아트를 학생이나 하수인이 아닌, 혁명의 주체로서 선언했죠—만국의 노동자여 단결하라! 노동자가 정신적인 역량이 없는 단순 짐승에 불과했다면, 어떻게 그런 존재가 혁명의 주체가 될 수 있겠습니까? 따라서 슐레지엔 봉기에 대한 청년 헤겔학파의 평가절하는 망상입니다. 이 '숙고'는 본인이 사회와 거리를 뒀고, 그래서 객관적인 분석이 가능하다고 믿는 이에 의해 행해지는 것인데, 여기서 사태는 완전히 뒤집힙니다. 되레 거리를 뒀기에 그곳에서 벌어지는 생생한 사태에 대해 제대로 모를 수 있기 때문입니다. 이때 거리는 사태에 대한 객관적인 분석이 아닌, 사태를 제대로 알려고 하지 않는 일종의 무지에의 의지가 돼버립니다.

그렇다면 이런 거리는 어떻게 구축됐는가. 먼저 청년 헤겔학파는 아랫것들과 겸상하지 않았던 프로이센 융커처럼, 대학교라고 하는 엘리트적 사회 분위기를 자기도 모르게 내면화했다고도 볼 수 있습니다. 또한 무지렁이들이 직접 생각하기 시작하면, 그리고 그들에게 그런 능력이 있음을 인정해버리면, 지식인으로서의 자신의 지위가 위태로워지잖습니까?―이는 지금도 쉽게 찾아볼 수 있는 지식인 사회 특유의 배타적인 분위기이죠. 이런 맥락에서 숙고는 거리를 둔 그 사태에 대한 경험과 앎을 차단하고, 그로써 어떤 무지나 평가절하를 유도하는 기술이며, 이는 그 숙고의 주체가 속한 사회적인 관계의 반영에 다름 아닙니다. 다시 말해 숙고는 사회로부터 거리를 두는 것이 아닌, 되레 사회적 생산물인 것입니다.

조온 폴리티콘과 자기원인

예제 해설이 좀 길긴 했지만, 그럴 만한 가치가 있었다고 믿고 있습니다. 지식을 취하는 이가 빠지기 쉬운 객관의 함정이라는 건 참으로 지독하고도 위험한 것이기 때문입니다. 자, 그렇다면 인간이 행하고 생각하는 것 대부분이 사회에서 구성됐거나 혹은 적어도 사회와의 깊은 연관을 맺고 있다는 점을 짚었으니, 이제는 사회에 대한 고전적이고도 여전히 근본적으로 남아 있는 질문 하나를 건드려보도록 합시다―인간은 왜 사회를 이루는가? 아마 이 질문을 던짐과 동시에 아리스토텔레스를 떠올린 사람이 많을 것입니다. 그도 그럴 것이 『정치학』에서 제출된 이 질문에 대한 답변인, 인간은 본성적으로 공동체를 구성하는 동물, 즉 이른바 '조온 폴리티콘'zôion politikon이란 답변이 상식처럼 회자되고 있기 때문입니다.

개인적으로 아리스토텔레스의 이 규정을 다룰 때는 존경심을 가져야 한다고 생각합니다. 물론 철학계에서 존경심은 배신자들이 애용해온 파토스이며―마치 의회에서 상대편 의원에게 붙이는 말처럼 '존경하는 A 의원님의 말씀을 잘 들었습니다. 다만…(이제부터 너를 분해해줄게)'―이전 시대의 학자를 짓밟기 전에 붙이는 관용어에 가깝죠. 저 또한 이 유구한 전통을 받들고자 합니다. 무슨 말이냐면, 사회 개념을 깊게 이해하고자 한다면, 무엇보다 이 아리스토텔레스의 조온 폴리티콘이라는 규정을 거슬러야 한다고 제안드립니다. 다시 말해 인간을 비사회적 동물이라고 가정하고서 사회를 바라봐야 한다는 거죠. 그리고 이 이유는 단순합니다. 아리스토텔레스의 저 규정은 사실 제기된 문제에 대해 실제로 설명한 바가 없기 때문입니다.[6]

이건 또 무슨 말인가? 지금 아리스토텔레스는 '인간은 왜 사회를 이루는가?'라는 질문에 대해 본성적으로 사회를 이루는 존재라고 답변한 게 아닌가? 그리고 이 본성을 제대로 발휘하지 못하면 그건 인간이 아닌, 짐승이거나 신이라는 설명도 덧붙이지 않았나?—그러나 자세히 뜯어보면 이는 구체적인 답변이 아닙니다. 예시를 들어보겠습니다. 가령 여러분이 학자에게 '사람은 왜 담배를 좋아하는가?'라고 물었다고 가정해봅시다. 그런데 이에 대한 답변으로 '사람은 담배를 좋아하는 본성을 갖고 있기 때문이야'라는 대답을 받았다면?—말이야 맞는 말이긴 합니다. 실제로 생물학적으로 담배에 든 니코틴은 인체에 빠르게 흡수되어 뇌에 있는 니코틴성 아세틸콜린 수용체nAChR와 결합하여 도파민 분비를 촉진한다니까요. 그러나 여러분은 높은 확률로 이 답변이 불만족스러울 것입니다. 말장난 같겠지만 우리는

'사람은 왜 담배를 좋아하는가?'라고 물은 것이지, '사람은 왜 담배를 좋아하는가?'라고 물은 건 아니기 때문입니다.

    납득할 만한 구체적인 답변 후보는 다음과 같습니다. 가혹한 노동 환경 내에서 충분한 휴식 시간이 보장되지 않고 있기 때문에 짧은 시간 내에 스트레스를 풀기 위해 흡연 문화가 자리 잡았다거나, 또는 멋들어지게 담배를 태우는 영화배우의 이미지가 대중문화적으로 강한 파급력을 발휘했다거나. 그러니까 지금 무슨 말을 하는 거냐면, 본능을 가정하는 것은 말단의 앎이라는 것입니다. 당연히, 당연히 담배를 좋아하는 본능을 갖고 있겠죠. 니코틴성 아세틸콜린 수용체를 갖고 있지 않은 굼벵이나 잣은 담배에 중독될 수 없으니까요. 그러나 동시에 이 답변은 니코틴성 아세틸콜린 수용체가 활성화되는 구체적인 조건과 양태에 대한 앎을 결여하고 있습니다. 텅 빈 대답인 거죠. 이런 식의 예시는 많습니다. 인간은 왜 투신자살하나요?―인간은 그러한 본능을 갖고 있음과 동시에 중력이 작용하기 때문입니다―아주 틀린 말은 아니지만, 동시에 제대로 된 답변도 아니죠. 따라서 본능이라는 답변은 틀릴 수 없기 때문에 무엇보다 틀린 것입니다. 참고로 철학에서는 이렇게 질문 대상을 하나의 본능이나 본성으로 바꿔서 대답하는 것을 '자기원인' causa sui이라고 부릅니다―대표적인 논리적 오류이죠.

다시 아리스토텔레스로 돌아오자면, 사회적 본능이라는 저 답변은 왜 사회를 이루게 됐는가에 대한 일종의 가짜 답변입니다. 반복컨대 실제로는 답변한 것이 없는 답변이기 때문입니다. 그러므로 이 답변은 '인간은 왜 사회를 이루는가'에 대한 구체적인 탐구를 억압합니다. 사회에 대한 적나라한 진실을 파고들지 못하게 만드는 거죠. 그렇다면 왜 이런 일이 벌어질까? 이는 본성 관념이 가진 한 가지 무서움에 기인하는데, 본성은 본성으로 지목된 것을 의심하지 못하게 만들기 때문입니다. 이를테면 동물의 식욕은 본능입니다. 따라서 근본적으로 동물이 무언가를 먹고 싶어 한다는 점은 구태여 고려되지 않습니다. 고려되는 건 동물이 무엇을 어떻게 먹느냐는 지점이죠. 마찬가지 맥락에서 태풍 역시도 지구 대기 시스템에 따른 자연의 본성입니다. 그래서 어떤 공무원이 태풍 대책으로 '막대한 피해를 입히는 태풍을 압수수색하여 기소하겠다'라고 말한다면, 그 공무원은 업무 배제된 후 정신감정을 권유받게 될 것입니다. 제대로 된 태풍 대책은 대피계획을 점검하고 시설물이나 차량을 보호 조치하는 것을 일컫죠.

그러니까 식욕이나 태풍이 존재한다는 것 자체는 상수입니다. 그래서 상수는 고려되는 것이 아니라, 고려의 조건입니다. 식욕이 없다면 사냥이나 요리법이 생겨날 수 있었겠습니까? 태풍이 없는데 태풍 대책이 생겼을까요? 생겨나지 않는다면 고려할 수도 없습니다. 문제는 이 본능이 사회에서 작동하는 정치나 문화의 영역으로 내려올 때입니다. 반복컨대 본능은 상수를 생산합니다. 그리고 상수로 규정된 것에 대해선 사실상 사고 불능에 빠지게 되죠. 태풍의 경우처럼, 이는 바꿀 수 없는 기정사실이자 모든 사고나 행동의 근본 조건처럼 취급되기 때문입니다.

그렇다면 사회성을 하나의 본능으로 설정할 때 생산되는 사고 불능은 무엇인가. 이때 절대로 잊지 말아야 할 점은 어떠한 인간도 추상적으로 살지 않고 또한 그렇게 살 수도 없다는 것입니다. 어떤 의미에서 마거릿 대처 Margaret Thatcher의 악명 높은 문구인 '사회 따위는 없다'는 진리의 편린을 담고 있다고 할 수 있겠는데—다만 대처는 이어서 '개인도 없다'라는 말을 덧붙이는 걸 깜빡했을 뿐!—실제로 사회 그 자체는 논리적으로 만들어낸 추상적인 개념에 불과하기 때문입니다. 다시 말해 인간은 귀족정이건 왕정이건 혹은 민주정이건 간에 구체화된 사회 속에 소속되어 있습니다. 따라서 조온 폴리티콘이 실제로 작동하는 현실 역시도 이러한 구체화된 사회입니다.

그렇다면 그 구체적인 양태인 군주정이나 귀족정은 뭐가 되죠? 인간 본능의 필연적인 귀결이 됩니다. 군주가

상수라면 이 존재는 절대로 제거할 수 없는 태풍 같은 절대값이 됩니다. 또한 세습 군주나 귀족이 정치를 주도하는 것을 근본 조건으로 둔 상태에서, 모든 정치적 사고를 전개할 수밖에 없게 되죠. 마치 폭군을 제거한 뒤 새로운 선왕을 추대하는 옛 우중이 돼버리는 것입니다. 따라서 무언가를 본성화한다는 것은 많은 경우 그 자체로 음모입니다. 본성으로 설정된 것 너머를 사고하지 않게 하는 기술인 거죠. 이는 전통적으로 이러한 체제를 통해 이득을 보는 지배계급의 이해관계일 수도 있고, 반대로 체제를 바꾸더라도 그곳에 자신이 적응하지 못할지도 모른다는 피지배계급 특유의 보수성이 작동한 것일 수도 있으며… 혹은 좀 더 소박하게는 그냥 생각하는 게 귀찮아서일 수도 있습니다(생각은 칼로리를 소비하는 엄연한 활동에 속합니다). 확실한 건, 무엇을 상수로 두느냐가 사고의 범위를 결정짓는다는 것입니다. 그래서 본성은 위험한 것이고, 자기원인은 위험천만한 오류입니다.

∴

혹여나 싶은 노파심에 다시 짚자면, 지금 인간에게 사회적 본능이 없다는 얘기를 하고 있는 게 아닙니다. 사회적 본능은 분명 존재합니다. 대뇌피질이 발달하지 않은 고양이한

테 아무리 미적분을 가르친다 한들 가망이 없듯, 사회적 역량 자체가 없으면 사회는 나올 수 없습니다. 당연히 이는 군주정에도 동일하게 적용됩니다. 몇 년 전에 개봉해서 인기몰이했던 영화「서울의 봄」에서 전두광이 하는 대사처럼 "인간이란 동물은 강력한 누군가가 자기를 리드해주길 바란다니까!"라는 부분은—유감스럽게도—엄연한 현실입니다. 노예근성이 없는데 인류 역사에서 군주정이 그토록 오랫동안 지속됐을 리가 없죠. 자유보다 목숨을 중요하게 여기고, 강자에게 붙어서 이윤을 추구하는 경향은 인간 본능에 깊이 아로새겨져 있는 것입니다. 다만 이게 인간이 가진 역량의 전부는 아닙니다. 왕좌가 역사라면, 1789년 시민들이 바스티유 감옥을 습격한 것 또한 역사입니다. 공포, 복종, 존경, 비겁함 못지않게 인간에게는 자유, 평등, 박애, 도덕, 우정, 사랑 같은 다른 역량들도 많이 존재하죠. 당연히 개인의 질적 차이도 분명 존재합니다. 누군가는 비극적 영웅이라 불릴 만큼 도덕적일 수 있고, 반대로 또 다른 누군가는 이아고처럼 바닥을 알 수 없는 악의로 똘똘 뭉쳐있을 수도 있죠. 하지만 이 경우에도 지배적인 경향을 가질 뿐이지, 순도 100%를 가리키는 것이 아닙니다. 절대악은 관념적인 산물입니다. 심지어 대악마 루시퍼조차도 처음엔 천사였다가 타락한 거였죠.

본능은 분명 거기에 있는 것이지만, 동시에 단일하진 않습니다. 하다못해 요즘 유행하는 MBTI 검사지마저 그 유형이 다양합니다. 관건은 본능이 아니라, 특정 본능을 발달시키거나 축소하는 어떤 조건이나 요소에 있습니다. 유식한 표현으로는 구조적인 접근이 필요하다는 말이죠. 그리고 앞서 말했듯, 이를 위해서 인간을 비사회적 동물이라고 가정하는 것이 필요합니다―혹시 '가정'이라는 표현이 가진 밀도가 불만족스럽다면 그러한 '테제'를 정립하는 것이 필요하다고 정정하겠습니다. 이는 비사회적 존재인 인간으로 하여금 사회를 만들도록 강제한 것이 무엇인지 탐구하도록 만듭니다. 비사회성을 근본으로 둘 때, 발현되는 모든 사회성의 양태들은 자연스러운 본능의 발현이 아닌 게 되기 때문입니다. 자동적으로 발현되도록 설계되어있는 사회성의 메인스트림 같은 건 없습니다. 노예근성도 평등주의도 모두 어떤 조건이 갖춰지느냐에 따라서 얼마든지 강화되고 약화될 수 있는 능력으로 이해됩니다. 다르게 말하자면, 사회에 대한 구체적인 탐구를 끝까지 밀어 붙여볼 수 있게 됩니다.

루소와 고독한 자연인

그렇다면 비사회적인 존재들로 이뤄진 사회가 곧 인간 사회라고 말했던 이는 누구인가? 비사회성의 정치철학적 시금석을 박은 이는 누구인가? 이른바 '시대의 이단아'라고 불리는 장자크 루소 Jean-Jacques Rousseau 입니다. 쾨니히스베르크의 걸어 다니는 시계로 유명했던 어느 철학자가 루소의 책을 읽다가 매일 하던 산책을 잊었다는 전설적인 일화가 전해질 만큼, 루소의 저술은 손대는 분야마다 그곳의 상식을 뿌리에서부터 흔드는 것으로 악명높죠. 당연히 시대와도 불화했습니다. 처음엔 계몽주의 진영에 서면서 구체제와 불화했고—결국 프랑스에서 추방당했습니다—그런 뒤엔 역사는 이성의 발전을 통해 진보할 수 있다고 믿었던 계몽주의를 비판하면서 백과전서파에서 사실상 제명당했죠. 실제로 루소는 평생토록 역사가 기록된 이래 인류는 끊임없이 타락해왔다는 비관주의를 밀고 나갔습니다. 인간 세계에서 벗어나고 싶었던 루소의 유일한 취미가 뭐였냐?—숲에서 홀로 이뤄지는 '식물학'이었습니다. 믿기지 않겠지만 사회계약론을 이론화했던 이는 식물 애호가였습니다. "저는 식물학을 사랑합니다. 매일 더 심해지고 있어요. 이러다 제가 식물이 되어 버리는 게 아닐까 싶어요."[7]

이쯤이면 루소가 어떤 인간인가에 대한 인상 스케치는 충분한 듯하니, 이제 루소가 사회에 대해 무슨 분석을 꺼내 놓는지 들어가 보도록 하겠습니다. 핵심이 되는 저작은 『인간 불평등 기원론』인데, 이 텍스트는 1753년 디종 아카데미에 제출한 공모용 논문으로 처음 적혀졌습니다. 참고로 아카데미 측에서 내건 질문은 다음과 같았죠: "인간들 사이 불평등의 기원은 무엇이며, 불평등은 자연법에 의해 허용되는가?"—두 번째 질문에는 암묵적인 대전제가 깔려 있습니다. 불평등에 대한 긍부정의 권리가 자연법에 있다는 것입니다. 그런데 불평등은 사회 안에서 생겨나는 거죠. 따라서 자연법은 사회적인 것이고, 사회적인 것은 본래 있는 것으로 여겨진다고 볼 수 있습니다. 여기까지만 적어도 출제자의 의도 따위는 안중에도 없는 루소는 왜 저 공모전에서 낙선했는지 금방 눈치챌 수 있죠. 본래 인간은 비사회적 존재라고 선고하고서 시작하는 자연법 관련 논문을 아카데미에서 어떻게 인정할 수 있겠습니까?—저는 루소의 저 논문이 본선 진출은 고사하고 예선 탈락이었을 것이라고 확신합니다. 참고로 루소는 이후 이 낙선작을 꾸역꾸역 출간까지 했는데, 이 논문을 받아본 프랑스 계몽주의의 대표적인 철학자 볼테르Voltaire가 이러한 감상평을 남긴 것으로 유명하죠. "인류에 반하는 당신의 신간을 고맙게 잘 받았습니다."

그렇다면 루소는 도대체 뭘 어떻게 적은 것인가? 『인간 불평등 기원론』에서 루소가 제일 먼저 하는 작업은 자연상태의 인간이 어떤 존재인지를 설정하는 것입니다. 그렇다면 인간이 어떤 본능이나 특성을 갖고 있는가를 논했다는 것인가? 전혀 아닙니다. 여러분이 이 책을 펼쳤을 때 제일 먼저 보게 되는 것은, 최초의 인간이 속했던 환경에 대한 서술입니다. 루소는 태초의 원시림을 상정하는데, 이곳은 의식주에 대한 재료를 모두 제공해주는 광활하고도 풍요로운 공간으로서 상상됩니다.[8] 그런 뒤에 인간이 갖고 태어난 본능에 대해 논하는데, 여기서 조온 폴리티콘 같은 논변을 정면으로 부정해버립니다. 왜냐하면 루소적 인간은 고정된 본능 일체를 갖지 않는 존재로서 설정되기 때문입니다.

루소가 보기에 인간에게 근원적인 능력은 무언가를 모방하고 재현하는 것, 즉 이른바 '미메시스'Mimesis입니다. 이를테면 호랑이는 사냥감에 최대한 가까이, 은밀하게 접근한 뒤 벼락같이 도약해서 목덜미 같은 급소에 송곳니를 박아넣죠. 인간은 이 행동을 모방하여 송곳니 같은 창을 사냥감에 찔러 넣습니다. 또한 많은 동물이 자신이 속한 환경이랑 비슷한 보호색을 갖죠. 인간 또한 진흙이나 낙엽을 활용해서 스스로를 위장합니다. 이외에도 인간은 거미를 모방해서 그물로 된 함정을 파고, 방울뱀을 모방해서 위협적인 소리를 내며 적을 쫓아내기도 하죠. 그리고 루소는 원시림 본연의 풍요로움과 인간의 모방 능력이 가진 위력이 결합하면서 최초의 인간은 손쉽게 생존을 이뤄낸다고 봅니다. 인간이 자연과 적대적인 관계에 있다는 전통에 반대한 거죠.

이때 분명히 짚어야 할 점은, 지금 루소는 인간에게 고정된 본능이 없다고 말한 것이지, 본능 자체가 없다고 말한 건 아니라는 것입니다. 되레 본능 자체는 미메시스에 의해 끊임없이 갱신될 수 있을 만큼 풍부합니다. 루소적 인간은 원시림에서 무엇을 만나서, 그리고 그것의 어떤 면모를 자신의 본능으로 체화하느냐에 따라서 굉장히 다양한 발전 경로를 가집니다. 반복컨대 모방 본능을 발휘한다는 것 외에 어떤 고정된 단일 경로를 갖지 않는다는 거죠. 그렇다면 이런 의문이 들 수 있습니다. 쥐, 늑대, 사슴 등 자연에는 무리를 이루는 동물들이 존재하지 않나? 집단 사냥을 통해 더 효과적으로 생존을 도모할 수 있는데, 이들을 모방함으로써 인간은 사회적 존재가 될 수 있지 않을까?

그러나 루소에 따르자면, 이런 사회적인 경향은 활성화되지 않습니다. 왜냐, 루소는 인간이 인간이기 이전에 동물이며, 동물의 근본 목표는 먹을 것의 충족과 수면에 있다고 보기 때문입니다.[9] 그러니까 앞서 말한 모방 본능의 최우선 순위는 식욕과 수면의 만족에 있습니다. 물론 이는 루소적 체계 내에선 손쉽게 만족되는 것으로서, 먹을 것은 원시림에서 풍요롭게 제공해주고, 수면 또한 숲에서 제공해주는 은신처 안에서 쉽게 만족되기 때문이죠. 따라서 루소가 보기에 원시림에서는 편익에 기초한 사회가 발생하지 않습니다. '식욕을 더 쉽게 성취할 다른 방법이 있지 않을까?'라는 질문 자체가 발생하지 않는 거죠. 자연상태에서는 발전에 대한 동기부여가 극도로 희박합니다. 같은 맥락에서 궁핍함에 근거한 전쟁이나 약탈도 거의 벌어지지 않습니다. 손만 뻗으면 사과가 있는데, 배고픔을 해결하기 위해 내가 죽임을 당할지도 모르는 전쟁을 감수할 하등의 이유가 없기 때문이죠.

이런 맥락에서 인간관계는 되레 쓸데없는 비용이 돼버리는데, 이를테면 옛말에 '열 길 물속은 알아도 한 길 사람 속은 모른다'라던 바로 그 타자를 믿어야만 하는 부담부터 그 존재와 소통하기 위한 언어를 고안하고 다듬어야 한다는 문제, 소통이 깨지면서 전쟁이나 예속이 발생할지도 모른다는 문제, 그리고 원시림을 멋대로 돌아다닐 자유가 침해받을지도 모른다는 부담까지 짊어져야만 하기 때문입니다. 따라서 자연인에 대한 루소가 내린 결론은 혼자서 원시림을 돌아다니며 멋대로 자족하는 주체였습니다.[10] 그러니까 인간을 비사회적 존재로서 규정했던 것입니다.

1955~56년 루이 알튀세르의 정치철학 강의를 들었던 수강생 남긴 정리 노트의 문구를 인용하자면, "인간과 자연과의 관계=인간과 인간의 비관계의 조건."[11]

원시림의 파괴

정리하자면, 루소는 광활하고도 풍요로운 원시림이라는 외부조건과 모방 능력이라는 인간의 내적 역량을 중심으로 자연상태를 구성했고, 그 결론은 고독한 자족의 상태였습니다. 그렇지만 루소에게 무게중심은 외부조건, 즉 물질적 토대 쪽에 실려 있습니다. 철저히 구조적 시선을 취하고 있는 거죠. 실제로 『인간 불평등 기원론』 머리말에서부터 오늘날 인류가 왜 이런 형태와 속성을 취하게 됐는지에 대한 구조를 짚을 것이라고 예고하기도 했습니다. 그렇기에 만일 자연인의 숲이 집단을 이루지 않아 늑대 무리에게 당할 수밖에 없는 극한의 환경이었다면? 또한 숲이 광활하지 않아서 인간과 인간이 서로의 영역을 침입하는 것이 불가피한 상황이라면?—그렇다면 얘기는 완전히 달라질 터입니다. 물질적 조건이 바뀌면 거기에 근거하고 있던 정신의 질 역시도 바뀝니다. 또한 이런 맥락에서 18세기 프랑스 계몽주의와 루소의 불화는 거의 예정된 순서였다고 볼 수 있겠습니다. 지금 루소는 이성의 자발성을 일절 인정하지 않고 있기 때문이죠. 이성은 자체 발광하는 태양이 아니며, 자체적인 힘으로는 원시림의 빽빽한 잎사귀 그늘 밖으로 한 걸음도 나오지 못합니다. 다시 말해 이성은 수동적입니다. 이성을 계발해서 구습과 무지몽매를 타파할 수 있다고 믿었던 계몽주의 그룹에서 루소가 어떻게 보였겠습니까? 괴물도 이런 괴물이 없겠다 싶었을 겁니다.

그렇다면 루소에게 사회를 구성하여 분업체계를 통해 더 효과적인 생산 시스템을 구축하는 능력, 즉 이성은 어떻게 해서 활성화되는가? 문화나 법률 체계를 통해 사회의 틀을 정비하는 지적 능력은 어떻게 발현되는가? 사회를 구성하는 데 필요한 사랑, 우정, 공감, 연민, 소속감, 충성심, 애국심, 자부심, 분노, 혐오, 감사, 복수심, 창피함, 경멸, 존경 등 감정 능력은 어떻게 해서 일깨워지고 또한 계량되는가? 그리고 이 이성과 감정 능력을 끊임없이 갈고닦으며 발전하려는 욕망은 어떻게 해서 증진되는가? 다시 말해 루소가 이른바 '완전화 가능성'perfectibilité이라고 불렀던 인간의 역량은 어떻게 해서 전면화되는가?—이미 앞 문단에서 정답을 말했듯, 이는 완전화 가능성을 봉인한 채 인간을 잠과 식욕의 단계에만 묶어놨던 원시림이 파괴되면서부터입니다.

이에 대해선 크게 두 가지 요인을 고려해볼 수 있습니다.

하나는 자연 자체의 우발적인 흉포함입니다. 이를테면 벼락으로 인한 화재나 소나무 재선충 같은 병균의 유행 등 자연이 자연을 파괴하는 사건은 언제든지 일어날 수 있죠. 이에 대한 묵시록적 예시로는 17세기 소빙하기가 있습니다. 탐보라 화산을 비롯한 여러 화산이 폭발하면서 생긴 대규모 화산재가 대기 중으로 퍼져나가 햇빛을 차단하고, 이로 인해 지구의 전체적인 기온이 하강했던, 그리하여 벌어진 흉작과 질병 확산으로 인해 대기근, 내란, 식인 같은 지옥도가 펼쳐졌던 사건입니다. ―루소가 가정했던 자애로운 대지의 어머니는 얼마든지 아동학대를 일삼는 계모로 돌변할 수 있습니다.

또다른 요인은 인구 증가입니다. 앞서 봤듯 인간은 미메시스 능력을 통해 다른 동물들의 이점을 흡수하는 존재인데다가, 훌륭한 대뇌피질을 갖고 있기도 합니다. 따라서 어느 시점부터는 원시림의 최상위 포식자가 되어 다른 동물들을 지배하게 되죠. 루소가 보기에 이는 인구 증가로 이어지게 되는데, 문제는 원시림이 광활하긴 하나 동시에 무한대인 건 아니라는 것입니다. 인구가 늘어나면서 자연인이 독립성을 발휘할 구역은 점점 좁아지게 되고, 이내 수렵채집으로 충족됐던 식량 수급에도 문제가 생기게 됩니다. 그러면 수렵채집이 아니라 농경을 시작하게 됩니다. 비록 그 발달 속도가 더딜지라도, 결국엔 발달된 농경은 수렵채집을 훨씬 뛰어넘는 생산력을 보여주게 되죠. 그러나 문제는, 이것이 다시 인구 증가로 이어진다는 것입니다. 심지어 농경으로 인해 이 악순환은 더 증폭되는데, 왜냐하면 농경용 밭을 만들기 위해서는 숲을 벌채해야만 하기 때문입니다—높은 나무들 때문에 잔뜩 그늘진 땅에서 보리가 잘 자라지 않죠.

그러다가 마침내 이 악순환은 한계에 봉착하게 됩니다. 원시림은 철저히 파괴됐고 한정된 경작지엔 모두 주인이 있는 상황과 조우하게 되는 거죠. 그리하여 이제는 인간종끼리 서로 죽이고 빼앗는 전쟁이 시작됩니다. 대지의 포화로 인해 먼저 태어나서 좋은 자리를 잡는 데 실패한 후세대는 기성의 것을 탈취해야만 하기 때문입니다.[12] 그런데 이 전쟁에서 누가 유리할까요? 먼저 떠오르는 것은 싸움을 잘하는 사람이고, 그다음 더 강렬하게 떠오르는 것은 그런 전사들로 이뤄진 집단입니다—뭇매 앞에 장사 없죠. 여기서 좀 더 지혜를 발휘하자면, 싸움을 잘하기 위해서는 그와 관련된 훈련에만 전력할 필요가 있습니다. 따라서 전사가 전쟁 훈련에만 집중할 수 있도록 이 전사의 식량 생산을 대신해줄 이가 필요하게 됩니다. 농부와 손을 잡거나 혹은 노예를 부린다면 이 분업의 조건이 갖춰지죠. 그렇습니다, 이로써 사회가 본격적으로 시작됩니다.

필연의 기원으로서 우연

다시 짚어봅시다. 자연재해나 인구 증가는 외재적인 요인입니다. 완전화 가능성이라는 인간의 내재적인 역량을 활성화하는 촉매인 거죠. 본래 원시림이라는 환경적 힘은 루소적 자연인이 가진 역량 중 식욕과 수면에 대한 욕망만 활성화하고, 나머지는 동면 상태에 머물도록 만들었는데, 이제 그 사슬이 끊어진 것입니다. 이른바 세계의 청춘기가 종언을 고한 뒤부터, 인류는 식욕과 수면을 만족하기 위해 '사회'라는 새로운 조건과 힘을 받아들여야만 하게 됐죠. 그리고 이로부터 일련의 사회적 역량들이 활성화됩니다.

여기까지 읽었을 때 토마스 홉스Thomas Hobbes라는 이름을 떠올린 독자들이 있으실 겁니다. 그도 그럴 것이, 지금 이 루소적 사고실험은 정확히 홉스에 대한 노골적인 안티테제이기 때문입니다. 널리 알려졌듯, 홉스의 정치철학은 극단적인 성악설에 기반하고 있습니다. 홉스적 주체는 무한한 욕망을 가진 존재이고, 이를 만족하기 위해 타자를 죽이고 갈취하는 괴물이거든요. 그래서 그는 이른바 만인에 대한 만인의 투쟁 상태가 곧 자연상태라고 봤고, 이 비참한 상태를 종식하고 나름대로 교통정리를 하기 위해 압도적인 무력을 가진 국가기구가 설립된 것이라고 주장했습니다. 이때 홉스가 설정한 자연인의 욕망은 어떤 조건에 있느냐와 상관없이 늑대처럼 활성화되는 지옥적인 자발성을 갖습니다. 다시 말해 세계에 의해 본능이 추동되는 게 아니라, 반대로 본능에 의해 세계가 추동됩니다. 이와는 반대로—지금까지 봤듯—루소에게 욕망이나 이를 구현하기 위한 일련의 능력들은 독립적으로 활성화되지 않습니다. 반복컨대 원시림의 파괴라는 외재적인 개입이 없으면 자연인은 수면과 식욕이 전부인 자연인인 상태로 계속 머무르게 됩니다. 이는 1965~66년 행해진 루소의 정치철학에 대한 알튀세르의 강의를 수강했던 학생이 남긴 노트에선 이렇게 요약됐죠.

> 루소는 18세기의 테제들과 관련해 볼 때 인간과 그의 욕구들의 관계에 대해 독창적인 사상을 제시한다. 홉스는 욕구들의 무한함이라는 테제를 표명하는데, 그에게 인간은 무한성을 지니고 태어난다. 반면 루소는 인간이 완전화 가능성으로 특징지어진다고 생각한다. 이는 같은 게 아니다. 홉스의 무한성은, 만물에 대한 만인의 권리 속에 현존하는 욕망의 무한한 특징을 뜻한다(파스칼은 홉스의 부정적인 분신이다). 루소에게 완전화 가능한 인간은 완전화 가능성의 내적 동력을 갖고 있지 않다. 완전화 가능성은 자신 안에 그 동력을 소유하고 있지 않은 단순한 가능성

이다. 악무한의 경로는 외부로부터 개시된다.[13]

이처럼 루소적 주체는 완전화 역량을 갖고 있으나, 동시에 이에 대한 "내적 동력"은 갖고 있진 않은 불완전한 존재입니다. 따라서 사회를 분석할 때 관건은 그 현상을 일으킨 본능이 아닌, 그 본능을 부추긴 외적 요인에 있습니다. 반복컨대 루소에게 본능 자체엔 활성화를 위한 내적 동력이 없습니다—완전화 가능성은 자기원인이 아닙니다.[14] 그렇다면 사회는 뭐냐?—이는 전적으로 '우연'으로 인해 만들어진 것입니다. 배고파서 분식집에 라면을 먹으러 갔다고 해봅시다. 여기서 배고픔이라는 '원인'은 분식집을 찾아가게 한 '결과'입니다—그래서 이 둘 사이엔 인과관계가 성립한다고 할 수 있죠. 그런데 분식집을 찾아가다가 바닥에서 만원을 주웠다고 칩니다. 이건 뭐죠?—'우연'입니다. 배고픔과 돈을 주운 일 사이엔 아무런 연관관계가 없죠. 그냥 가다가 얻어걸린 것입니다. 마찬가지 맥락에서 루소에게 사회는 지극히 우연적인 것입니다. 앞선 예시를 다시 가져오자면, 사회성을 활성화하기 위해 소빙하기가 온 게 아닙니다. 탐보라 화산은 서울을 모릅니다. 또한 사회를 구성하려고 미메시스 본능을 발휘한 것도 아니고, 사회 때문에 인구가 증가한 것도 아닙니다. 반대로 인구가 증가하다 보니까 한정된 자원을 점유하고 경영하기 위한—그 형태가 강도 집단이건 농부 협력체이건 간에—사회를 구성하게 강제된 거죠. 그러니까 이 모든 외재적인 요인들은 사회와 필연적인 관계를 갖는 것이 아닌, 그냥 우연에 불과합니다. 사회를 만들기 위해 사회를 만든 게 아니라, 어쩌다 보니까 사회를 만들게 됐다는 거죠.

그러나 분명한 건 이렇게 우연으로 인해 성립된 특정 조건이나 구조는—마치 식량 부족이 약탈을 낳듯—어떤 경향을 산출한다는 것입니다. 그래서 루소는 홉스를 비판하면서도 수용합니다. 왜냐하면 저 만인에 대한 만인의 투쟁 상태는 원시림 파괴라는 외적 조건의 변화에 기인한 것이지만, 그럼에도 일단 그 조건이 갖춰진 뒤엔 마치 자발적인 본성인 것마냥 실제로 작동하기 때문입니다. 지금도 우리 사회에서 늑대 같은 인간 군상을 발견하는 건 그리 어렵지 않은 일입니다. 그러니까 홉스가 아주 틀린 소리를 한 건 아니라는 거죠. 다만 루소가 보기에 자연 상태나 자연법에 대한 많은 이론은 학자 본인이 사회에서 보고 겪은 것들을 자연 상태로 옮겨온 것에 불과할 뿐입니다.[15] 그래서 루소가 봤을 때 진정한 계몽적 지혜라는 건, 일련의 우연들로 인해 갖춰진 구조 안에서 필연처럼 보이는 경향이 재생산되고 있음을 꿰뚫어 보는 데 있습니다. 이번에도 알튀세르의

루소 강의 노트의 한 대목을 옮기자면,

> 루소에게 모든 발생은 우연을 필연으로 전환하는 것이다. 우연적인 것으로 도래하는 어떤 것은 불가역적인 새로운 필연을 산출한다. 역으로 모든 필연은 어떤 우연성을 기원으로 갖는다. 이렇게 해서 필연은 모종의 불안정성을 품게 된다.[16]

'개인적으로'라는 단서 조항을 떼고 감히 철학사를 참칭하여 '철학사적으로 아주 중요하다'라고 말하고 싶을 만큼 힘주어 강조하고픈 대목입니다. 필연의 기원은 곧 우연이라는 것—이 책에서 소개되는 여러 개념과 논리 중 단 하나만 가져갈 수 있다면 여러분께서 이걸 가져갔으면 합니다. 이는 크게 두 가지 의미를 갖습니다. 하나는 지금까지 논해 왔듯, 표면적으로 관찰되는 현상은 그 일을 행하는 주체의 본능에 근거한 것이 아닌, 그 특정 본능을 강화하는 외부 요인 때문이라는 것입니다. 하여 그러한 본능을 갖고 있기 때문에 마치 필연적으로 그 지경이 될 수밖에 없다고 여겨질지라도, 이는 진실이 아닙니다. 주체에게 본능은 우연한 것입니다. 환경이 바뀌면 본능 또한 바뀝니다.

다른 하나는 우연은 우연이라는 것입니다. 마치 필연이

라고 여겨질 만큼 특정 경향을 오랫동안 재생산하고 있는 구조가 절대적인 것처럼 보일지라도, 이는 진실이 아닙니다. 이를테면 농경의 역사는 약 1만 년 전으로 거슬러 올라갈 만큼 오래됐죠. 쟁기질, 무거운 짐 운반, 토지 개간 등 농업의 핵심적인 작업은 상당한 힘과 지구력을 필요로 하기 때문에, 남성의 경제적 가치가 높게 평가됐습니다. 또한 몽둥이나 칼을 쓰는 냉병기의 역사도 인류 역사만큼이나 오래됐습니다. 폭발적인 근력이 중요했기에 이때도 남성이 여성보다 중요하게 취급됐음은 물론이죠. 덕분에 여성이 남성을 따라야 한다는 건 자연의 섭리처럼 여겨졌습니다. 그러나 산업혁명은 기어코 벌어졌고, 또한 AK47 방아쇠를 당기기 위해 이두박근이 울긋불긋할 필요는 없죠. 물론 지금 물질적 토대가 바뀐다고 해서 곧바로 여성 해방이 이뤄진다는 식의 나이브한 주장을 하려는 건 아닙니다. 이는 명백한 오류이죠. 바뀐 가능성을 믿고서 대지에 피와 땀을 뿌리지 않으면 이 모든 건 한낱 가능성으로 남을 뿐, 실제로는 아무것도 바뀌지 않습니다. 그러나—그럼에도—바뀐 조건이 갖는 영향력을 무시할 필요는 없을 것입니다. 또한 모든 조건은 절대 조건이 아닌 특정 조건이기에, 언제든지 변화할 수 있음을 끊임없이 환기하자는 교훈을 챙기는 것도 분명 유익한 일일 것입니다. 절망은 절망을 느끼고 있다는 것 이상의 진실을 품고 있지 않습니다. 절대적인 건 절대적이지 않다는 것만이 절대적입니다. 건투를 빕니다.

보론: "악무한의 경로는 외부로부터 개시된다"

앞선 논의에서 해명되지 않은 부분은 이 대목입니다. "악무한의 경로는 외부로부터 개시된다." 루소에게 완전화 가능성이 외재적인 요인에 의해 촉발된다는 건 이해하겠는데, 이는 왜 궁극에 끝없이 접근하려 하지만 끝내 접근하지 못하는 악무한에 빠진다는 걸까요? 설명을 돕기 위해 앞선 노트에서 이어지는 구절을 마저 인용하자면,

> 악무한의 경로는 외부로부터 개시된다. 인간은 원칙적으로는 정지 상태(순수 자연 상태와 잠)에 머무르도록 형성되어 있다. 이런 정지는 욕구들과 힘들의 동일성을 본질로 삼고 있다. 욕망이 힘들의 한계 내에 머물러 있는 한에서 모든 것은 좋다. 만약 욕망이 이 한계들을 넘어서면 파국이 닥친다. 이로부터 욕망들과 힘들 사이의 분열이 생겨나는데, 이런 분열은 일단 생겨나게 되면 욕구들의 무한한 경로를 작동시킨다.[17]

반복컨대 원시림은 수면과 식욕을 손쉽게 만족시켜줌으로써 인간이 가진 완전화 가능성을 비활성화시킵니다. 앞선 인용의 문구대로 다시 옮기자면, 인간의 욕구는 원시림이라는 힘의 울타리 안에서 만족됩니다. 이 울타리를 벗어나려는 욕망은 정지 상태에 머무르는 거죠. 그렇지만 우연한 계기들로 인해 원시림은 파괴됐고, 이제 욕구를 채우기 위해서는 사회를 경유해야만 하게 됐습니다. 그러니까 인간과 자연의 직접적인 연결이 깨진 것입니다. 이제 욕구는 사회라는 매개를 경유하지 않으면 충족 불가능합니다. 따라서 직접적 욕구는 매개적 욕구로 전환됩니다.

이는 우리들의 일상을 돌아보면 굉장히 상식적인 수준의 얘기입니다. 이를테면 오늘날 배고픔을 해결하기 위해 벼농사를 직접 짓는 사람은 거의 없죠. 현 대한민국 기준 농가 인구는 전체 인구의 4% 남짓입니다. 그러면 여러분 대부분은 배고픔을 해결하기 위해 무엇을 합니까? 각자가 속한 일터에서 맡은 일을 하고, 그 대가로 받는 월급을 갖고서 마트로 향하죠. 지금 이 책을 여러분에게 판매한 저의 경우로 말하자면, 저는 식료품을 구매하기 위해 철학을 매개하고 있는 것입니다. 좀 더 구체적으로 풀자면, 전문적으로 철학을 가르치는 대학 시스템, 책을 묶어내기 위해 편집 및 디자인을 담당하는 출판계, 이를 판매하는 오프라인 및 온라인 유통 도매업, 그리고 여러분의 집 앞까지 배달하는 배송 체계까지—복잡화된 분업체계로 이뤄진 '사회'라는 매개를 거치고 있습니다.

그렇다면 이는 왜 악무한인가? 이 자리에선 두 가지 요인을 제시하겠습니다. 하나는—앞서 봤듯—토대 안에서 우연성을 없앨 수 없기 때문입니다. 제임스 와트James Watt가 페미니스트이기 때문에 증기기관을 발명한 건 아니죠. 그는 단지 광산에서 석탄 생산의 효율성을 개선하고 싶었을 뿐입니다. 그렇지만 이로부터 시작된 산업혁명의 스노우볼은 여성 해방까지 굴러갔죠. 마찬가지 맥락에서 히틀러가 올랭프 드 구즈Olympe de Gouges의 여성참정권에 대한 팸플릿을 읽고서 감명받아서 세계대전을 일으킨 건 아닙니다. 그러나 이 전쟁으로 인해 남성 노동자들이 대규모 징집됐고, 이 빈자리를 채우기 위해 여성 고용이 촉진됐죠. 그런데 웬걸, 이 과정에서 남자들만 할 수 있다고 여겨졌던 용접이나 기계조립의 일을 여자도 거뜬히 할 수 있다는 게 증명돼버렸습니다. 다시 말해 물질과 역사는 우연성에 근거하고 있습니다.

다른 하나는 인간이 근본적으로 심연이기 때문입니다. 앞선 논의의 중간쯤에 인용했던 속담을 다시 떠올려봅시다—열 길 물속은 알아도 한 길 사람 속은 모른다. 참고로 이는 루소적 자연인에게는 더욱 극대화됩니다. 이 자연인은 근본적으로 고독하고도 자유로운 존재로 시작했습니다. 이런 존재들이 외부의 압박력에 의해 강제적으로 사회를 만들게 됐는데, 그 사회가 완전할 수 있겠습니까? 협력의 정도나, 분업에 대한 역할 배정, 생산물에 대한 분배 등 여러 요인들을 둘러싼 주도권 싸움이 불가피합니다. 반복컨대 자유에 대한 원초적인 본능은 루소적 자연인에게 깊이 아로새겨진 것입니다. 겉으로 복종하는 것처럼 보이는 노예도 적절한 기회가 갖춰지면 폭발시킨 원한을 품고 있죠. 자유는 소거하기 힘듭니다.

따라서 사회라는 매개는 절대적이지 않습니다. 원시림과 달리, 이 매개는 얼마든지 식욕과 수면에 장애를 줄 수 있습니다. 이를테면 컴퓨터가 처음 도입되었을 적엔 타자를 칠 줄 아는 것만으로도 회사에 취업할 수 있었습니다. 그러나 오늘날 타자 능력은 아무런 스펙도 아닙니다. 고로 오늘날 한컴타자라는 매개로는 라면도 하나 사 먹을 수 없습니다—취업이 안 되는 불안으로 인해 불면증을 얻으면 수면에도 문제가 생길 수 있겠죠. 키보드에 능숙해지려는 욕망은 사회 안에서 절대적으로 고정될 수 없습니다. 그런데 이 사회의 분야는 얼마나 다양합니까? 그 분야 안에서 또다시 분화되는 전문성은 얼마나 복잡합니까? 또 기술의 변화와 유행은 얼마나 변덕스럽고요? 덕분에 현대인은 계속 배우고 적응해야만 하게 됐습니다. 대학 졸업이나 첫 직장을 가진 이후 더 이상 새롭게 무언가를 배울 필요가 없었던 전설 같은 시대는 다시는 돌아오지 않습니다. 현대사회는 완결이 없습니다.

    이는 정치적인 욕망으로 넘어가도 마찬가지입니다. 전통적인 신분제에 근거한 생산과 분배의 질서부터 오늘날 최저임금 인상을 둘러싼 투쟁까지 특정 사회 형태를 유지하거나 전복하려는 흐름은 끊임없이 이어지고 있죠. 그 주체가 전통적인 토지 귀족이건 부르주아이건 아니면 프롤레타리아트이건 간에 모두가 자신이 속한 사회 안에서 자신만의 욕망을 갖습니다. 그렇지만 역사를 보면 잘 드러나듯 어떠한 사회도 특정 계급의 욕망대로 완벽하게 구현된 적이 없습니다. 왜냐? 이 욕망을 이루기 위한 수단들이 계속 발전하기 때문입니다. 종교, 연설을 위한 수사학, 신분제, 준법의식, 점조직, 여론조사, 학교, 비밀경찰, 라디오 선전, 의회, 오스만의 파리 개조 사업, 내부 결속을 위해 상상된 적 등 그 수단들이 너무 많습니다. 반성하는 존재인 인간은 기존에 있는 것에 대한 카운터를 끊임없이 발명해내기 때문입니다. 덕분에 모든 독재자는 완전한 질서를 원했지만 끝내 혁명을 막을 수 없었고, 또한 모든 혁명가는 완전한 자유를 원했지만 끝내 반혁명을 막을 수 없었죠. 사회가 열어주는 힘과 이로부터 추동되는 욕망은 서로 일치될 수 없습니다. 설령 일치되더라도 이는 일시적인 국면일 뿐, 긴 역사의 시계열에서 보자면 결국 유한한 것에 지나지 않았다는 것으로 밝혀집니다. 그래서 다시 인용하자면, "이런 분열은 일단 생겨나게 되면 욕구들의 무한한 경로를 작동시킨다."

이번엔 건투보다는 행운을 빕니다. 이만 마칩니다. 총총.

1 피터 버거·토마스 루크만, 하홍규 역, 『실재의 사회적 구성』, 문학과지성사, 2014, 283쪽.
2 카를 마르크스·프리드리히 엥겔스, 이병창 역, 『독일 이데올로기(1권)』, 먼빛으로, 2019, 70~71쪽.
3 카를 마르크스, 홍영두 역, 「헤겔 법철학 비판 서문」, 『헤겔 법철학 비판』, 아침, 1988, 187쪽.
4 미카엘 뢰비, 황정규 역, 『청년 마르크스의 혁명 이론』, 두번째테제, 2021, 166쪽에서 재인용.
5 카를 마르크스, 홍영두 역, 「헤겔 법철학 비판 서문」, 『헤겔 법철학 비판』, 아침, 1988, 203~204쪽.
6 『정치학』, 1253a25-29 참조.
7 장자크 루소, 황은주 역, 『루소의 식물학 강의』, 에디투스, 2024, 10쪽.
8 장자크 루소, 주경복·고봉만 역, 『인간 불평등 기원론』, 책세상, 2018, 56쪽.
9 같은 책, 65쪽 참조 바람.
10 같은 책, 98쪽 참조 바람.
11 루이 알튀세르, 진태원 역, 『알튀세르의 정치철학 강의』, 후마니타스, 2019, 164~165쪽.
12 장자크 루소, 주경복·고봉만 역, 『인간 불평등 기원론』, 책세상, 2018, 123쪽.
13 루이 알튀세르, 진태원 역, 『알튀세르의 정치철학 강의』, 후마니타스, 2019, 452~453쪽.
14 장자크 루소, 주경복·고봉만 역, 『인간 불평등 기원론』, 책세상, 2018, 102쪽.
15 같은 책, 51쪽.
16 루이 알튀세르, 진태원 역, 『알튀세르의 정치철학 강의』, 후마니타스, 2019, 443쪽.
17 같은 책, 453쪽.

아무개를 위한 정치철학 강의

인민인가? 국민인가?

인민. 우리는 '인민'에 대해 어느 정도 알고 있다고 생각합니다. 물론 이 단어는 현 대한민국 내에서는 다소 껄끄러운 단어이긴 합니다. 그도 그럴 것이, 곧바로 북한이 연상되기 때문입니다. 실제로 북한의 정식 명칭은 '조선민주주의인민공화국'입니다. 국호에 '인민'이 들어가죠. 최고 권력 기구인 '최고인민회의'도 그렇고, 군대의 이름 역시도 '조선인민군'입니다. 이외에도 온데만데 인민이란 표현이 붙습니다. 이처럼 북한이 인민이라는 단어를 선점해 버리는 바람에—"공산당이 싫어요!"—오랜 반공주의 역사를 가진 대한민국에서는 인민이라는 단어를 멀리하게 되었습니다. 그러나 정치철학적으로 따져 봤을 때, 사실 인민은 서구권에서 쓰인 'People'에 대한 정확한 번역어입니다.

통상 사전에서 쓰이는 인민People에 대한 간략한 뜻은 이렇습니다.

국가나 사회를 구성하고 있는 사람들.

그러면 곧바로 이렇게 반문할 수 있겠습니다. "그러면 그냥 '국민'이라고 옮기면 안 되나?" 정답을 먼저 말하자면, 안 됩니다. '국민'이라는 표현은 國(나라 국)과 民(백성 민)의 결합인데, 이때 백성은 국가에 포섭된 존재이기 때문입니다. 실제로 통용되는 표현을 따져봐도 그렇습니다. '나라 잃은 백성'이라는 말은 있어도, '나라를 만든 백성'이라는 말은 없죠. 이런 맥락에서 '국민'이라는 단어의 최대 문제는 국가가 개인보다 우월하다는 의미를 내포하고 있다는 점입니다. 이로 인해 마치 처음부터 국가가 존재했고, 그로부터 개인이 생겨난 것만 같은 국가주의적 환상이 생겨납니다.

이 환상의 최대 문제는 사람들이 수동적인 존재로 격하된다는 것입니다. 그러니까 국민이란 누군가에게 국민으로 지목되어 무엇이 국민다운 것인지 학습하고 체득할 권리만을 갖는다는 거죠. 이때 국민은 사실상 가축인 셈입니다. 반대로 최초로 국가를 구성해낸 창설자는 인간-가축들과는 다른 어떤 특별한 존재가 됩니다. 천재이거나 신의 선택을 받았다는 식이죠. 그래서 사회적 부조리에 대해 인간-가축은 어떠한 발언권도 가질 수 없습니다. 그렇지 않겠습니까? 부조리를 인식할 정신 능력이 있었다면 애당초 자기네들이 국가를 구성했겠죠. 그러나 이 존재는 그렇게 할 역량이 없기 때문에 초재적인 입법자에 의해 발굴되어 길들여질 권리밖에 없습니다. 그러니 이런 미물이 떠올린 부조리가 제대로 된 사회 인식으로 치부될 리 없죠. 그러므로 이 절규는 한낱 개인적인 불평에 지나지 않게 됩니다—잡음인 거죠! 설령 거기에 진짜 문제가 있더라도 권력자가 이것을 조율해줄 때까지 기다리는 것이 최선책이 돼버립니다. 어쩌면 그 부조리는 부정신학적으로 합리화될지도 모릅니다. 유한한 인간의 눈에 얼핏 악한 것처럼 보여도, 무한한 신의 섭리 하에서는 궁극적으로 선으로 귀결된다는 식이죠—그러니 부단히 엎드려서 빌고 섬기며 기다려라!❖

물론 이는 허튼소리입니다. 이런 식의 초재적인 존재는 없거나 혹은 있더라도 방관자에 불과합니다. 미국 문학의 클리셰처럼 "신은 개미농장을 관찰하는 아이일 뿐이야." 그리고 이런 맥락에서 우리는 人(사람 인)이 먼저 있은 뒤 民(백성 민)이 뒤따르는 인민 개념을 적극 조명할 필요가 있습니다. 이때 인민은 국가에 우선하는 존재입니다. 국가에

❖ 막스 베버Max Weber는 되레 카리스마적 지도자에 기댄 정치 체제야말로 위태로운 것이라고 지적한 바 있다. 막스 베버, 이상률 역, 『카리스마적 지배』, 문예출판사, 2020, 55쪽.

의해 구성되는 것이 아니라 되레 국가를 구성하는 근본 원리입니다. 대표적으로 존 로크John Locke의 사회계약론이 있죠. 다들 좋건 싫건 의무교육으로 편성된 중고등학교 사회 교과목을 통해 접했을 테지만, 로크에 따르자면, 처음에 존재한 것은 국가가 아니라 자유롭고도 꽤나 합리적인 개인입니다. 그 유명한 통치에 대한 두 번째 논문에서 국가 성립 이전에 존재하는 자연 상태를, 스스로 자신의 행동을 보살피고 소유물을 자유롭게 다룰 수 있는 상태라고 규정하고 있죠.[1] 그리고 이 개인들이 모여 체계적인 공동체를 구성하기 위해 일종의 계약을 맺은 것이 바로 국가기구라고 주장했습니다.

당연한 말이지만 로크적 주체는 동반자살을 위해 모인 이들이 아닙니다. 이 사회계약의 목표, 즉 국가를 구성해낸 목표는 인민의 평화, 안전, 공공선[2] 입니다. 참고로 이 점은 로크가 국가를 지칭하기 위해 고른 단어가 법률이나 주권자의 명령 같은 강제력 쪽으로 무게가 기울어있는 state가 아니라, commonwealth라는 데서도 잘 드러납니다. 뜻 그대로 국가기구라는 것은 common(공공의)-wealth(이윤)을 위해 조립된 장치라는 거죠. 그렇기 때문에 국가가 그 설립 목적인 공동선에 반하는 일을 할 때, 개인은 그 국가기구를 해산할 권리, 즉 저항권이 인정됩니다. 로크는 입법에 선행

하는 근본 권력, 즉 주권이 인민에게 있다고 선언함에 있어 망설임이 없었죠.[3]

이때 인민이라고 지칭된 표현이 바로 People입니다. 국가에 속해 있는 사람들이란 뜻을 갖는 nation이나 시민권을 가진 이들을 뜻하는 citizen이 아닌, 국적과 시민권 자체를 창조해내는 존재인 People입니다. People의 권리는 외부에서 주어지는 것이 아닌, People 자체 내에서만 발원합니다. 즉 People 본인이 최고 원리입니다. 그래서 People에 대한 적절한 번역어는 인민입니다. 반복컨대 이는 사람과 백성이 결합한 표현으로서, 사람이 앞서는 개념입니다. 그렇기 때문에 백성이기 이전에 사람인 이 주체는 자신이 원하는 국가의 형태를 합의하고 승인하는 과정을 거칩니다. 다시 말해 사람은 스스로 어떤 백성이 될지를 선택합니다. 이 의미를 고려할 때, People은 국민으로 번역되어서는 안 됩니다.

물론 서두에서 말했듯, 특수한 역사적 맥락을 가진 우리나라에서는 People을 '인민'이라고 번역하기를 꺼립니다. 그래서 그 대안으로 '시민'이나 '일반인'이란 대체어를 택하긴 하나, 이는 근본적으로 적절한 번역이라고 보기 어렵습니다. 같은 맥락에서 1987년 개정된 현행 헌법의 제1조 2항인 "대한민국의 주권은 국민에게 있고, 모든 권력은 국민으로부터 나온다"라는 대목엔 정치철학적 위태로움이 존재합니다. 그래서 근대 민주주의적 전통에 비춰볼 때, 이 87년 체제보다는 1919년 임시 정부에서 선포한 대한민국임시헌법의 제1장 총령이 더 정확하고 단단한 표현일 것입니다. "제1조 대한민국은 대한인민으로 조직함."

그렇지만—동시에—세상이 항상 책에 적힌 대로만 흘러가는 것은 아닙니다. 역사적으로 볼 때 논리의 동의어는 희망사항이었죠. 물론 너무 절망할 필요는 없습니다. 우리에겐 역사의 결을 거스를 힘이 있고, 이 힘은 위기의 순간에 더욱 빛을 발하기 때문입니다. 자, 인민 개념을 좀 더 구체적으로 살펴보도록 합시다.

플레브스의 행진

People은 고대 아테네가 아닌 로마 전통에서 비롯된 개념입니다. 보통 로마라고 한다면 황금 월계관을 쓴 황제를 떠올리겠지만, 로마가 제국이 된 것은 카이사르 이후의 일입니다. 기원전 509년 혁명으로 왕 타르퀴니우스를 끌어내린 뒤 약 450년간 로마는 공화국 체계, 즉 이른바 '레스 푸블리카 로마나'Res Publica Romana였습니다. 물론 '공화국'이라는 딱지를 너무 낭만적으로 볼 필요는 없습니다. 오늘날도 의회에 선출된 사람들을 보면 변호사, 판사, 교수, 언론인, 기업가, 고위 관료 등 그 사회에서 다들 한가닥씩 하는 분들이죠. 먹고 살기 바쁜 서민들이 직업적인 정치에 뛰어드는 것은 현실적으로 만만찮습니다. 저 때의 로마 공화국도 마찬가지였습니다. 공화국의 주요 의제나 관직은 귀족들의 원로원에 의해 독점되다시피 했습니다. 심지어 평민들의 벗이었던 그라쿠스 형제 역시도 귀족 출신이었죠. 외할아버지가 무려 제2차 포에니 전쟁의 영웅 스키피오 아프리카누스였습니다.

그렇다면 로마에서 People은 어떻게 출현했는가? 이를 이해하기 위해서는 플레브스plebs가 어떻게 정치적인 권리를 얻게 됐는지를 살펴봐야 합니다. 본래 플레브스는 참정권이 없는 하층민을 가리키는 단어였습니다. 참고로 고대에 참정권이 없다는 것은 가진 것이라곤 몸뚱이밖에 없는 무산자라는 뜻에 가까운데, 왜냐하면 이 시절엔 투구, 장창, 방패 등 중무장 보병, 즉 호플리테스hoplites를 위한 장비들을 스스로 마련해야 했기 때문입니다. 하여 중무장 보병이라고 한다면 당시로썬 고가의 기술을 요구로 하는 제련 작업을 의뢰할 수 있을 정도의 부를 가진 자영농이라는 뜻이었죠. 그리고 무장을 스스로 마련했으니까, 중요한 정치적인 의제였던 전쟁에 대한 일정 정도의 참정권 또한 부여받았던 것입니다. 반대로 가난한 플레브스는 무구를 마련할 수 없으므로 정치적인 권리 또한 부여받지 못했던 거고요. 그래서 로마 전통에서 전쟁 소집에 자발적으로 응하여 군단이 된 이들을 classici라고 불렀고, 부자이거나 본래 혈통적으로 귀족이었던 이들은 patricii라고 불렀습니다. 딱 봐도 어느 쪽이건 어원적으로 People과는 거리가 먼 단어들이죠.

문제는 자영농이 몰락하면서 벌어지게 됩니다. 로마의 역사는 전쟁의 역사라고 봐도 무방한데, 그만큼 주변 지역에 대한 활발한 정복 사업을 벌였습니다. 그렇다면 중무장을 갖추고 먼 곳을 향해 행군을 시작한 평범한 자영농의 입장에서 이 전쟁은 어떤 것일까? 일단 중요한 노동력인 남자가 빠지니까 그해 농사는 최소한 반토막 날 것이 확정됐습니다. 그런 상황에서 전쟁에서 패배하거나 혹은 약탈 실적이 시원찮다면―귀족이 약탈물 분배를 부당하게 한다면―그 손실은 고스란히 자영농 본인에게 전가됩니다. 참고로 이런 문제는 부유한 귀족들에겐 발생하지 않는 문제인바, 원정에 나가 있는 동안 노예들이 밭을 갈기 때문입니다. 게다가 엎친 데 덮친 격으로 이런 상황에서 고리대가 성행했습니다. 이로써 자영농은 전쟁을 할수록 가난해지는 악순환에 빠졌고, 결국 빚을 갚지 못해서 토지를 빼앗기는 지경에 이르렀습니다. 즉 플레브스로의 지속적인 몰락이 벌어진 것입니다. 참고로 이 문제는 로마 공화국이 문을 닫는 마지막 순간까지 해결되지 않은 채로 더욱 깊어만 지게 됩니다.

그런데 자산이 없다고 해서 사회에 아무런 역할이 없는 건 아닙니다. 이를테면 건물을 짓기 위해서 누군가는 땡볕에서 연골을 갈아가며 벽돌을 날라야만 하고, 또 누군가는 손도 대기 싫은 환자의 엉덩이에 난 고름을 입으로 빨아서 뽑아줘야만 합니다. 이외에도 배수구 정비, 하수구 청소, 돌봄, 문지기, 하역부 등 통상 '보이지 않는 노동'이라고 불리는 것들이 없으면 그 사회는 돌아가지 않습니다. 당연히 도시국가의 규모가 커지고 복잡해질수록 이러한 임노동들이 사회 곳곳으로 모세혈관처럼 뻗어나가게 됩니다. 그리하여 정리하자면, 플레브스는 자신을 플레브스로 전락하게 한 사회에 대한 부조리를 느낌과 동시에, 점차 증가하는 숫자와 사회적인 역할의 증대를 느끼게 됩니다. 다시 말해 항거의 목소리가 무르익게 됩니다.

역사의 비상 브레이크를 대차게 걸어버린 사건은 기원전 494년에 벌어집니다. 차별과 곤궁에 분노한 플레브스들이 하던 일을 내려놓고 성산Mons Sacer에 모여 새로운 도시를 건설하겠다고 선언했거든요. 일종의 극단적인 총파업이 벌어진 셈인데, 이것이 바로 로마 평민의 철수 투쟁, 즉 세세시오 플레비스Secessio plebis입니다. 말 그대로 플레브스들이 사회적인 의무를 거부하고 로마 자체로부터 분리secessio 되겠다는 선언을 한 거죠. 이에 귀족들은 이를 달래기 위해 플레브스들이 선출한 대표에게 정치권인 권한을 부여하는 타협책을 부랴부랴 내게 됩니다. 이게 바로 우리나라에서는 '호민관'으로 번역되는 트리부누스 플레비스tribunus plebis입니다. 트리부누스가 '대족장'을 일컫는 표현이니까, 이는 대략 '플레브스들의 대족장'이란 뜻입니다. 참고로 이 호민관에게 부여된 권한은 굉장히 막강했습니다. 독립된 입법권, 사법권은 물론이거니와 오늘날 국가 원수에 해당하는 집정관에 대한 거부권까지 행사할 수 있거든요. 그러니까 호민관이 작정하면 입법을 거부하여 정국 자체를 마비시킬 수도 있었다는 뜻입니다.

　이로써 플레브스는 정치적인 권리를 갖게 됩니다. 비록 귀족과 동등한 참정권은 아니었지만, 그럼에도 예전처럼 귀족들이 플레브스를 대놓고 무시하고 뭉갤 수는 없게 됐죠. 그렇다면 플레브스가 얻어낸 참정권과 로마에서 People이 출현한 것의 관계는 무엇일까? 먼저 People의 어원은 포풀루스populus입니다. 로마에서 이 표현이 어떻게 기원했는가에 대해서는 학술적인 토론이 진행 중이긴 하나, 그중에서 주의 깊게 볼 것은 이것이 군 복무와 관련이 깊었을 것이란 학설입니다. 실제로 로마에서는 긴급한 사태를 해결하기 위해 비상대권을 한 사람에게 몰아주는 제도가 있었는데, 이것이 바로 '독재관'입니다. 이 독재관의 본래 직함은 magister populi였습니다. 그리고 이때 populi는 고대의 군사력의 주축이었던 중무장 보병을 뜻했죠. 다시 말해 계엄사령관이 군사력을 사용해서 비상사태를 신속히 해결하라는 뜻이었습니다.[4]

그렇다면 군 복무를 담당하여 populi에 속할 수 있는 이는 누구입니까?―앞서 설명했듯 귀족과 자영농입니다. 방패 살 돈이 없었던 플레브스는 이에 해당하지 않았습니다. 그런데 이제 플레브스는 호민관을 통해 로마 정치 무대의 중심으로―간신히!―한발 딛게 됐죠. 그래서 그전까지는 존재하긴 하나 굳이 의식할 필요는 없었던 플레브스가 로마 공화국의 일원 중 하나로서 인정되게 됐습니다. 그렇다면 이 공동체 전체를 묶기 위한 표현이 필요해지지 않겠습니까? 이러한 공적 호칭은 굉장히 중요한 사안입니다. 이를테면 "이 도시의 고용주와 노동자 여러분"이라고 말한다면 이미 여기서 계급 분리가 표현되기 때문에 통일성이 침해받게 됩니다. 반대로 "시민 여러분"이라고 두루뭉술하게 묶어서 말한다면, 마치 여기에 포함되는 고용주와 노동자가 모두 동일한 속성을 지닌 것만 같은 어떤 환상이 생겨나죠—신분이나 계급으로 갈려 있는 갈등 관계가 은폐되는 것입니다. 이런 맥락에서 로마 공화국 초기를 넘어가면서부터 귀족과 플레브스를 모두 묶는 표현으로 포풀루스가 정치의 공식 석상에서 대두하게 됩니다.

귀족의 시선에서 포풀루스populus라는 단어는 두 가지 이점이 있었습니다. 하나는 이 표현이 본래 자신들이 속해 있던 populi에서 발원한 표현이라는 점에서 상대적으로 반감이 적었습니다. 예나 지금이나 평민과 동일하게 묶이는 걸 지독히도 싫어하는 귀족들이 자신들을 플레브스로 묶는 것에 동의할 수 없었을 것입니다. 게다가 포풀루스라고 하면 자신들이 기원적인 주도권을 쥐고 있다는 메시지도 가져갈 수 있었죠. 다른 하나는—앞서 봤듯—귀족과 플레브스 간에 존재하는 갈등을 은폐할 수 있었다는 것입니다. 비록 갈등이 있더라도, 귀족과 플레브스는 포풀루스라는 이름 안에서 단일하게 묶이는 존재이기 때문에, 궁극적으로는 대립보다는 협력해야만 한다는 거죠. 그러니까 로마의 인민 전체를 뜻하는 이른바 '포풀루스 로마누스'Populus Romanus라는 단일체에 대한 신화를 만들어낸 것입니다.[5] 좀 우습죠? 실제로 성산에 올라가서 데모하기 전까지는 단일체로 취급해주지도 않았으면서 말입니다. 그래서 덧붙이는 말이지만, 세상은 가만히 있으면 정말로 가마니로 아는 곳입니다.

그러나 너무 안 좋게만 볼 필요는 없습니다. 그림자가 있으면 빛이 있는 법이죠. 플레브스의 시선에서 포풀루스는 이제 자신이 이 공동체의 일원으로서 명확히 인정됐다는 뜻이기 때문입니다. 그래서 '로마 원로원과 인민'을 뜻하는 SPQRSenatus Populusque Romanus이라고 했을 때, 여기에는 플레브스가 포함되어 있습니다. 로마 공화국을 대표하는 정치가 중 하나인 키케로Marcus Tullius Cicer의 연설문에서 공화국을 인민의 공통 자산으로서 연결하는 대목을 찾는 건 그리 어렵지 않죠.[6] 그리하여 이른바 Salus populi suprema lex esto(인민의 복지가 최고의 법이다) 원칙이 정립되게 됩니다. 물론 정관계의 주요 인사는 대부분 귀족에게 돌아갔지만, 그럼에도 호민관은 귀족들의 파벌 싸움에서 일종의 캐스팅 보트 역할을 할 수 있게 됐습니다. 아예 참정권이 없었던 시절엔 상상도 할 수 없는 가능성이 열리게 된 거죠. 그러다가 정치적인 승리를 거두게 된다면? 그러면 앞서 말한 저 귀족의 은폐 논리는 정반대로 귀족에게 되돌려집니다. 같은 포풀루스끼리 왜 이래?―웃어!

렉스 레기아와 홉스

정리하자면 People의 어원이 되는 포풀루스populus에는 정치적 긴장감이 흐릅니다. 본래는 아무런 권리 없이 착취당했던 플레브스들이 정치 무대로 진입했다는 뜻이고, 이는 그 자체로 기득권에 대한 위협이기 때문입니다. 게다가 정치의 최고 목적인 인민의 복지에 플레브스의 이해관계가 포함됐기 때문에, 기만책을 펴건 캐스팅 보트로서 연합을 하건 간에, 어떤 식으로든 모든 권력자는 플레브스를 고려해야만 하게 됐습니다. 다시 말해 이제부터 국가기구는 플레브스를 포함한 구성원 전체의 이익을 위한 것이라고 정의됩니다. 이 근본적인 법적 형식성을 '렉스 레기아'Lex Regia 라고 합니다. 최고 권력자는 인민의 대리자로서 인민의 이익을 위해 일하는 존재라는 것입니다. 참고로 이 점은 로마 공화국이 황제가 다스리는 제국으로 변한 뒤에도 이어지게 됩니다. 초대 황제인 율리우스 카이사르가 세력을 키우기 위해 역임했던 주요 직책이 바로 군사 호민관militia tribunus 이었고, 이후 로마의 모든 황제들은 호민관의 특권을 독점하는 방식으로 권력을 휘둘렀습니다. 이 말인즉 로마 황제는 인민의 복지를 위한 수호자로서 일할 것이라는 렉스 레기아의 명분 역시도 같이 가져왔다는 뜻이죠.

물론 역사는 아름답게만 흘러가지 않았습니다. 호민관의 특권을 독점하긴 했으나, 모든 로마 황제가 플레브스를 위한 정치를 했던 것은 아닙니다. 게다가 군벌들이 난립했던 이른바 군인황제 시기에는 혼란이 극단으로 치달았죠. 그러나 한번 발명된 정신은 기이한 생명력을 갖는 법입니다. 로마제국이 해체된 이후에도 렉스 레기아는 유럽 여러 나라에 정치적 유산으로서 전해지게 됩니다. 이를테면 12세기경 서유럽에서 로마법이 복원되면서 렉스 레기아에 대한 논의가 재점화됐고, 15세기 말경에는 권력의 궁극적 원천이 인민이라는 것은 상식처럼 자리 잡았습니다.[7] 다시 말해 유럽의 제후들은 단순히 무력으로 왕좌에 앉은 것이 아니라, 인민으로부터 권력을 얻었습니다. 그 과정이 비록 민주적이지 않더라도 모든 영주와 제후는 렉스 레기아를 통해 자신이 인민의 대리자라고 선언했습니다.

문제는 포풀루스와 렉스 레기아의 이념은 계승됐지만, 인민의 능동성에 대한 부분은 철저히 억압됐다는 것입니다. 로마 공화국 시절에 플레브스들은 자신들의 대표인 호민관을 선출할 수는 있었죠. 그래서 렉스 레기아를 위해 자신의 의견을 표출할 수 있는 최소한의 권리를 가졌습니다. 반대로 중세의 렉스 레기아는 매우 모호하고 자의적이었습니다. 인민의 복지가 무엇인지에 대한 고려는 왕과 영주들만 가능했습니다. 신으로부터 왕권의 정당성을 부여받았다고 보는 왕권신수설이건 혹은 자연 발생적인 민족의 영웅이건 간에, 어떤 방식이든 인민은 과두에 의해 일방적으로 대리되어야만 했습니다. 인민이 스스로 주권을 행사한다는 개념은 고려되지도, 승인되지도 않았죠. 괴이하죠? 렉스 레기아의 이념에 따라 정치는 인민의 복지를 위해서 행해져야 한다고 떠드는데, 정작 인민은 이에 대해 발언할 수 없습니다.

그러나 이 점은 인민을 개돼지로 상정하면 딱히 부조리한 것이 아닙니다. 되레 은총입니다. 이를테면 강아지가 초콜릿을 먹으면 위험합니다. 초콜릿에 함유된 메틸잔틴 성분이 강아지의 심장과 신경을 자극하여 발작 및 심장 마비를 유발할 수 있기 때문입니다. 그러나 강아지는 메틸잔틴이 뭔지 모릅니다. 그러므로 진정한 애견인은 초콜릿 섭취 여부를 두고 강아지와 토론하지 않습니다. 초콜릿에 대한 강아지의 의사를 묻지 않는 것, 이게 곧 강아지에 대한 참된 복지입니다. 이걸 인민에게 대입하자면, 만일 인민이 개돼지라면 이들은 자신한테 무엇이 이득이고 무엇이 위기인지에 대한 참된 인식을 할 수가 없는 존재입니다. 따라서 이들의 의견을 묻지 않고 이들을 위한 정책을 집행하는 것이 진정 이들을 위한 길이 됩니다. 인민에 대해서 왕은 오로지 군림하는 것만 가능합니다. 마치 아담과 이브가 투표를 통해 에덴동산에서 나간 게 아니듯이!

그렇기 때문에 왕은 인민의 의지를 대리하지만, 자신의 실패에 대한 책임은 일절 지지 않았습니다. 이는 인민을 정치적 능력이 없는 존재로 전제할 때 발생하는 당연한 결과입니다. 정치적 능력이 없는 이들이 어떻게 정치적 책임을 물을 수 있겠습니까? 개돼지가 어떻게 주인을 고발할 수 있겠습니까? 이게 되레 더 큰 혼란을 낳게 된다고 강변됩니다. 인민이 택할 수 있는 최선책은 그릇된 정치를 편 왕이 스스로 반성하거나 혹은 왕좌가 교체되기를 기도하며 기다리는 것뿐입니다. 이 관점의 대표주자가 바로 토마스 홉스였습니다. 『리바이어던』의 악명 높은 장인 「제29장 코먼웰스를 약화시키거나 해체를 촉진하는 요인들에 대하여」에서 홉스는 이렇게 적고 있죠.

> 둘째, 내가 주목하고자 하는 것은 선동적 학설의 해독에서 비롯되는 코먼웰스의 질병들이다. 그중 하나는 '각자가 행위의 선악에 대한 판단자'라는 학설이다. 이것은 완전한 자연상태, 즉 시민법이 존재하지 않는 상태에서는 진실이다. 또한 시민정부 하에서도 선악이 법에 의해 결정되지 않고 있다면, 이 경우에도 진실이다. 그러나 그 이외의

경우에는 행위의 선악에 대한 척도는 명백히 시민법이며, 판단자는 입법자, 즉 항상 코먼웰스의 대표자이다. 그러한 그릇된 학설 때문에 사람들은 코먼웰스의 명령에 대해 시비를 가리려고 하고, 반박하고, 자기 자신의 판단에 따라 그 명령에 복종하거나 혹은 불복하거나 하는 일이 생기게 되고, 이로 인해 코먼웰스는 혼란에 빠지고 약화된다.[8]

여기서 코먼웰스는 앞서 로크를 다루면서 말했던 바로 그 commonwealth입니다. 즉 국가기구이죠. 그런데 홉스가 봤을 때, 선악에 대한 판단은 "코먼웰스의 대표자"인 왕에게 독점되는 권한입니다. 따라서 이 존재가 선포하는 "시민법"이 곧 선악의 척도이지, 인민에게는 선악에 대한 판단 권리가 없습니다―바로 덧붙이듯 이는 내전의 혼란을 낳을 뿐입니다. 그렇기 때문에 홉스의 정치철학에는 인민의 저항권 개념이 존재하지 않습니다. 당연히 인민들이 머리를 맞대어 왕을 선출한다는 개념도 일절 없습니다. 코먼웰스의 설립자인 왕이 나타나기 전까지 홉스적 인민들은 서로 때리고 빼앗고 죽이는 이른바 "만인에 대한 만인의 전쟁 상태"[9] 속에서 짧고 비참한 생을 살아갈 뿐인 존재입니다. 사실 짐승과 다를 바가 없죠. 이 인민에게 주어진 유일한 정치적인 역량이란, 왕의 지배를 받아들이거나 혹은 반항하며 끝까지 늑대적인 상태에 머물다가 죽임을 당하거나—이 양자택일 뿐입니다.

물론 역사는 홉스의 저작에 귀 기울일 생각이 없었습니다.

수평파와 미국의 독립

다시 짚자면, 인민의 복지를 위해 인민을 대표하여 정치를 하는 것, 이것이 곧 렉스 레기아의 이념입니다. 그리고 대표자가 인민의 복지에 어긋나는 짓을 했을 때 저항할 권리가 긍정되기 위해서는 인민이 개돼지여서는 안 됩니다. 또한 정치인이 인민의 목소리를 경청하기 위해서도 인민은 개돼지여서는 안 됩니다. 그렇다면 렉스 레기아의 주체로서 인민은 어떻게 역사에 등장했을까? 시곗바늘은 16세기로 넘어갑니다. 종교 개혁의 시대가 열렸고, 프랑스에서는 성 바르톨로메오 축일의 대학살 같은 도저히 해결 불가능한 사건이 발생했습니다. 종교가 다르다는 이유로 왕이 수많은 사람을 대낮에 마구잡이로 학살한 것입니다(물론 본 사건은 종교 외에도 여러 정치적이고도 경제적인 이해관계가 엮여 있었습니다). 이는 결코 용납될 수 없는 사건이었지요. 그래서 당시 익명으로 『반전제정에 대한 정당화*Vindiciae contra tyran-*

nos』라는 책이 출간되었습니다. 이 책은 왕이 신의 법을 어기고 인민의 복지를 심각하게 위반할 경우, 인민이 왕에게 복종하지 않을 권리, 즉 저항권이 인정된다고 주장했습니다. 다시 말해 비상사태에서는 인민이 개입할 권리를 갖는다는 것입니다.[10]

그렇다면 비상사태가 아닌 평상시에는 인민은 손가락만 빨고 있어야 할까? 이 문제에 대한 바통은 이웃 나라 영국이 이어받았습니다. 17세기 영국은 내전으로 피바람이 불고 있었는데, 찰스 1세가 연이어 실책을 거듭한 끝에 결국 크롬웰Oliver Cromwell에게 목이 잘렸죠. 당시 크롬웰을 지원했던 청교도 세력 중에는 '수평파'leveller가 있었습니다. 주로 소농민과 소상인으로 구성된 평민 집단으로, 그 이름처럼 인민에게 참정권을 요구했던 급진주의자들이었죠. 이들은 왕이 제거된 새로운 영국의 의회를 구성하기 위해 재산이 없는 이들에게 투표권을 줘야 한다고 주장했습니다. 이때 급진주의자였던 토머스 레인즈보로Thomas Rainsborough 대령이 남긴 말이 전해지고 있습니다.

> 내 생각에 영국에 있는 가장 가난한 사람이라도 가장 위대한 사람처럼 살아갈 삶이 있습니다. 그러니 참으로 말이지요, 이건 분명합니다. 정부 아래 살려는 모든 사람은

먼저 자의로 정부 아래 있어야 한다는 것이지요. 그리고 내 생각에 영국의 가장 가난한 사람도 자신이 그 아래 있을 것을 선택하지 않은 정부에는 엄밀한 의미에서 구속되어 있지 않습니다.[11]

그러나 크롬웰은 찰스 1세를 무너뜨린 후 곧바로 수평파를 제거했습니다. 내란 이후 영국은 새로운 공화주의로 나아가지 않고, 왕과 영주들과 하원이 각각 권력을 나누는 전통적인 정치 체제로 돌아갔습니다. 수평파의 목소리는 인민주권을 외치는 것처럼 연기했을 뿐 실상은 이를 빌미로 자신들이 새로운 왕이 되려는 질 나쁜 대중 선동가들의 외침에 불과했다고 비난받으며 왜곡됐죠. 그러나 이미 세상에 던져진 목소리는 크롬웰이 교수형으로 제거할 수 있는 것이 아니었습니다. 옛말에 발 없는 말이 천 리를 간다고, 자발적으로 뭉쳐서 왕에게 항거했던 수평파에 대한 기억은 인민들 사이에서 계속해서 구전됐고, 이윽고 학계에서도 이 인민들의 능동적인 조직력을 더 이상 무시할 수 없게 됐습니다. 결정적인 철학적 정식화는 서두에서 언급한 로크에 의해 이루어졌습니다. 혁명 직후인 1690년, 로크는 『통치론』을 출간하며 사회계약과 인민주권 개념을 강력하게 규정지었죠(이 얘기는 서두에서 이미 했으니까 넘어가도록 하겠습니다!).

이제 인민은 더 이상 개돼지가 아닙니다. 저항권과 참정권을 가져도 될 만큼 정치적인 역량을 갖춘 존재인 건 기본이고, 더 심층적으로는 아예 국가를 구성하는 원리로서 격상됐습니다. 그러니까 왕이나 국가기구에 의해 일방적으로 포섭되고 동원되는 존재가 아닌, 인민이 곧 국가기구를 구성하는 주권자가 된 것입니다. 국가의 목적어에서 국가의 주어가 된 거죠. 이런 맥락에서 근대적인 인민People 개념은 로마 전통에서 발원했던 포풀루스 개념을 끝까지 밀고 나간 것이라고 볼 수 있겠습니다. 정치적으로 무시됐던 이들이 자신들도 이 공동체에 대한 나름대로의 권리가 있다고 주장했던 목소리가, 단순한 역할이나 몫을 넘어 공동체 자체의 건립 역량으로 확대된 것이기 때문입니다.

그렇다면 이제 남은 것은 이 원리를 명확하게 성문화하는 것입니다. 마저 말하자면, 로크의 정치철학은 대서양을 건너 미국으로 전해집니다. 당시 영국의 식민지였던 미국에서는 보통선거권에 기초한 새로운 독립 국가를 세워야 한다는 급진적인 목소리가 널리 퍼지고 있었고, 잘 알다시피 이는 기어코 독립 전쟁으로 귀결됐죠. 1776년 7월 4일, 독립선언서가 공식적으로 선포되었고, 이는 모든 권위의 기반을 인민의 지지로 옮겨온 새로운 공화국의 출범을 의미했습니다. 인민주권이 헌법화된 순간이었죠. 실제로 1787년 헌법에서 헌법 제정의 주체는 People이라고 명확히 선언됐고, 미국의 세 번째 대통령을 지냈던 토머스 제퍼슨Thomas Jefferson 역시도 1820년 편지에서 "나는 people 자신 외에, 사회의 최고 권력의 안전한 담지자를 알지 못한다"라고 분명하게 못 박았습니다.[12]

그리고 전날까지 인민을 두고 이른바 '수많은 머리를 가진 야수'라고 비난하던 귀족들의 우려와는 달리, 미국은 비교적 안정적으로 운영되었습니다. 그 결과, 미국의 성공 사례는 자유로운 공화국에 대한 근대 정치의 상상력에서 중요한 축을 차지하게 됩니다. 다시 말해, 행동하는 주권 인민의 신화가 본격적으로 개막된 것입니다. 이 흐름을 마거릿 캐노번Margaret Canovan의 문장으로 요약해 보겠습니다.

> 권력이 인민에게서 나온다는 입장은 실천적인 관점에서 무엇을 뜻하는가? 우리는 이 입장이 단지 비상 수단으로서 인민에 의지하던 것에서 시작해 처음에는 왕들이 인민에 대해 책임을 져야 한다는 강력한 원칙으로 그다음에는 헌법을 다시 제정할 수 있는 인민의 권리로 그리고 최종적으로는 실제적인 인민 정부를 위한 프로그램 같은 것으로 변해 왔음을 볼 수 있다.[13]

물론 이것이 인민 개념의 전부는 아닙니다. 인민의 정치적인 역량이 긍정되고 또한 국가 구성의 시금석이 된 건 사실이지만, 아직 모든 플레브스가 인민이 된 건 아니기 때문입니다. 실제로 미국의 경우를 보더라도, 공화국 초기에 선거권은 일정 재산을 가진 백인 남자에게만 주어진 것이었지, 나머지 유색인종이나 여자에겐 해당 사항이 없었습니다. 또한 민주주의 혁명의 대명사라고 불리는 프랑스대혁명 역시도 이 지점에서 자유로울 수 없습니다. 이를테면 1789년 6월 제3신분의 대표자들이 새로운 헌법을 제정하기 위해 모인 자리에서 "프랑스 인민People의 대변자들"이란 표현을 두고 저 인민이 하층 계급을 가리키는 '플레브스'plebs인지 아니면 모든 시민을 의미하는 '포풀루스'populus인지를 따지는 논쟁이 벌어졌거든요.[14] 참고로 프랑스에서 여성에게 투표권이 부여된 것은 1946년입니다―역사라는 것이 만만찮죠?

　그러나 확실한 것은 18세기에 인민주권 개념이 정립됐고, 남은 19~20세기는 빈민, 여성, 유색인종 등 이 인민에 포함되는 이들을 끊임없이 늘려 나간 과정이었다는 것입니다. 때때로 퇴보하거나 정지한 것처럼 보여도, 긴 시계열에서 보자면 이는 결국 거스를 수 없는 흐름이었습니다. 그리고 이것은 포풀루스 전통에 충실한 것이기도 합니다. 반복컨대 이 개념은 무시되고 짓뭉개진 이들이 자신의 몫을 요구해온 유구한 전통을 갖기 때문입니다. 사람은 사람 아닌 사람이 사람이 되어온 과정입니다. 물론 이는 앞으로도 마찬가지입니다.

    이만 마칩니다. 총총.

1 존 로크, 강정인 역, 『통치론』, 까치, 2022, 11쪽.
2 같은 책, 138쪽.
3 같은 책, 159쪽.
4 Mark Wilson, 『Dictator: The Evolution of the Roman Dictatorship』, University of Michigan Press, 2021. pp.45~46.
5 조이 코널리, 양진비 역, 「군중정치: '포풀루스 로마누스'의 신화」, 『대중들』, 그린비, 2015, 183~231쪽 참조 바람.
6 마거릿 캐노번, 김만권 역, 『인민』, 그린비, 2015, 31~32쪽 참조.
7 같은 책, 38~39쪽 참조.
8 토마스 홉스, 진석용 역, 『리바이어던』, 나남, 2022, 416쪽.
9 같은 책, 170쪽.
10 마거릿 캐노번, 김만권 역, 『인민』, 그린비, 2015, 40쪽.
11 안토니오 네그리·마이클 하트, 정남영·윤영광 역, 『공통체』, 사월의책, 2014, 79쪽에서 재인용.
12 마리사 갈베즈, 양진비 역, 「People: 영어」, 『대중들』, 그린비, 2015, 233쪽.
13 마거릿 캐노번, 김만권 역, 『인민』, 그린비, 2015, 46쪽.
14 스테판 욘손, 양진비 역, 『대중의 역사』, 그린비, 2013, 66~67쪽.

헌법적 환상과 문명화된 검투장

헌법적 환상

헌정. 우리는 '헌정'에 대해 어느 정도 알고 있다고 생각합니다. 그도 그럴 것이 의무교육을 통해 헌법 교육을 받았을 뿐더러—"다음 문항 중 1987년 개헌한 대한민국 헌법 제1조 1항이 무엇인지 고르시오"—심지어 학교 바깥에서도 잊으려고 할 때마다 헌법에 대해 숙고할 수밖에 없는 역사적인 사건들이 벌어지는 실로 역동적인 세계, 그곳이 바로 대한민국이기 때문입니다. 그리하여 헌정이란 무엇인가? 대개 그 국가를 구성하는 근본적인 원리 정도로 이해합니다. 모든 정치 규범들이 그곳에 근거하는 가장 근본적인 토대인 거죠. 표준대국어사전에는 이렇게 적혀있습니다.

'입헌 정치'를 줄여 이르는 말.

그렇다면 입헌 정치는 무엇일까요? 같은 사전에 적힌

입헌주의의 정의는 다음과 같습니다.

> 국가 구성원의 합의로 제정된 헌법에 따라 국가를 운영하려는 정치사상.

다시 말해 헌정이란―개별 낱말 뜻 그대로 풀어서―헌법에 따라서 정치를 한다는 의미입니다. 국가를 운영하는 데 필요한 모든 법규와 권력을 헌법이라는 단일한 기준을 통해 구성한다는 거죠. 이를테면 현재 우리나라에서 법률을 만들어내는 권력인 입법부의 구성은 오로지 선거를 통해 선출된 국회의원만이 갖는 고유 권한인데, 이는 "국회는 국민의 보통·평등·직접·비밀선거에 의하여 선출된 국회의원으로 구성한다"라는 헌법 제41조 제1항에 근거합니다. 그러니까 비선출 권력은 입법 권력을 가질 수 없습니다. 아마도 익숙한 표현이실 소위 '비선실세'라고 불리는 이들이 입법 권력에 불법적으로 개입한 것이 발각된다면 헌법재판소에서 탄핵을 당하게 되죠. 이외에도 행정부의 구성은 어떻게 이뤄지고, 사법부의 권한이 무엇인지 등 헌법은 그 사회에서 작동하는 모든 권력 기구의 합법성을 근거 짓고 있습니다.

그리고 이런 맥락에서 헌정은 어떤 공동체적 환상을 만

들어냅니다. 아니 그렇잖습니까? 국가에서 정립되고 작동하는 모든 권력과 동시에 이를 구성하고 인준하며 따르는 모든 인민이 헌법이라는 동일한 발판 위에서 정치를 하는 것, 이것이 곧 헌정이기 때문입니다. 이런 구도 속에서 우리 모두는 헌법을 공유한다는 점에서 단일한 존재입니다. 좀 더 정확히는 그러한 존재로서 상상할 수 있게 되죠. 마찬가지 맥락에서 헌법을 통해 구성된 대한민국이라는 국가기구의 애국가를 떠올려 보시기 바랍니다. "무궁화 삼천리 화려강산 대한 사람 대한으로 길이 보전하세" 묻건대 여기서 지칭된 "대한 사람"이란 무엇입니까?

물론 우리말은 다른 언어와 달리 단수와 복수 개념에 대한 문법적인 정립이 모호하기 때문에, 저 '사람'에 의미적으로 복수 개념이 내포되어 있을 수 있습니다. 그러나—확신컨대—"대한 사람"을 듣고서 복수의 머리통들을 떠올린 사람은 그리 많지 않을 겁니다. 크게 두 가지 이유가 있는데, 하나는 애당초 복수로 쓰고 싶었다면 '-들'을 붙여서 '사람들'이라고 말했을 것이기 때문이고, 다른 하나는 저 사람이 그냥 사람이 아닌 '대한'이라는 공통 조건으로 묶인 사람이기 때문입니다. 그러니까 설령 복수의 사람들이라고 할지라도 '대한'이라는 공통요인 속에서 단일하게 호명되고 있는 거죠. 그래서 우리는 자연스럽게 "대한 사람"이라고 했을 때, 그 정수를 담은 어떤 사람 하나를 상상하게 됩니다. 칸트적으로 말하자면, 개념이 감성화된 이미지인 "대한 사람"이란 도식schema을 생산하는 거죠.

그러나 문제는 다음과 같습니다—과연 헌정은 공동체적인가?

유기체적 전통

실제로 국가는 하나의 신체로서 비유되어 온 오랜 전통을 갖습니다. 근대에 한정 지어서 볼 때, 이 대표주자는 물론 홉스입니다. 『리바이어던』에서 왕이나 제후 같은 강력한 권력자가 모든 인민의 자유를 반납받은 뒤, 칙령이나 법률 제정을 통해 국가기구를 구성하는 것이라고 주장했죠. 이때 군대나 사법부, 국세청 같은 정부 기관들은 주권자의 통치를 돕는 손발로서 비유됐는데, 실제로 서설에서부터 홉스는 국가기구를 이른바 "인공적인 인간"an Artificial Man이라고 규정짓고 있습니다.[1] 그런데 이런 식의 국가론은 약간 불안정한 데가 있습니다. 홉스적 체계에서 인민은 사실상 개돼지이기 때문에 주권자가 국가기구를 어떻게 조립하는지에 대해 왈가왈부할 권한이 일절 없거든요. 유일하게 인정되는 정치적인 능력은 자신이 개돼지임을 인정하고 제대로 보호받기 위해서는 주인이 필요하다는 걸 받아들이는 데에 있습니다―그러니까 자유를 반납할 자유만이 허용됩니다.

물론 이건 끽해야 1350cc 남짓한 홉스의 뇌 안에서나 작동하는 논리일 뿐, 현실은 아닙니다. 인민은 개돼지가 아닐 뿐더러, 역사는 반란과 혁명의 기록들로 가득합니다. 그래서 보다 안정적인 신체를 구성하기 위해서는 각 신체 부위가 자발적으로 하나의 유기체로서 있음을 긍정하는, 그러한 유기체가 될 필요가 있습니다. 이 대목을 철학적으로 정식화한 사람이 바로 헤겔Georg Wilhelm Friedrich Hegel입니다. 『법철학 강요』에서 헌법 체계보다 먼저 다뤄지는 것은 애국심입니다. 개별 시민들의 이해관계를 보다 높은 층위에서 조율해줄 상위 심급, 즉 국가를 구성해야만 한다는 자발적인 열망이 중요하다고 봤던 거죠. 다시 말해 헤겔에게 애국심은 국가를 구성하기 위해 필수적인 "정치적 심정Die politische Gesinnung"[2]입니다. 그리고 이 애국심이 부합해야 할 객관적인 질서, 그게 바로 '헌법'Verfassung입니다. 참고로 독일어권에서 Verfassung은 유기체의 구성을 의미하는 생물학 용어에서 파생된 것입니다.[3] 실제로 헤겔은 애국심과 헌법이 결합한 국가기구를 하나의 유기체로서 호명하고 있죠. "국가는 자신을 현실적 형태와 한 세계의 유기적 상태Organisation로 전개하며 현재하는 정신으로서, 신적 의지다."[4]

당연한 말이지만, 이 단일성이나 통일성은 개별 인간에게는 비교적 큰 문제 없이 적용됩니다. 심각한 조현병을 앓는 사람이 아니고서야 환청을 듣진 않죠. 보통 자아는 자신이 생각한 바를 말하거나 행동합니다. 무언가를 고민할 때, 그러니까 A를 하고 싶은 자아와 B를 하고 싶은 자아로 분화된 상태에서도, 거의 자동적으로 이 둘을 바라보는 일종의 대법관 같은 최종심급의 자아가 곧바로 상정됩니다. 그러니까 자아는 관리된 분열만을 허용하는 기관입니다. 왼손이 한 일을 오른손이 몰라도 되는 존재는 무엇을 하건 신적인 것에 합치되는 예수 그리스도한테나 허용되는 거지, 한낱 인간에겐 해당 사항이 없습니다. 우리가 그렇게 되면 그냥 미친 겁니다. 이런 존재는 스스로에 대한 계획을 세우기 힘들다는 점에서 생존이 위태롭고, 동시에 신뢰를 구축할 수 없기 때문에 공동체에서도 배척되죠.

문제는 헌정을 통해 구현되는 집합체에서 발생합니다. 다시 묻건대 "대한 사람"이란 무엇입니까? 2024년 12월 중위추계 기준, 대한민국의 5,175만 1,065명의 국민이라는 거대한 공동체가 공유하는 공동의 목적은 무엇일까? 공동의 목적이 있으니까 공동체라고 불릴 수 있는 것 아니겠습니까? 애국심에 충만한 헤겔적 주체들은 분명 각자가 생각하는 공동의 무언가를 떠올릴 것입니다. 물론 너무 과도하게 자신의 사익에만 부합하는 걸 떠올려선 곤란하겠죠. 실제로 헤겔도 애국심을 긍정하면서 덧붙인 괄호 속에 "단순한 주관적 확신은 진리로부터 나오지 않고 단지 사견일 뿐이다"[5]라고 작은 단서조항을 달아놓긴 했지만, 그럼에도 이 문제는 불식되지 않습니다. 그 공동체의 진리는 무엇이고, 그것을 결정하거나 심사하는 이가 누구인지 하는 물음이 꼬리의 꼬리를 물기 때문입니다.

장담컨대 이 질문에 대해 구체적인 답을 내릴 수 있는 사람은 세상 어디에도 없습니다. 오직 극도로 추상적인 대답만 가능합니다. 예를 들어, '잘사는 것' 같은 두루뭉술한 답변 정도가 나오겠죠. 왜 그럴까요? 그것은 현실 속 사람들의 관심사가 극도로 다양하기 때문입니다. 내가 속한 경제적 계급, 성별, 지역, 경제적 이해관계, 종교, 역사적 경험, 조직, 사적 애정과 원한, 외교적 이해 등등 수많은 요인들에 따라 삶의 지향이 저마다 달라집니다. 그래서 어느 누구도 이 복잡한 체계를 완벽하게 조율할 수 없습니다. 국가 단위의 사회 자체가 이미 일개 개인이 감당할 수 없는 규모입니다. 니클라스 루만 Niklas Luhmann이 말했듯 현대사회는 중심도, 정점도 없는 복잡계입니다.

공동체주의와 순수성의 폭력

문제는 우리는 추상적으로 말할 수는 있어도, 추상적으로 살 수는 없다는 데에 있습니다. 이 글을 읽는 분들 중 추상적으로 밥을 먹는 사람이 있습니까? 밥이든, 라면이든, 찌개든, 먹는 행위는 언제나 구체적입니다. 우리는 오로지 구체적으로만 먹을 수 있습니다. 같은 맥락에서, 공동체의 공동 목적 역시 결국 그 구체성이 무엇인지 어떤 방식으로든 드러날 수밖에 없습니다. 구체적으로 하는 것이 없다면, 공동체를 구성할 하등의 이유가 없기 때문입니다. 특히나 그 집합체가 엄청난 예산을 먹으면서 작동하는 국가기구라면 더욱 그렇겠죠.

그리고 바로 이 지점에서 '폭력'이 발생하기 쉽습니다. 이견들을 조율하기 쉽지 않기 때문입니다. 하여 무엇이 이 공동체를 묶는 공동의 목적인지 구체화하는 과정에서, 필연적으로 갈등이 벌어지기 마련입니다. 철학을 공부하신 분들은 지금 쓴 '필연적으로'라는 표현이 철학에서 얼마나 큰 무게를 갖는지 잘 아실 겁니다. 그만큼, 분쟁과 불안은 공동체의 필연입니다. 승자와 패자가 나뉘고, 다수와 소수가 갈리게 됩니다.

그래서 정말 아이러니하게도, 우리 모두가 잘 살 수 있는 어떤 공동 목적이 구체적으로 존재할 것이라는 일종의 공동체주의적 낙관은 오히려 지옥의 문이 돼버립니다. 왜냐하면 만약 그러한 고차원적인 공동체적 진리가 정말로 있다고 진지하게 믿어버리면, 자칫 그 생각과 다른 의견을 가진 이와는 대화할 수도, 양립할 수도 없게 되기 때문입니다. 인간이 가진 확증편향의 힘은 실로 무시무시한 것인지라, 인간은 보는 걸 믿는 게 아니라 믿는 걸 보는 존재이지 않습니까? 가령 아내가 외도하고 있다고 확신하는 편집증자 남편은 아무런 증거가 없다는 것을 명백한 증거로 여기게 되죠—"증거를 이렇게 감쪽같이 숨긴 걸 보니, 확실히 바람을 피우고 있군!" 따라서 공동체주의적 진리가 있다는 믿음은 이내 그 증거를 찾게 됩니다. 그것이 '-주의' 딱지가 붙은 이데올로기이건 혹은 그 진리를 알고 있다고 주장하는 대중 선동가이건 간에 말입니다.

그리고 이때부터 대화는 타자와의 차이를 인정하는 것이 아니라, 그 타자를 계몽하는 수단으로 격하되죠. 여기서부터 옆으로 몇 걸음만 더 가면, 계몽을 거부하는 저 타자를 제거하는 것이 공동체를 위해서 필수 불가결한 결단이라는 끔찍한 신념에 닿게 됩니다. 즉 타자의 절멸이 영광스러운 과업이 되는 거죠.[6] 이처럼 '모든 사람이 동의할 수밖에 없는 절대적 공동 목적이 존재한다'는 생각이야말로 지옥으로 가는 길입니다. 그러니까 공동체주의자는 지금 자기가 무슨 말을 하고 있는지조차 모르는 것입니다.✤ 가장 평화로운 말 속에 학살의 씨앗이 심깁니다. 현대 정치철학자 샹탈 무페Chantal Mouffe 역시 이 점을 지적한 바 있죠.

> 우리는 합의와 만장일치가 가능하다는 가상이 '반정치antipolitics'에 호소하는 것만큼이나 민주주의의 치명적임을 인정해야 하며, 따라서 이런 생각을 단념해야 한다. 정치 전선의 부재는 정치적 성숙의 기후이기는커녕 민주주의를 위험에 빠뜨릴 수 있는 공허함의 징후이다. 그러한 공허함은 새로운 반민주적인 정치적 정체성들을 절합하려는 극우파의 점령 지반을 제공하기 때문이다. 정체성을 형성할 수 있는 민주주의적 정치 투쟁들이 결핍되었을 때, 그 자리는 정체성 형성의 다른 형식들, 즉 인종적이거나 민족주의적이거나 종교적인 본성과 같은 형식들을 차지하며 대립 진영 역시 이런 용어로 규정된다. 이런 조건에서라면 대립 진영은 경쟁해야 할 반대자가 아니라 오로지

✤ 그래서 '중립'이라는 말 역시도 주의 깊게 볼 필요가 있습니다. 그 안에는 모든 상황을 객관적으로 정리할 수 있는 공동체주의적 진리가 존재한다는 전제가 숨어 있기 때문입니다. 이는 기본적으로 오만할 뿐만 아니라, 극도로 위험하기까지 합니다. 그러한 중립은 파시즘의 문턱입니다.

파괴해야 할 적으로만 인지될 것이다.[7]

　같은 맥락에서 정치적으로 '순수성'이라는 개념은 그 자체로 괴물입니다. 대관절 순수한 것이 무엇입니까? 타협이 되지 않는 것입니다. 반어법으로 비꼬는 게 아니고서야 현실과 타협하는 사람들을 두고 순순하다고 평가하진 않죠. 반대로 끝까지 뜻을 고수하는 이에게 순수성의 지위가 주어집니다. 순수성에 가장 가까운 직업군을 꼽자면, 아마도 시인이나 의사일 것입니다. 그도 그럴 것이, 먼저 시적 감성은 고도의 순수성을 요구하며, De gustibus non est disputandum(취향에 관한 문제에서는 분쟁이 있을 수 없다)라는 오랜 라틴 격언처럼 이 시적 감성은 애초에 설득 불가능한 것으로 취급되기 때문입니다. 그리고 의사의 경우엔 더 적나라합니다. 어떤 병에 대한 치료법이 지나치게 다양하다면, 그건 사실상 불치병이라는 뜻입니다. 근본적으로 의학은 사람을 치료하기 위한 정답을 추구하는 학문입니다. 생명은 극도로 중요한 사안이기 때문에, 의학은 항상 유기체에 대한 확고한 진리를 단호히 요구받을 수밖에 없죠. 지금 당장 수술실에 들어가야 하는 상황에서 한가하게 '해석의 다양성' 따위를 운운할 수 없을 테니까요.

　이런 맥락에서 20세기 최악의 내전 중 하나였던 보스니아

내전을 떠올려봅시다. 이때 인종 청소를 지시한 수괴인 이른바 '발칸의 도살자'가 바로 라도반 카라지치Radovan Karadzic입니다. 그런데, 이 사람의 직업이 뭐였냐? 바로 의사이자 시인이었습니다. 마침 이쪽으로 이야기가 나온 김에, 슬라보예 지젝Slavoj Žižek의 말을 직접 옮겨보겠습니다. "여러분은 아마 보스니아 내전의 지도자인 라도반 카라지치가 체포되어 헤이그의 국제형사재판소로 보내진 뉴스를 봤을 것입니다. 카라지치가 시인이었다는 것은 우연이 아니라고 저는 생각합니다. 충격적이겠지만 저는 시가 없었다면 인종 청소나 대량 학살도 없었을 것이라고 생각합니다. 형이상학적이고 열정적이며 강력한 고차원적인 깊은 시적 비전이 사람에게 기본적인 윤리적 고려마저 중지하도록 만드는 것이지요."[8]

시끄러운 공동체

따라서 아이러니하게도 평화의 실마리는 구체적인 공동성이 아닌, 되레 적대 관계를 인정하는 데 있습니다. 물론 서로에게 피해를 주지 않으면서 다양한 삶의 방식을 추구할 수 있다면 참 이상적이겠죠. 또한 설령 누군가와 부딪치더라도 그 사안이 사소한 것인지라 그냥 져주면서 살아도 무방하면 그것도 그럭저럭 감내할 만한 차선일 것입니다. 그러나 삶의 모든 영역이 조화롭게 돌아갈 리가 만무하며, 모든 걸 양보하면서 살아갈 수도 없는 노릇입니다.

이를테면 자본주의 안에서 고용주와 노동자의 관계처럼 협력이 필수적이지만 동시에 갈등이 불가피한 관계들이 존재하죠. 경영책임자가 안전 및 보건 확보 의무를 무시하면서 위험천만한 환경 속에서 일하기를 강요한다면, 여러분은 이걸 견딜 수 있겠습니까? 또 불법적인 이면계약으로 최저임금을 안 주려고 한다면? 교묘하게 야근 수당을 떼먹으려고 한다면?—그런데 만일 누군가가 이에 대한 해결책으로 시골에 땅을 사서 자급자족하는 삶을 새롭게 꾸리자고 말한다면, 여러분은 고개를 끄덕일 수 있겠습니까? 아주 특별한 취향의 소유자가 아니고서야 그렇지 않을 것입니다. 우리는 분업과 협동을 통해 만들어낼 수 있는 생산성과 전문성의 양질을 이미 알고 있습니다. 로빈슨 크루소가 스마트폰을 발명하거나 암수술을 해낼 수 있겠습니까? 이미 문명을 맛본 이라면 이 과실들을 포기할 수 없습니다. 따라서 우리는 공동체 내에서 양보할 마음이 전혀 없는 사안들을 두고 끊임없이 대립하고 저항하게 됩니다.

그리하여 실존하는 세상은 아름다운 무지개 나라가 아니기에 매일 같이 갈등과 비명이 울려 퍼집니다. 그게 단지 여러분의 귀에 들리고 말고의 차이가 있을 뿐, 지금도 어디선가 사건 사고는 끊임없이 반복되고 있죠. 물론 경제 문제, 역사 해석, 정치 권력, 성 정체성 등 첨예하게 대립하는 요인들은 저마다 다릅니다. 그러나 확실한 건 그러한 갈등 요인이 분명 존재한다는 것입니다. 그렇기에 싸우는 소리가 사라진 세계는 역설적이게도 전혀 평화로운 세계가 아닙니다. 아무 소리도 들리지 않는다면 이건 둘 중 하나입니다. 여러분이 자신의 귀를 막고 있거나 혹은 독재자가 무서워서 다들 숨죽이고 있거나―물론 이는 서로 맞물립니다. 침묵은 누군가가 군림하고 있는 표지입니다. 절대왕정의 음악은 모든 음계가 조화로운 교향곡이었지만, 왕이 단두대로 간 뒤인 19세기부터는 불협화음과 비화성음이 섞인 음악들이 등장하기 시작했죠. 또한 나치에 가담했던 하이데거Martin Heidegger가 빈말의 애매한 소음Lärm을 비판하면서 침묵Schweigen 속에서 현존재를 불러내는 양심의 부름을 긍정했던 것 역시도 결코 우연이 아닙니다. 묵상에선 피비린내가 납니다.

    다시 적대 관계로 돌아가 봅시다. 앞서 다뤘던 공동체적 진리가 있다는 신념은 이를 거부하는 타자에 대한 폭력을 낳기 쉽다고 말했습니다. 그런데 정확히 말하자면, 진리가 곧 폭력으로 확정되는 것은 아닙니다. '폭력을 낳기 쉽다'와

'폭력을 낳는다'는 전혀 다른 서술이죠? 그러니까 설령 내가 진리를 믿더라도 이를 상대방에게 평화로운 대화로서 전달할 수 있다는 믿음이 유지된다면, 이는 폭력으로 치닫지 않습니다. 최소한 대화가 공회전하는 동안만큼은 폭력 사태가 유예되죠. 반대로 상대방이 설득 불가능하다고 판단될 때, 혹은 대화 능력이 없다고 판단될 때, 폭력은 사태를 해결하는 합리적인 방편이 됩니다. 암세포와 타협이 가능할까요? 불가능합니다. 박멸하든지, 아니면 내가 죽든지 둘 중 하나입니다.

그렇다면 대화를 통한 타협의 가능성이 파산할 때, 폭력의 소용돌이가 열리게 됩니다. 이때 쉽게 상상되는 것은 마치 영화 '매드 맥스 시리즈'의 세계관처럼 힘만이 지배하는 무정부 상태입니다. 실제로 역사적으로도 무수히 많은 평화 협정이 결렬되어 왔고, 결국 전쟁으로 치닫게 된 비참한 세월이 펼쳐진 바 있죠. 그렇다면 인류가 이러한 늑대적인 상태를 벗어나 서로를 죽이지 않고 협력하는 공동체, 즉 어떤 공동 목적을 가진 사회를 어떻게 형성할 수 있을까요? 대화 가능성이 파산된 상태에서 남은 선택지는 무력, 좀 더 정확히는 압도적인 무력뿐입니다. 만약 힘으로 해결되지 않는 일이 있다면 힘이 부족한 건 아닌지 생각해보라는 인터넷에 나도는 유머처럼, 누군가가 절대적인 힘인 '주권'을 보유한다면—적어도 일정 기간만큼은—이 혼란을 잠재워질 수 있습니다. 만인에 대한 만인의 투쟁이 벌어지는 황무지에서 시타델을 건립한 임모탄 조 같은 군사 집단의 통솔자가 강림하는 거죠. "난 너희들의 '구원자'다. 나를 통해 너희들은 잿더미가 돼버린 이 세상에서 부활할 것이다!"

그리고 나치즘의 광풍이 시작됐던 1920~30년대 이런 생각을 끝까지 밀어붙였던 이가 있었습니다. 이른바 '나치의 법학자'로 불리는 칼 슈미트Carl Schmitt가 바로 그 주인공입니다.

바이마르와 의회 냉소주의

슈미트가 본격적인 활동을 시작했던 때는 1910~20년대 독일입니다. 이게 무슨 말이냐면 완전히 상반되는 두 세계를 겪었다는 뜻입니다. 먼저 1910년대 독일제국은 1850년경부터 시작된 2차 산업혁명이 완전히 만개한 경제 대국이자 동시에 정치적으로도 비교적 안정된 제국이었습니다. 반대로 1920년대 독일은 제1차 세계대전 패전 이후 식민지 영토를 모두 빼앗긴 채 막대한 전쟁배상금을 갚지 못해 가난에 허덕이는 패전국이었죠. 실제로 독일제국 해체 후 새롭게 성립된 바이마르 공화국의 혼란상은 역사적으로도 악명

이 높습니다. 결국 극심한 인플레이션과 시위, 파업 그리고 계엄으로 얼룩진 불과 15년 남짓한 짧은 역사를 끝으로 역사의 뒤안길로 사라진 국가가 돼버렸죠. 딱 들어도 온도차가 너무 극심합니다. 한때 베르사유 궁전에서 황제 즉위식을 올렸던 찬란한 제국과 기아 상태에서 허덕이는 패전 공화국이라니—슈미트가 민주주의나 의회주의 체제에 대해 극도로 냉소적인 입장을 취한 건 그리 놀랍지 않습니다. 마치 전후 독일인들이 무능한 정치인의 농간에 의해 이길 수도 있었던 1차 세계대전에 바보같이 항복선언을 해버리고 말았다는 식의 정신승리를 믿었던 것처럼 말입니다.

　슈미트는 지식인이었기 때문에 당면한 상황이 공화국의 무능 때문이라는 논리를 만들기 시작했습니다. 일단 우리가 속한 세계는, 국외적으로는 독일을 둘러싼 열강들이 약육강식의 논리로 뒤엉키는 아수라장이요, 국내적으로는 부르주아, 프롤레타리아트, 조합주의자, 옛 토지 귀족, 군인과 황제파, 아나키스트 등 온갖 세력들이 분열되어 대립 중인 혼돈입니다. 따라서 슈미트가 보기에 이 세계는 이해관계가 충돌하고, 전략과 술수가 난무하며, 적대가 아로새겨져 있는 공간입니다. 낭만성이라곤 책자에나 적힌 허튼 소리에 불과합니다. 그렇기에 『정치적 낭만주의』에서 슈미트는 사교나 대화만으로는 국가적인 질서를 확립할 수 없다고 단언합니다.

> 주관적인 영역을 넘어서지 못하는 격정은 공동체를 건립할 수 없으며 사교 활동에 대한 탐닉은 지속적인 결속 Verbindung을 위한 토대가 되어 주지 못한다. 아이러니와 음모는 사회적 결정점이 아니며, 외따로에 살지 않고 활기찬 대화의 흐름 속으로 뛰어든다고 해서 사회가 질서 잡히는 것도 아니다.[9]

그렇다면 이런 상황에서 이 적대 관계들이 일으키는 문제들을 조율해야 할 의회는 어떠한가?―너무도, 너무도 무능합니다. 왜 무능한가? 이때 슈미트가 주목한 것은 근본적으로 의회에서 선출된 정치인이란, 자신에게 표를 준 특정 지역이나 집단 및 계급의 이해관계를 반영하기 위해 애쓰는 존재들이란 점이었습니다. 따라서 그 근본에서부터 의회 정치인들에겐 당파를 넘어선 공동체 전체를 위한 숙고가 존재할 수 없다는 결론을 내렸죠. 의회에 존재하는 것이라곤 저마다의 당파적인 이해관계를 부르짖으며 아무런 결정도 나지 않는 공허한 토론이 전부라고 규정지었습니다―반대를 위한 반대를 할 뿐이라는 거죠.

따라서 슈미트가 보기에 '독일'이라고 하는 민족공동체

는 의회에 의해 성립된 것이 아닙니다. 앞서 봤듯 의회는 직능조합이건 계급이건 간에 어떤 식으로든 그 사회의 분화된 영역에서 선출된 대표들이 모이는 곳이고, 그래서 개별 의원들은 주관성에서 벗어날 수 없다고 여겨지기 때문입니다. 각자의 이해관계를 부르짖을 뿐이라는 거죠. 또한 이 주관성은 의회주의가 추구하는 대화나 토론으로는 조율 불가능하다고 봤기 때문입니다. 좀 더 적나라케 말하자면, 슈미트는 대화가 결단을 유예하는 수단이라고 봤습니다. 이게 무슨 말이냐면, 의회는 주관성이 함몰된 상태이긴 하나, 동시에 이들이 하나의 민족이나 국가로 뭉뚱그려진 거대한 공동체는 존재하고 있죠. 세계대전 때 보여준 총력전의 위력처럼 이 결사체는 무지막지한 역량을 가지고 있습니다. 그래서 이 역량을 발휘하기 위해 하나로 뭉치려면—대화로 아무것도 조율되지 않는다는 슈미트의 전제를 받아들일 때—결국 반대파를 힘으로 찍어누르는 결단이 필요합니다. 그러나 이는 내전을 감수해야만 한다는 점에서 지극히 위험합니다. 괜히 시도했다가 실패하기라도 하면 지금 가진 것들마저 잃어버리게 되니까요. 그래서 아무도 결단하지 않고 무의미한 대화만 하게 됩니다—이를 통해 무언가 열심히 하고 있긴 하다는 정신승리를 한다는 거죠. 슈미트는 맹렬하게 쏘아붙입니다.

> 자유주의의 본질은 교섭이며 결정적인 대결과 피비린내 나는 결정은 의회의 토론으로 변하고, 결정은 영원한 토론에 의해서 영원히 정지될 수 있다는 희망을 가지고 천천히 기다리는 불완전한 것이다.[10]

그러면 독일인의 공동 목적은 누가 구성해내냐?―그게 바로 '주권자'입니다.

킨킨나투스의 신화

지금까지 논의를 다시 짚자면, 사회는 다양한 협력 관계 못지않게 적대 관계도 존재하는 현기증 나리만큼 다양한 공간입니다. 따라서 공동 목적을 구체적으로 상정하는 것은 반대파에 대한 학살의 위험을 건드립니다. 그런데 슈미트가 보기에, 의회에서 행해지는 대화나 토론은 바로 저 피비린내 나는 결정을 유예하는 한낱 말싸움이자 수다에 불과합니다. 왜냐하면 자신이 속한 이익집단에만 매몰된 의원들은 공동체 전체를 볼 안목이 없을뿐더러, 책상물림의 새가슴에 불과하기 때문입니다. 정치를 공동체를 위한 결정이라고 정의한다면, 의회는 이 결정을 내리지 못한다는 점에서 정치적 협잡에 불과합니다.

그렇다면 슈미트적 주권자는 뭐냐? 고독한 결단을 통해 공동 목적을 근본에서부터 구축하는 존재입니다. 철학에서는 이런 걸 주춧돌을 뜻하는 '초礎'를 써서 '정초'한다고 표현하기도 하죠. 그래서 주권자는 헌법을 정초합니다. 또한 이 헌법 위에 만들어진 여러 현행법이 현실을 제대로 조율하지 못하는 상황, 즉 예외적인 위기 상황에서 현행법을 모두 정지시키고 헌법을 수호하기 위해 독재를 행하는 존재—이게 곧 주권자입니다. 그래서 슈미트의 구호는 "국법은 여기서 끝난다Das Staatsrecht hört hier auf"[11]였죠. 아울러서 앞서 봤듯 슈미트적 관점에서 대화는 주관성을 반영하는 수단일 뿐 이를 뛰어넘을 수는 없는 도구입니다. 게다가 토론 절차를 모두 밟았다가는 적대가 날뛰는 긴급한 현실 속에서 고꾸라지기 일쑤라고 봤죠. 일인독재를 통해 신속하게 사태를 해결하는 것이 중요하다고 본 것입니다. 그래서 슈미트는 이렇게 규정했습니다. "주권자란 예외상태를 결정하는 자이다."[12]

그렇다면 주권자가 규정한 공동 목적에서 어긋나는 이들은? 앞서 이런 반대파가 필연적으로 생겨날 수밖에 없다고 하지 않았나?—슈미트가 말한 이른바 "피비린내 나는 결정"에는 이 반대파에 대한 학살과 숙청이 포함됩니다. 다시 말해 주권자는 예외상태를 해결하기 위해 기꺼이 피를 보는 사람입니다. 당연히 이 과정에서 대화는 존재하지 않습니다. 애당초 대화로 해결되지 않는 문제를 해결하기 위해 요청된 존재가 바로 주권자이기 때문입니다. 대화는 혼란을 가중하는 요인이고, 그래서 주권자가 대화를 한다는 건 논리적 모순이죠. 따라서 반대파를 척결하는 것 외엔 다른 선택지가 없습니다. 언젠가 움베르토 에코Umberto Eco가 소설 속에서 적었던 대사 하나를 인용하자면 "황제는 옳은 생각을 가지고 있기 때문에 황제인 것은 아닙니다. 다른 사람이 아닌 바로 황제가 갖고 있는 생각이기 때문에 그 생각은 옳은 것입니다. 이것이면 충분하지요."[13]

물론 이때 슈미트가 염두에 두었던 것은 단순한 폭군이 아닌, 킨킨나투스의 신화였을 것입니다. 고대 로마 시절, 기근과 외적 침입이 임박했을 때 원로원이 곱슬머리를 가진 농부였던 킨킨나투스Lvcivs Qvinctivs Cincinnatvs를 독재관—오늘날 말로 하자면 계엄사령관—으로 임명했습니다. 그는 당면한 위기를 21일 만에 해결하고, 상황이 종료되자 즉시 독재관 지위를 반납한 뒤 다시 농부로 돌아가 밭을 갈았다고 전해지는 인물이죠. 슈미트는 바이마르의 킨킨나투스가 당시 대통령이었던 파울 폰 힌덴부르크Paul von Hindenburg라고 믿었습니다. 그래서 힌덴부르크가 이른바 '헌법의 수호자'로서 비상대권을 써서 의회를 해산하고 독일의 근본 질서를 확립해야 한다고 부르짖었죠. 그러나 이미 80대를 훌쩍 넘긴 고령이었던 힌덴부르크는 치매설이 나돌 정도로 쇠약한 상태였고, 결국 1934년 8월 자신의 정원에서 숨을 거두게 됩니다. 그리고 당시 총리였던 자가 대통령직과 총리직을 합쳐서 스스로를 '총통'Führer이라고 칭하면서 현행법을 정지시키고 절대 권력을 휘두르게 되죠. 그게 누구냐? 바로 아돌프 히틀러였습니다. 슈미트는 그가 새로운 킨킨나투스가 되어줄 것이라고 믿었고, 실제로 그의 정치철학은 히틀러의 권력을 정당화하는 데에 사용됐죠.

그러나 몇 년 뒤 슈미트를 기다리고 있던 것은 잿더미가 된 베를린이었습니다.

피의 나선

킨킨나투스는 전설에 가까운 이야기입니다. 반대로 역사의 현실 속에 실제로 군림한 주권자의 형상은 맡겨진 과업을 끝낸 뒤 다시 밭으로 돌아가는 그런 낭만적인 형태가 아니었습니다. 문제는 크게 세 가지였는데, 첫째, 주권자는 신이 아니라는 것입니다. 피와 살이 흐르는 인간이며, 그렇기에 목적과 결과의 괴리는 불가피합니다. 왕관이 씌워졌을 뿐인 이 유한한 존재에게는 사회 전체를 조율할 지혜도, 전능한 능력도 결여되어 있습니다. 따라서—우유부단하게 회의만 할 게 아니고서야—반대자를 숙청함으로써 질서를 수립하는 방식은 거의 불가피한 선택이 됩니다. 그리고 이렇게 일단 피가 뿌려지면, 나머지 문제가 뒤따르게 되죠.

둘째, 그 피의 군림은 곧 주권자의 원죄가 됩니다. 이는 주권자가 자진해서 권력을 내려놓지 못하게 만듭니다. 그도 그럴 것이, 권력을 내려놓는 순간, 자신이 저질렀던 폭력의 책임을 추궁당할 것이 뻔하기 때문에 사실상 영구 집권 외에는 다른 선택지가 없기 때문입니다—독재자는 정치적 자연사가 불가능합니다. 그런데 앞서 주권자는 신이 아니라고 했죠. 세계대전 동안 전략상의 후퇴를 포함한 모든 형태의 후퇴에 반대했던 히틀러의 오판이 동부전선에서의 재앙을 일으켰듯, 주권자는 오류를 범하는 존재입니다. 그렇다면 무능한 주권자를 어떻게 해야 합니까? 스스로 반성하면 제일 좋겠지만, 패망 직전까지 무오류성의 신화에 사로잡혀 있었던 히틀러의 경우처럼, 역사에서 주권자의 반성은 참으로 드문 기적입니다. 그러므로, 셋째, 매우 역설적이게도 애초에 그 주권자를 요청했던 이유—즉 질서 수립을 위한 쿠데타이건 혁명이건 간에—그와 같은 직접적인 폭력이 다시 요청됩니다. 반복컨대 저 무능한 주권자는 영구 집권을 추구하기 때문입니다. 그래서 '피로 흥한 자는 피로 망한다'는 말이 존재하는 것입니다. 결국 권총을 들고 궁정동으로 갈 수밖에 없는 상황에 이르게 된다는 거죠. "각하, 정치를 좀 대국적으로 하십시오!"

다시 말해 슈미트식 주권자는 자신이 해결하고자 했던 문제를 오히려 자신이 재생산하게 되는 모순에 빠지게 됩니다. 그러나 이는 비단 주권자 개인의 문제로 끝나지 않습니다. 이 주권자의 명령에 따라 특정 집단을 학살하는 데에 나섰거나 혹은 학살된 이들, 즉 인민 전체에게도 큰 문제를 남기게 됩니다. 왜냐하면 일단 피가 뿌려지면 그때부터 철학적인 의미는 물론이고 상식적인 의미에서의 합리성 또한 완전히 정지되기 때문입니다. 폭력은 상대방에 대한 신뢰를 완전히 파괴합니다. 상대방이 같은 인간으로 보이지 않는 것입니다. 맹수에게 말을 건네는 것은 아무 의미가 없죠. 그렇게 복수가 또 다른 복수를 낳는 피의 연쇄가 벌어집니다. 이런 상황에서 대화는 무의미해집니다. 지금 내 딸이, 내 아들이 죽었는데, 무슨 평화? 무슨 얼어 죽을 공존? 그런 말 자체가 귀에 안 들어오게 됩니다.

그렇다면 이 살육전은 언제까지 이어질까? 어느 한쪽이 완전히 말살되거나 혹은 공멸의 위험성이 자각될 때까지 반복됩니다. 원한이고 나발이고 제발 휴전해서 살아남은 가족의 품으로 돌아가고픈 마음—이 절박한 목소리가 과반이 될 때까지 계속 죽이고 또 죽입니다. 그렇게 해서 완전히 분리되어 살아가자는 식의 중재안이 강력히 요청되고, 비로소 비무장지대가 설치됩니다. 참고로 우리에게 깊은 상흔을 남긴 한국전쟁에서 휴전 여론이 비로소 힘을 얻기까지, 얼마나 많은 생명이 희생됐는가? 군인과 민간인을 모두 합쳐 최소 200만 명 이상입니다. 그 정도의 피가 뿌려지고 나서야, 피의 연쇄를 멈추고 평화 협정으로 저울추를 겨우 움직일 수 있었습니다. 200만의 목숨을 저울에 올리고서야 겨우 작동하는 것—이것이 과연 이성인가요? 여기에 어떤 합리성이 존재하나요? 공멸이 두려워 싸움을 멈추는 건, 우연히 마주친 곰과 호랑이 같은 짐승도 할 수 있는 일입니다. 결국 원한의 소용돌이에 휘말리는 순간, 우리는 더 이상 인간이 아닙니다. 인두겁을 쓴 짐승만이 남게 됩니다.✦

❖ 이런 맥락에서 우리는 성경에 나오는 모세의 일화에 주목할 필요가 있습니다. 잘 알다시피 모세는 이집트에서 핍박받는 자기 민족을 끌고 나온 선지자입니다. 그는 신께서 이른바 '젖과 꿀이 흐르는 땅'을 우리에게 약속하셨다고 주장했고, 이 약속된 땅까지 공동체를 이끄는 여정을 시작했죠. 문제는 그 여정이 수년간 이어진 관계로 모세의 예언에 불만을 느낀 부족의 음모나 반란을 진압하면서 여정을 이어나가야만 했다는 것입니다. 물론 불굴의 의지를 가진 모세는 결국 그 새로운 세상의 문턱까지 도달됩니다. 그러나 모두가 약속된 땅에 입성했지만, 정작 모세 본인은 그 땅에 들어가 보지 못한 채 문턱 앞에서 숨을 거두고 맙니다. 왜일까요? 손에 피를 묻힌 주권자는 새로운 공동체에 들어갈 수 없기 때문입니다. 이

그리고 바로 이 지점에서 슈미트식 주권 이론의 또다른 역설이 존재합니다. 주권자가 피를 뿌리는 순간, 다시 말해 복수의 수레바퀴가 굴러가기 시작하는 순간부터 대화와 토론은 완전히 무력화됩니다. 다시 말해 대화가 무용해서 주권이 소환되는 것이 아니라, 역으로 주권이 등장했기 때문에 대화가 무용해지는 것입니다.

문명화된 검투장

슈미트가 몸담았던 20세기 독일에서 실제로 등장한 주권자는—그가 평생을 바쳐 이론적으로 정당화했던 그 주권의 형상은—킨킨나투스가 아니라 아돌프 히틀러였습니다. 결론은, 현실 속에서의 주권자 이론은 사실상 '가차'がちゃ라는 것입니다. 말 그대로 제비뽑기라는 거죠. 세종대왕을 뽑으면 공동체는 번영하고, 연산군을 뽑으면 몰락하는 것입니다. 모든 것을 운명에 맡겨야 한다니, 이 얼마나 거대한 리스크입니까? 이른바 정치적 랜덤박스, 이것이 바로 슈미트의 주권 이론이 지닌 심각한 한계입니다. 세계를 휘젓고 있는

것은 단순한 종교 서사가 아닙니다. 매우 깊은 함의를 가진 정치철학적 알레고리입니다.

적대 관계라는 지극히 현실적인 인식을 바탕으로 하면서도, 정작 그 처방은 지극히 비현실적인 거죠. 하여, 말 그대로 '정치신학'인 셈입니다.

그렇다면 이 문제를 해결하기 위한 방법은 무엇인가? 서두에서 말했던 헌정으로 돌아갑시다. 대한민국 헌법 제1조 2항은 다음과 같습니다. "대한민국의 주권은 국민에게 있고, 모든 권력은 국민으로부터 나온다." 이것이 뜻하는 바는 한 사람의 손에 쥐어줬던 주권을 회수해서 만인에게로 재분배했다는 뜻입니다. 그리고 이 새로운 민주주의적 주권은 일정 기간마다 투표를 통해 최고 권력을 선출하기로 했죠. 다시 말해 지도자의 임기를 제한한 것입니다. 한 번만 뽑는 것이 아니라, 일정 기간마다 반복적으로 다시 뽑자는 거죠. 킨킨나투스가 뽑히건 히틀러가 뽑히건 간에 임기는 무조건 5년입니다. 그리고 재신임 여부는 다음 선거를 통해 물어집니다. 다시 말해 정치적 죽음의 제도화, 이것이 곧 헌정입니다.

반복컨대 권력자는 대개 스스로 물러나지 못합니다. 유혈 사태가 벌어지지 않더라도 각종 부패와 원한, 권력의 유혹이 작동하기에 권력자는 자신이 쥔 권력을 내려놓으려고 하지 않기 때문입니다. 그런데 그럴 때마다 자객을 보내고 혁명을 일으키는 건 너무 피해가 막심하죠. 그래서 처음부터 유통기한을 정함으로써 정치적인 죽음의 방식을 미리 정해둔 것입니다. 이런 점에서 민주주의 헌정은 '현자'를 지도자로 뽑기 위한 제도가 아닌, '폭군'을 걸러내기 위한 제도입니다. 시민들은 얼마든지 바보 같은 선택을 할 수 있습니다. 그러나 그 실수는 영원한 것이 아니며, 일정 기간 뒤에 '다음 선거'를 통해 바로잡을 기회가 주어집니다. 이런 점에서 슈미트식 주권자는 일종의 정치적 비트코인입니다. 킨킨나투스와 히틀러─상방도 무한히 열려 있고, 하방도 무한히 열려 있습니다. 과연 우리가 이것을 감당할 수 있을까요? 반대로 민주주의 헌정은 상방은 제한적이지만 하방이 높습니다. 다시 말해 상장폐지를 막아주는 구조입니다. 최악의 상황을 막는 데 최적화된, 일종의 정치적인 보험 상품에 가깝죠. 아무리 무능하거나 위험한 지도자라 해도, 애초에 임기라는 '만기일'이 설정되어 있습니다.

그러나 이걸로 모든 문제가 해결되는 것은 아닙니다. 애당초 슈미트가 주권 이론을 고안하게 만든 사회에 만연한 적대 관계가 그대로이기 때문입니다. 당연한 말이지만 헌정은 주권 폭력에 의해 한번 뿌려진 피의 원죄를 잘 알고 있습니다. 그래서 가장 근본적인 규칙은─마치 십계명이 그러하듯─사람을 죽이지 말라는 것입니다. 그리고 이 대원칙을 지킬 수 있게 해주는 현실적인 장치가 바로 앞서 말한 임기와 투표입니다. 정기화된 선거는 일종의 문명화된 내전에 가까운데, 다만 그 내전을 칼과 총이 아닌 말과 투표로 하자는 것입니다. 앞서 반복해서 말했듯, 피를 실제로 뿌리는 순간 이성은 마비되고, 그 후폭풍을 감당할 수 없기 때문입니다. 정기적인 선거는 특정 지도자의 임기 동안 억눌렸던 사람이나 집단에 다시금 권력을 잡을 기회를 부여합니다. 권력자가 영구 집권을 할 적엔 유혈 폭력밖에 길이 없지만, 이제는 다음 선거라는 새로운 선택지가 생긴 거죠.

물론 여기서 말과 투표를 낭만적으로 생각해선 안 됩니다. 여러분이 현실에서 목격할 수 있는 '말로 한다'라는 것이 무엇인지 떠올려봅시다. 상대방을 향한 날 선 비난의 수사, 어지러운 기술들이 내포된 법정 공방, 교묘한 언론플레이―이 모든 것이 바로 '말'로 하는 싸움입니다. 사법은 논리적인 언어 체계이며, 언론은 메시지의 전쟁터입니다. 그런데 이는 모두 헌법적으로 합리화됩니다. 대한민국 헌법 제21조는 언론 및 출판의 자유에 대한 것이고, 제27조는 재판청구권이 모두에게 주어진 기본권임을 명시하고 있습니다. 그러니까 무슨 말이냐면, 헌정은 일종의 문명화된 검투장 규칙이라는 것입니다. 비난의 수사, 시위, 언론 고발, 선동적인 프로파간다, 사법 리스크, 대형 로펌과 검찰권, 인

사권 협상, 총파업 등 이 모든 것은 소위 '합법'이라는 이름 아래 적대적인 상대를 무력화하기 위한 도구이며, 이것들의 합법성은 모두 헌법적인 근거로부터 말미암습니다. 반복컨대 방금 열거한 것들이 혐오스럽게 보일 수는 있겠지만, 이는 모두 합법입니다. 이미 익숙하시겠지만, 이 정치라는 게임은 매우 냉혹하고도 잔혹합니다.

당연한 말이지만 이 '합법'이라는 것은 얼마든지 여러분을 위한 게 아닐 수 있습니다. 세상은 근본적으로 다양하고도 불규칙적이며 울퉁불퉁한 공간이기 때문에, 공평하게 보장되는 것이라곤 시간과 죽음이 전부입니다. 따라서 지금 여러분에게 강요되는 어떤 합법이 불공평하게 느껴진다는 건 그리 이상한 일이 아닙니다. 되레 모든 것이 공평하게 느껴진다면, 그건 여러분이 아무 생각 없는 노예이거나 혹은 특권층에 속해있다는 뜻일 테죠. 그러나—그럼에도 불구하고—한 가지는 분명합니다. 이 체제는 적어도 직접 총칼로 죽이는 것은 아니라는 것입니다. 수단과 방법을 가리지 않는 것이 아니라, 오히려 수단과 방법을 정해주는 것—이것이 바로 헌정입니다.

∙ ∙ ∙

처음 던졌던 질문으로 돌아가 보겠습니다—과연 헌정은

공동체적인가? 그에 대한 대답은 '아님과 동시에 그렇다'입니다. 먼저 왜 아닌가? 지금까지 살펴본 바와 같이, 공동체는 하나의 단일체가 아닌 복합체입니다. 이 안에 존재하는 적대 관계를 완전히 청산한다는 것은 불가능한 유토피아적 상상에 불과하죠. 그러니 구체적인 공동 목적을 정초하겠다는 시도는 이에 반대하는 세력에 대한 극단적인 유혈 사태로 귀결되기 쉽습니다. 그래서 헌정은 이 적대를 인정하되, 이것이 직접적인 유혈 사태로 치닫는 것을 막기 위해 전쟁의 규칙을 정한 것입니다. 권력에 유통기한을 두고, 정기적으로 선거를 시행하며, 상대방을 무력화하는 방식을 성문법으로 정해둔 거죠. 그래서 딱히 공동체적이라고 보기 힘듭니다.

어떤 의미에서 헌법은 텅 비어 있는 법률일 수도 있습니다. 이를테면 대한민국 헌법 제10조에서 보장하는 "모든 국민이 인간으로서의 존엄과 가치를 가지며 행복을 추구할 권리를 가진다"라는 행복추구권? 이 행복이 무엇인지에 대한 구체적인 규정은 부재합니다. 한마디로 추상적이라는 거죠. 그래서 각계각층에서 본인이 행복이라고 생각하는 권리를 추구하며, 이를 관철하기 위해 선거판에 뛰어들게 됩니다. 그리고 선출된 권력이 저 추상적인 규정을 임기가 정해진 구체적인 정책으로 활성화하는 거죠. 이런 의미에서 정치적인 의미에서 추상성은 단순한 기만이 아닙니다. 이는 서로 뜻이 다른 이들이 서로를 직접 죽이는 것을 막기 위해 반드시 필요한 모호함입니다. 모호함은 평화의 벗입니다.

그리고 바로 이런 점에서 헌정은 지극히 공동체적입니다. 반복컨대 공동체의 구성원들이 적을 무너뜨리기 위한 합법화된 도구와 재신임 투표라는 근본 틀에 동의하고 있기 때문입니다. 그러니까 헌법은 내전이라는 직접적인 폭력을 막기 위해 존재합니다. 이는 폭력의 제거가 아닌 변주입니다. 그 규칙의 본질은 매우 단순합니다. 합법화된 조건 안에서 전략과 전술을 구사하여—'적의 적의 적의 적은 친구다'와 같은 현기증 나는 복잡성을 경유하여—가능한 한 많은 표를 긁어모으는 것입니다. 다시 말해 헌정은 최소한의 야만이며, 결코 낭만적으로 봐서는 안 될 제도인 것입니다.

이만 마칩니다. 총총.

1 토마스 홉스, 진석용 역, 『리바이어던』, 나남, 2022, 22쪽.
2 게오르크 헤겔, 서정혁 역, 『법철학(베를린, 1821년)』, 지식을만드는지식, 2020, 464쪽.
3 남기호, 『헤겔과 그 적들』, 사월의책, 2019, 167쪽.
4 게오르크 헤겔, 서정혁 역, 『법철학(베를린, 1821년)』, 지식을만드는지식, 2020, 470쪽.
5 같은 책, 464쪽.
6 한나 아렌트, 김선욱 역, 『예루살렘의 아이히만』, 한길사, 2006, 174쪽.
7 샹탈 무페, 이보경 역, 『정치적인 것의 귀환』, 후마니타스, 2007, 17쪽.
8 슬라보예 지젝, 이택광 역, 『임박한 파국』, 꾸리에, 2012, 114~115쪽.
9 칼 슈미트, 조효원 역, 『정치적 낭만주의』, 에디투스, 2020, 249쪽.
10 칼 슈미트, 김항 역, 『정치신학』, 그린비, 2010, 86쪽.
11 같은 책, 11쪽.
12 같은 책, 16쪽.
13 움베르토 에코, 이현경 역, 『바우돌리노』, 열린책들, 2002, 107쪽.

예술

몰락한다는 것은 무엇인가?

퇴폐1: 퇴폐라는 에너지에 대하여

퇴폐라는 문제

퇴폐. 우리는 '퇴폐'에 대해 어느 정도 알고 있다고 생각합니다. 그도 그럴 것이, 오늘날 퇴폐적인 것은 문화의 자연스러운 한 부분이 됐기 때문입니다. 이를테면 이른바 '스모키 메이크업'이 유명하죠? 눈가를 검게 화장하여 연출된 깊은 눈매, 그리고 동시에 비비크림으로 피부를 창백하게 연출함으로써, 이 퀭한 듯한 눈빛을 더욱 돋보이게 만드는 화장법입니다. 물론 이걸 통해 연상되는 것은 위태로움입니다. 통상 눈가가 어두워지는 증상은 만성피로나 수면 부족 때문인데, 이는 다음날 일상에 지장을 주는 과한 음주나 화려한 파티로 대표되는 소위 '밤의 문화'를 의심케 하죠. 그리고 이것이 유독 위태롭게 느껴지는 이유는, 저 거뭇함이 해가 떴을 때 반복되는 정상적인 삶에 대한 무신경함과 연결되기 때문입니다. 당장 내일 출근해야 하는 사람이나 안정된 노후를 설계하고자 하는 건실한 직장인이 이렇게 매일 진탕 놀고 마실 순 없죠.

그렇기에 많은 경우 퇴폐는 삶을 위태롭게 만드는 악덕으로 취급됩니다. 실제로 사전적으로도 그렇습니다. 표준대국어사전을 펼쳐보면 퇴폐는 이렇게 정의되어 있습니다.

도덕이나 풍속, 문화 따위가 어지러워짐

이는 퇴폐풍의 화보를 보면 더욱 적나라케 증명됩니다. 음주, 흡연, 도박, 마약, 폭력, 몽환 그리고 성매매까지 통상 '타락'으로 분류되는 모든 요소와 연결되어 있음을 쉽게 확인할 수 있습니다. 참고로 이런 퇴폐의 전형적인 이미지를 정립한 건 19세기에 활동했던 툴루즈-로트렉Henri de Toulouse-Lautrec입니다. 프랑스 근대 유흥 문화의 상징이었던 물랭 루주Moulin Rouge 카바레를 배경으로 남긴 그림들과 포스터가 유명하죠. 로트렉은 당시 매춘부를 겸했던 캉캉 댄서들과 도박과 음주를 즐기는 부르주아들의 모습을 적나라케 포착했습니다. 덕분에 동시대에 퇴폐 화가라는 비난을 들었는데, 이에 대해 로트렉은 추악한 것엔 아름다운 측면이 있다고 대꾸했죠.[1]

두말할 필요도 없이 이 대답은 불편함을 초래합니다. 부도덕하고 추악한 것인데, 그 안에 아름다움이 있다니. 그런데다가 로트렉은 추악함과 아름다움이 불가분의 관계인 것처럼 말하고 있기까지 합니다. 물론 좀 더 분명히 짚자면, 지금 로트렉은 추악한 것 그 자체가 아닌 추악한 것의 한 측면에 아름다움이 있는 거라 말한 것이지만, 그럼에도 아름다움에 닿기 위해서 추악한 걸 경유해야만 한다는 점은, 결국엔 듣는 이를 껄끄럽게 만듭니다—악덕은 제거되어야 할 것이지 않습니까? 이 꺼림칙함은 무엇보다 실제로 우리가 퇴폐에 끌린다는 점에서 더욱 증폭됩니다. 저 완고한 이끌림, 즉 매혹은 아름다움의 근본적인 징표입니다. 어떤 대상이 아름답게 느껴진다는 것은 곧 거기에 시선이 붙들린다는 뜻이기 때문이죠. 게다가 프로파간다의 예시가 대표적이듯, 예술이란 특정 대상이나 행동을 미적으로 합리화하는 기능이 있죠. 따라서—그것이 미술관에 걸린 작품이건 일상의 스타일링이건 간에—미학화된 퇴폐는 퇴폐를 인준합니다.

그렇기에 이 질문은 문제적입니다—왜 우리는 퇴폐에 이끌리며, 왜 그것을 합리화하고자 하는가?

돌봄의 욕망

반복컨대 퇴폐는 결코 건강한 이미지가 아닙니다. 구글 이미지에 퇴폐를 검색하면 데인 드한이나 에바 그린 같이 깊은 눈매를 가진 할리우드 배우들의 얼굴이 뜨는데, 어딘가 병약해 보이는 이들에게선 묘한 성적 코드가 흐릅니다. 이는 비키니 대회에서 볼 법한 단순한 신체 노출이나 혹은 더 적나라한 포르노 배우의 그것과도 다른 분위기이죠. 그러니까 이른바 '퇴폐미'라는 것은 무언가 어둡고 감춰져 있으며 동시에 이 은폐가 병약하게 느껴져야 합니다. 그렇다면 퇴폐라는 것은 병약함과 에로틱함이 결합되어 있는 형태라는 것인데, 이 두 요소는 어떻게 뒤엉키게 되는 걸까?

일단 낭만적인 시선을 걷어내고서 최대한 건조하게 고찰해보도록 합시다. 쉽게 추론되듯, 병약함이란 절대적으로 돌봄을 필요로 하는 상태입니다. 깊고 마성적인 허약함은 일상적인 삶의 거의 모든 국면에서 타인의 보살핌을 요청할 수밖에 없죠. 자살이나 극단적인 선택을 하지 않는 이상, 병자는 신체적인 한계로 인해 실질적으로 할 수 있는 것이 제한됩니다. 다시 말해 환자는 타인을 필요로 합니다. 이를 뒤집어서 보자면, 돌보는 이의 입장에서 저 병약한 존재는 자신을 배신하기 힘들다는 뜻이 됩니다. 반복컨대 환자는 타자의 돌봄을 필요로 하기 때문이죠. 그렇기에 쇠약한 저 존재는 상대적으로 통제하기 쉬울 것으로 간주됩니다.

이러한 병약함의 의존적인 면모는 에로티시즘의 어두운 부분을 활성화합니다. 간병이나 돌봄이라는 명분으로 상대방을 지배할 수 있고, 이 과정에서 '나를 필요로 하는 존재가 있다'는 인정 욕구까지 충족시킬 수 있기 때문입니다—이게 뒤틀리면 나의 만족을 위해 환자가 계속 환자로 남아있게 만들려는 끔찍한 전도가 벌어지게 됩니다. 더 깊게 가자면, 버림받는 것을 두려워하는 환자의 심리를 이용하여 금기시되는 행위들을 그에게 강요하고 관철시킬 여지도 생기죠(굳이 예시는 들지 않겠습니다!). 다시 말해 병약한 주체는 그 수동성 자체를 향유할 기회를 제공해준다는 점에서, 사디스틱한 일부에게는 매혹적인 대상으로 인식됩니다.

그러나 동시에, 단순한 병약함을 퇴폐라고 칭하진 않습니다. 중환자실에서 성적으로 흥분하는 사람은 극히 드물죠. 확실히 휠체어 탄 로버트 패틴슨을 보고서 흥분하는 것은 쉽지 않은 일입니다. 결국 퇴폐에의 끌림은 반드시 성적 코드를 동반해야만 합니다. 다시 말해 퇴폐에서 병약함이란 성적인 것으로 가기 위한 경로로서 기능합니다. 실제로 퇴폐미를 가진 배우들이 찍은 영화나 화보를 보면 성적 무능감이나 패배적인 느낌이 아닌, 되레 반항적인 분위기로 가득합니다. 앞서 말했던 정상적인 삶에 대한 무신경함이 도드라진다는 거죠. 당연히 누군가에게 지배당할 것이라는 느낌도 적습니다. 이걸 어떻게 이해해야 할까요?

건강과 퇴폐

인간은 자신이 가지고 있지 않은 것을 갈망하는 존재입니다. 이미 가진 것은—얄궂게도—한계효용의 법칙에 의거하여 시간이 갈수록 무가치하게 느끼게 되죠. 그렇다면 퇴폐에의 끌림이란 그 주체가 성적인 욕망이 결핍되어 있다는 뜻이 됩니다. 또한 이 결핍을 해결하기 위해 병약함에 어떤 쓸모가 있다고 보는 관점도 내포되어 있죠—이를 뒤집자면 건강함이 성적인 것과 반목한다는 추론도 가능합니다.

실제로 성적 욕망은 인간이 가진 강력한 에너지원이자 건강의 반대항에 놓이기 쉬운 것입니다. 성욕에 휘둘릴 때, 사람들은 종종 사회적 기준이나 윤리적 감각을 무시하게 됩니다. 성적인 것을 위해 위신이나 평판, 체면 따위를 훌러덩 집어던지기 일쑤이죠. 게다가 성적 충동을 충족시키기 위해 경제적 파탄을 감수하는 경우도 많고, 극단적으로는 생명조차 위협받는 상황도 펼쳐집니다. 이에 대한 고전적인 서사는 아마도 '공주를 구하기 위해 드래곤과 싸우는 용사'의 이야기일 텐데, 이는 성적 보상을 위해 목숨을 건 투쟁이 정당화될 수 있다는 오래된 내러티브의 전형이라 할 수 있습니다. 이러한 경향은 생물학적 관점에서도 일정한 근거가 있습니다. 실제로 성관계는 타인과의 체액 교환이라는 점에서 감염성과 질병 노출의 가능성을 동반합니다. 바이러스나 세균 침투를 고려한다면, 성행위는 위험한 행위인 셈입니다. 또한 성관계에 몰두할 때는 시야가 좁아지기 때문에 위험에 노출되기 쉽습니다. 그래서 성관계는 개체에 있어 가장 취약한 순간이기도 하죠.

따라서 성적 욕망은―사회적 인격으로 대표되는 '건전성'이건 혹은 생물학적 의미에서의 '건강성'이건 간에―이 모든 정상성을 후순위로 밀어버리는 강력한 힘을 지니고 있습니다. 다시 말해 성적인 것이란 건강을 감수하는 행위입니다. 이런 맥락에서 저 병약한 주체의 퀭한 눈빛은 여태껏 자신의 욕망을 위해 얼마든지 건강을 판돈으로 걸어왔다는 일종의 징표로서 기능합니다. 건강해지기를 포기했다는 선언의 결과물, 이것이 곧 병약함이라는 거죠. 이는 자신의 욕망을 억압하는 정상성을 거침없이 냉소하고 무시하겠다는 뜻입니다. 참고로 이러한 면모가 극대화되었을 때, 병약함이라는 것은—노골적으로 말하자면—'어차피 곧 죽을 텐데!'라는 식의 극단적인 충동을 승인해주는 조건이 되기도 합니다. 그렇기에 퇴폐적인 주체는 수동적인 존재가 아닌, 능동적인 존재로 전환됩니다. 반복컨대 저 존재는 욕망의 산증인이자 정상성을 두려워하지 않는 위험천만한 자인 까닭입니다.

다시 툴루즈-로트렉을 언급하자면, 비록 그는 귀족 가문에서 태어났지만, 여러 세대 동안 이어진 근친혼으로 인해 생긴 유전병과 낙마 사고가 겹치면서 평생 150cm 남짓한 작은 키에 짧은 팔다리 그리고 지팡이를 짚어야 하는 장애인으로 살아갔던 예술가였습니다. 정상에서 소외되는 감각을 누구보다 날카롭게 느낀 그가, 파리의 밑바닥 유흥가에 매료됐다는 건 결코 우연이 아닐 것입니다. 그곳에는 정상성과 건강성을 집어던진 주체들의 들끓는 에너지들이 가득했기 때문입니다. 수동성과 능동성이라는 서로 모순되는 힘이 기묘하게 결합한 형태—그것이 곧 퇴폐였고, 이는 로트렉을 사로잡고 때로는 미치게도 했습니다.

■ ■ ■

삶은 본디 보수적인 것입니다. 삶이란 끊임없이 유지하고픈 충동에 사로잡혀 있기에, 일정한 질서를 가진 정상성에 집착하기 때문입니다. 이를테면 불규칙한 식사는 소화액 분비와 운동을 방해해서 내분비계를 망가뜨리고, 불규칙한 수면 역시도 인지 기능과 면역력을 갉아먹습니다. 그래서 삶이란 골고루 먹어줘야 할 영양소, 정해진 수면시간과 운동 강도, 적절한 경제 활동과 사고 등 이 모든 것에 루틴을 부여하려는 시도로 귀결됩니다. 당연히 이 규칙을 어그러뜨릴 수 있는 새로운 것에 대한 시도는 그다지 권장되지 않죠. 그렇기에 정상 너머에 있는 새로운 것을 향한 감성적인 지향—이것을 '예술'이라고 거칠게 규정한다면, 많은 예술가가 퇴폐적인 것에 끌렸다는 것은 결코 우연이 아닐 것입니다. 세기말 퇴폐의 아이콘이라 불리는 오스카 와일드 Oscar Wilde는 이 지점을 정확히 포착하고 있었죠.

> 나는 또한 예술을 지고한 현실로, 삶을 단지 허구의 한 방식으로 다루었다.[2]

노동/지배계급

이쯤에서 반전을 주도록 합시다. 앞선 논의에서 살펴본 것은 퇴폐의 주관적인 측면이었습니다. 악마성과 천재성으로 요약할 수도 있을 텐데, 한쪽엔 병약한 자를 사로잡아서 그에게 자신의 욕망을 퍼붓고 싶은 검은 욕망이 있고, 다른 한쪽엔 정상성을 짓밟으며 시대를 뛰어넘는 새로운 천재성이 있기 때문입니다. 어느 쪽이건 금지된 욕망이 퇴폐적인 것에 대한 끌림으로서 분출된다는 식의 설명입니다. 개인적으로 이런 식의 해석이 아주 틀렸다고는 생각지 않지만, 그럼에도 이러한 논리는 당면한 문제를 과도하게 개인의 본성으로만 축소한다는 한계가 분명합니다.❖ 이를테면 이 책을 읽고 있는 여러분만 해도 호모 사피엔스로서 먹고 자고 싸고의 본성을 가진 존재이긴 하나, 동시에 정치-문화-경제-인종적으로 굉장히 복잡한 맥락들과 엮인 존재죠. 따라서 사태를 깊게 본다는 것은, 기꺼이 복잡성을 감내한다는 뜻이 됩니다. 이런 맥락에서 다시 물어보도록 합시다. 퇴폐에의 끌림을 둘러싼 맥락은 무엇인가?

먼저 관련지어볼 것은 '노동'입니다. 한눈에 대비되듯, 퇴폐와 노동은 서로 대조됩니다. 기본적으로 노동은 무언가를 생산하기 위해 힘을 쓰는 행위이고, 동시에 이를 효과

❖ 예술로부터 영감을 얻는 건 중요한 일이지만, 여기에 너무 많은 권능을 부여하는 것은 적절치 못합니다. 퇴폐라는 모순적인 에너지가 항상 좋은 결과를 낳는 건 아니기 때문입니다. 좀 더 극단적으로 말하자면, 침실에서 아편에 취한 순간을 마치 대단한 혁명이라도 되는 양 합리화할 수도 있다는 거죠. 이런 경우, 퇴폐는 단지 무의미한 행위에 대한 미학적 정당화에 지나지 않게 됩니다.

적으로 하기 위해 짜내는 지혜와도 관련이 깊습니다. 다시 말해 통상 노동은 생산성과 규칙성의 계열에 속합니다. 반대로 퇴폐의 행동 양식은 음주, 흡연, 도박, 마약 등 기본적으로 생산과는 담을 쌓고 있고, 이런 점에서 낭비와 충동의 계열에 속합니다. 건설적인 퇴폐―딱 들어도 어감이 이상하지 않습니까? 이처럼 퇴폐는 생산적인 것을 가로막는 행위입니다. 그러나 동시에 단순한 물질의 소비를 모두 퇴폐로 분류하진 않습니다. 일하다가 잠깐 나와서 담배를 태우는 걸 두고 퇴폐 문화라고 운운하진 않죠. 주말 저녁에 한정적으로 즐기는 소소한 반주나, 관광지에서 잠깐 즐기는 도박은 되레 정상적인 삶의 활력을 돋워주는 것으로 여겨집니다. 다시 말해 퇴폐라고 일컬어지는 소비는 모종의 과도함을 내포합니다. 본인의 생산 능력을 넘어서는 것을 끊임없이 소비하고 탐닉하려고 드는 것, 이를 '퇴폐'라고 부릅니다.

그렇기에 보통 사회에서 퇴폐라는 딱지가 붙은 계급은 '지배계급'입니다. 하루하루 노동을 하지 않으면 안 되는 일반적인 노동계급의 시선에서 볼 때, 지배계급이 행하는 소비는 과도한 것처럼 여겨질 수밖에 없기 때문이죠. 화려한 베르사유 궁전에서 퇴폐 문화의 절정을 갱신했던 이들이 누구였던가요? 바로 귀족들이었습니다. 겉은 검은색이되

모피, 벨벳 같은 값비싼 소재로 안감을 쓴 신사용 정장을 입은 채로 파리 유흥가를 돌아다녔던 댄디들? 세기말의 부르주아들이었죠. 또한 문학계의 퇴폐적 영웅 도리안 그레이Dorian Gray도 귀족이고, 매일 밤 뉴욕주 롱아일랜드에서 퇴폐적인 파티를 여는 은밀한 주인인 위대한 개츠비도 갑부였습니다. 다시 말해 퇴폐의 대표적인 이미지는 타락한 귀족과 부자입니다.

그러나 피지배계급에 의해 '퇴폐적'이라고 손가락질받는 것과 실제로 퇴폐주의를 체화하는 것은 다른 문제입니다. 단적으로 말해 지배계급은 바보가 아닙니다. 바보였다면 애당초 지배계급이 되지도 못했을 테죠. 사실 역사적으로 지배계급은 단순히 무위도식만 일삼은 존재가 아니었습니다. 이를테면 전통적으로 귀족들은 대검귀족으로서 군사적인 노동을 담당하거나 혹은 법복귀족으로서 사법적인 노동을 담당했습니다. 근대 이후 부르주아 계급도 마찬가지입니다. 프롤레타리아트에게 '착취'라고 규탄받긴 했지만, 그럼에도 부르주아 계급은 회계, 인사, 금융, 영업, 생산관리 등 소위 '경영'으로 분류되는 노동을 담당했습니다. 좀 더 폭넓게 정치 일반의 시선에서 조망해도 마찬가지입니다. 으레 다른 인간 집단들도 그러하듯, 지배계급 역시도 하나로 통일된 균일한 집단이 아닙니다. 그래서 뜻이 맞는 이들끼리 연합하거나 혹은 반대파를 몰락시키기 위한 음모들로 가득하죠. 설득, 협박, 정보수집, 집회 조직, 여론 몰이, 그리고 정치공작을 위한 은밀한 전략 짜기까지 이 모든 과정은 자동적으로 이뤄지지 않습니다. 모두 나름의 피땀과 시간이 들어가는 전문 노동의 영역이죠. 게다가 마키아벨리가 『로마사 논고』에서 정치를 끊임없는 불안정한 운동으로 규정한 것을 떠올려야만 합니다―다시 말해 권좌를 유지하기 위한 보수 작업엔 영구한 종결이 없습니다.

> 무릇 인간 만사는 끝없이 변전 유동하기 때문에, 부침을 거급한다. 이성이 인도하지 않은 많은 일이 필연에 의해 부득이 이루어지게 마련이다.[3]

따라서 지배계급이 본인이 속한 사회에서 '생산적'이라고 분류되는 일들 일체를 도외시하거나 혹은 극도로 소홀히 하며 소비에만 탐닉하게 되는 것―즉 퇴폐적 주체가 된다는 것은 곧 자기 파괴입니다. 역사적으로도 공동체가 감당할 수 없는 퇴폐적 소비를 참지 못해 폭동이나 혁명이 벌어져 왔습니다. 또한 꼭 인민의 직접 행동이 아니더라도, 악화된 여론은 그 자체로 반대파에게 공격의 명분을 제공해주게 됩니다. 따라서 지배계급의 퇴폐 경향을 이해하기 위해서는—이들이 프로이트식 죽음충동✥에 이끌린다는 식의 답변을 내놓을 게 아니라면—추가적인 설명을 필요로 합니다. 무엇이 지배계급을 몰락으로 이끄는 퇴폐에 중독되도록 하는가?

실재의 소용돌이

숨을 고르도록 합시다. 지금부터 꽤 긴 우회로를 밟아야 하기 때문입니다. 먼저 생각해볼 점은 지배계급이 받는 '스트레스'입니다. 쇼펜하우어Arthur Schopenhauer는 "궁핍이 군중의 지속적인 재앙이듯이, 권태는 귀족세계의 재앙이다"⁴라고 말했는데, 아무래도 본인이 부유한 사업가 집안에서 태어나, 상속받은 막대한 유산으로만 놀고먹었기 때문에 이런 말을 할 수 있었던 것 같습니다. 확신컨대 쇼펜하우어가 직접 돈을 벌거나 혹은 정치 무대에 뛰어들었다면, 즉 현실을 적나라케 경험했다면 이런 말은 하지 않을 거라고

✥ 프로이트가 말한 죽음충동은 자아가 자각하기 어려운 원초적인 충동으로, 쾌락이나 목적과 무관하게 반복 자체를 목적으로 하며, 생명 이전의 비존재 상태로 회귀하려는 경향을 띤다. 이는 강박적이고 파괴적인 에너지로 작동하며, 삶충동(에로스)으로도 쉽게 통제되지 않는 자율적인 힘이다.(편집자 주)

봅니다. 실제로 지배계급은 자신의 권한과 권위를 유지하기 위해 만성적인 불안 상태를 감수해야만 합니다. 물론 이것이 건물 붕괴, 가스 및 증기 누출, 분진 누적 등 온갖 산업재해에 노출된 건설 노동자가 겪는 수준의 불안이라는 말은 아니지만, 그럼에도 이 불안이 불안임은 분명합니다.

예시를 들어보죠. 이를테면 대기업의 경영자는 산업생태계가 계속 바뀌기 때문에, 자신의 지위를 지키기 위해서는 끊임없는 기술 혁신과 재투자를 감행해야만 합니다. 문제는 투자한 만큼 항상 성과가 나오는 건 아니라는 것입니다. 피처폰(일반 휴대폰) 기술을 극한으로 발전시켰는데, 스마트폰이 나오면서 통신 패러다임이 아예 뒤집혀버릴 수도 있죠. 그래서 투자는 언제나 불확실한 모험입니다. 정치인의 경우엔 더 심합니다. 사회를 이루고 있는 언론, 사법, 세대, 노동, 금융, 부동산, 젠더, 지역, 의료, 환경 그리고 개인적인 원한 관계 등 온갖 세력과 조직들이 뒤엉켜 있기 때문에 기본적으로 이에 대한 균일하고도 완벽한 조율이 불가능합니다. 이 말인즉 어디서든 계산이 빗나가는 우발적인 사태들이 마구 터져 나온다는 뜻입니다. 선거를 할 때마다 무수한 정치인들이 물갈이되는 광경을 볼 수 있잖습니까? 밑바닥까지 갔던 이에게 왕관이 씌워지고, 동시에 권좌에 붙어 있던 엉덩이가 감옥 독방으로 옮겨집니다—'정치는 생물이다'라는 발언이 괜히 나온 말이 아닙니다. 그래서 정계의 고위층에 있을수록 미신이나 주술 관련 스캔들이 끊이질 않는 것이기도 합니다. 왜 점쟁이한테 가겠습니까? 아무리 봐도 한 개인의 능력으로는 정치를 통제할 수 없고, 동시에 이 근원적인 불안정성을 견딜 재간도 없기 때문입니다. 수백만 시민들의 욕망이 뒤얽히는 회오리 속에서 오롯이 독단적인 인격으로서 제정신을 유지한다?―이것은 이미 보통 사람의 감당 능력을 아득히 넘어서는 일입니다.

이런 맥락에서 마키아벨리를 다시 소환하자면, 그는 군주라면 세태가 변화하는 바에 따라서 끊임없이 자신의 생각과 행동을 바꿀 수 있어야 한다고 강변하긴 했으나[5]―『군주론』에서 다뤄지는 무수한 실패 사례들처럼―이는 결코 쉬운 일이 아닙니다. 변화하는 정세에 맞춰 가는 것이 쉬웠으면 세상에 낙선의 고배를 마시는 정치인이 이렇게나 많을 리가 없겠죠. 이는 굉장히 힘든 일이고, 그래서 지배계급은 만성적인 불안 상태에 시달릴 수밖에 없습니다. 물론 지배계급의 최선은 마키아벨리의 조언처럼 전략 전술을 수정하며 변화된 현실에 최대한 대응하는 것이겠지만, 동시에 노력은 잔혹한 배신자입니다―그 비극성을 극대화한다는 점에서 말이죠. 엄밀히 말해 노력이 보장하는 것은 성공이 아닌 시도입니다.

따라서 지배계급은 이 만성적인 불안을 해결하기 위한 방책을 필요로 합니다. 앞서 언급했던 주술도 그 한 방법이죠. 그러나 주술에는 근본적인 문제가 있습니다. 무당을 통해 접하는 신이 너무도 가변적인 존재이기 때문입니다. 그렇다면 주술의 대안은 무엇인가? 지금 다루고 있는 문제의 근본은 세계의 불확실성에 근거하고 있습니다. 따라서 그것이 직급의 형태이건 산업 모델의 형태이건 간에, 지금 지배계급이 누리고 있는 권력이 변치 않는 것이 된다면, 이 문제는 해결됩니다. 그렇다면 아주 오랜 세월이 흘러도 변치 않는 것은 뭐죠? 보통 우리는 이것을 '진리'라고 부릅니다. 그렇습니다. 지배계급이 필요로 하는 것은 진리입니다. 좀 더 가보도록 하겠습니다.

'진리'라는 페인트

지배계급에 있어 진리의 발명은 굉장히 중요한 문제입니다. 거칠게 말해서 인간은 타노스가 아니기 때문입니다. 손가락 하나 튕겨서 세상을 멸망시킬 수 있을 정도의 능력이 한 개인에게 있다면, 어쩌면 그 존재는 순수한 무력으로 사회의 복종을 끌어낼 수 있을지도 모릅니다. 그러나 인간은 신이 아닙니다. 인간은 한낱 인간일 뿐이죠. 그렇기에 지배계급은 단순히 무력으로 지배하는 것이 아니라, 말로써 지배합니다. 히틀러가 마지노선을 직접 돌파한 게 아니죠. 히틀러의 명령, 좀 더 정확히는 그 명령을 합리적인 것이라고 받아들이고 그에 응한 군인들이 돌파한 것입니다. 반대로 발포 명령이 부당하다고 판단된다면 총을 든 건 권력자가 아닌 군인이기 때문에 총알은 발사되지 않습니다.

다시 정리하자면, 권력은 자신의 명령이 집행되기 위한 최소한 합리성을 발명해야만 합니다. 이 합리성은 이론의 여지가 없을 만큼 단단해야만 하기에―하수인들이 하달된 명령의 이행 여부를 두고 토론하는 광경이 권력자를 얼마나 두렵고 초조하게 만들겠습니까?―하나의 진리로서 구성됩니다. 이를테면 중세식 왕권신수설의 논리가 대표적입니다. '여러 명이 통치하는 것은 의견 다툼으로 인한 혼란을 낳을 뿐이기에, 한 명의 군주가 통치하는 것이 진리이다. 하나님도 여럿이서 통치하는 것이 아니라 혼자서 통치하지 않던가?'―이러한 정치적이고도 신학적인 논리가 하나의 진리로서 굳어질 때, 왕정 체제로서 권력을 휘둘러야만 하는 이의제기가 사라지게 됩니다. 이 말인즉 왕권에 대항하는 귀족이나 민주파의 움직임에 제약이 생긴다는 뜻이죠. 진리가 된다는 건, 그것이 당연히 따라야 할 상식이 된다는 뜻이고, 이는 곧 자발적 복종을 생산해냅니다. 그리고 자발적 복종이 증대될수록 체제의 안정성도 증대되죠. 그래서 나라에 비밀경찰이 많다는 건, 그만큼 체제가 공고하다는 뜻이 아니라, 반대로 위태롭다는 의미입니다. 역사적으로 자연사하는 독재자는 드물잖습니까?

그렇기에 진리를 생산하지 않는 방식으로는 권력 행사가 불가능하다고 봤던 미셸 푸코Michel Foucault의 성찰은 중요합니다. 권력은 진리가 부재한 상태에서 발생하는 비효율을 견딜 재간이 없습니다. 진리는 통치의 기술로서 필수적입니다. 그런데, 동시에 바로 이 지점에서 잊지 말고 짚어야 할 것은—역설적이게도—진리가 반-통치적이기도 하다는 것입니다. 무슨 말이냐면, 진리는 통치를 위한 현실 조작을 담당하기도 하지만, 동시에 그 조작된 현실을 정말로 믿어버리는 결과를 낳기도 한다는 뜻입니다. 후자의 무게중심은 불안에 실립니다. 자신이 지배적인 위치를 점할 수 있는 현재의 질서가 만고불변의 진리처럼 상상된다면, 예측 불가능한 변화들로 가득한 세계 그 자체가 가져다주는 불안으로부터 도피할 수 있기 때문입니다. 그러니까 진리에 대한 관념으로 실재를 페인트칠하는 셈이죠.[6]

물론 이는 망상입니다. 이는 그저 자신이 믿고픈 걸 믿는 것에 불과하며, 움베르토 에코의 말마따나 현실은 믿음을 무시하기에 현실인 것입니다.

> 이것이 현실이고, 현실은 우리의 바람과는 무관하기 때문에 바로 현실인 것이다.[7]

따라서 지금의 질서를 하나의 진리로써 규정지을 때 어떤 역설이 벌어집니다. 이 진리는 세계를 고정하기 위함인데, 이를 행하면 되레 현실을 잃어버리게 되기 때문입니다. 그렇지 않겠습니까? 끊임없이 변화하는 현실에 맞춰서 발빠르게 움직여도 될까 말까 한 상황인데, 지금 자신이 정점에 도달했고 이는 영구불변이라 선언하는 것이 무슨 도움이 되겠습니까? 눈 가리고 아웅 하는 꼴이죠. 그렇기에 고정불변의 진리 관념은 세계의 근본적인 불확실성을 감내하고 싶지 않은 이가 택하는 망상적 진통제에 불과합니다. 그러나 진통제로는 암을 치료할 수 없습니다. 진통제는 편안한 죽음의 조력자입니다.

간극과 중독

이런 맥락에서 진리는 얼마든지 위험한 것일 수 있습니다. 어떤 진리에 도달했다고 믿는 순간, 정신적인 노동이 종결되기 때문입니다. 더 이상 생각할 필요가 없어지는 거죠. 지금의 상태가 궁극이라는 들뜬 기분이 드는 순간, 반성의 계기는 사라지게 됩니다. 다시 말해 궁극은 성찰의 죽음입니다. 전날 플라톤은 절대적인 것을 불변한 것으로 규정했는데, 이는 너무도 당연한 귀결입니다. 정의상 그것이 완전한 것이라면, 그로부터의 변화는 타락이나 미성숙에 불과한 게 되죠. 문제는, 내가 진리라고 믿는 것이 실제로는 진리가 아닐 때 발생합니다. 이때 진리는 나와 세상에 대해 깊이 고민하고 방황하는 고된 노동을 차단하기 위한 명분, 즉 무사유의 기술이 돼버립니다. 한마디로 한심해지는 거죠. 살다 보면, 터무니없는 소리를 무슨 심오한 진리라도 되는 마냥 읊조리면서 본인의 나태와 질 낮은 욕망을 합리화하는 군상들을 무수히 마주칠 텐데, 이런 작자들의 궁극적인 목표는 자신의 인생이 틀리지 않았음을 애처롭게 합리화하는 것에 불과합니다. 따라서 이럴 땐 귓구멍이 두 개인 걸 잘 활용할 필요가 있습니다―한 귀로 듣고 한 귀로 흘리시는 거죠.

잠시 옆길로 샜는데 다시 돌아오도록 합시다. 진리, 그러니까 어떤 궁극적인 가치나 사태의 실체에 도달했다는 믿음은 노동을 종결시킵니다. 그리고 이런 점에서 지배계급은 진리를 필요로 합니다―없다면 만들어내기라도 해야 하죠. 본인의 권력과 상태를 진리로써 합리화한다는 것은, 그 상태에 대한 최종적인 승리 선언이기 때문입니다. 그리고 동시에 이는 몰락의 시작입니다. 반복컨대 현실은 예측 불가능성의 영역이기에 여기서 선언된 진리를 얼마든지 짓밟을 수 있기 때문입니다. 그러면 어떻게 되죠? 망상에 탐닉할수록 점차 현실을 잃어버리게 됩니다. 마치 점쟁이의 점괘에 집착하며 정치적 실책을 반복하는 권력자처럼 말입니다. 다시 말해 불안을 해결하기 위한 방편이 되레 불안을 키우는 꼴입니다.

그렇다면 이제 문제가 되는 것은 진리와 현실의 간극입니다. 쉽게 말해 괴리가 발생한 거죠. 그러면 이걸 어떻게 메워야 하나? 이때 다시 현실을 직시하는 선택지를 고르지 않고 진리를 고수하게 된다면, 그 주체는 이중적인 상황에 처하게 됩니다. 하나는 현실로 나아갈 수 없게 되는 것입니다. 본인의 진리가 유효함을 증명하기 위해서는 그 진리의 효능감을 현실에서 느껴야만 하는데, 변화된 현실은 더 이상 과거의 진리를 인정하지 않기 때문입니다. 다시 말해 현실에 노출될 때 이 진리는 비진리로서 폭로되게 됩니다. 따라서 이 진리의 허상을 유지하기 위해서는 문밖을 나가선 안 됩니다. 일종의 방구석의 진리랄까?

그런데 동시에 인간은 단순한 생각만으로는 만족할 수 없는 존재입니다. 다시 말해 이 진리가 진리임을 느낄 수 있는, 그래서 최소한의 자기효능감을 느낄 수 있는 어떤 실체적인 경험을 필요로 합니다. 이게 뭘까요? 그렇습니다, 바로 '소비'입니다. 사치스러운 소비와 특정 문화 규범은 그 주체가 지배계급에 속함을 보여주는 증거입니다. 이를 계속해서 행함으로써 본인의 지위, 즉 진리가 계속해서 작동하고 있는 느낌을 재충전할 수 있습니다. 그리고 이런 소비는 적어도 얼마간은 현실과 불화하지 않습니다. 자기가 자기 돈과 시간을 써서 자기 집에서 자기 친구들이랑 모여서 파티를 열겠다는데, 이걸 뭐하러 손가락질하겠습니까?

문제는 이 소비가 예전처럼 지속 가능하지 않다는 것입니다. 이 소비를 가능하게 해줬던 물질적이고도 정신적인 기반이 실시간으로 축소되고 있기 때문입니다. 정치적인 지위를 잃었기에 이로부터 오가던 재화와 권한이 사라진 상태이고, 문화를 선도하는 위치에 있지 않기에 그 권위가 부식되고 있으며, 산업적으로도 뒷전으로 밀려났기에 매년 이윤율이 감소하고 있습니다. 즉 진리와 현실의 간극은 더욱 거대해져만 갑니다. 따라서 이를 잊기 위한 소비 또한 더욱 채찍질 되게 됩니다. 그렇게 어느 순간 오로지 소비의 도취 속에서만 겨우 현실을 잊을 수 있는 단계에 도달합니다. 이 주체는 소비할 때만 본인의 세상을 가질 수 있습니다. 그렇기에 현실적인 노동을 도외시한 채 오로지 소비에만 강박적으로 매달리게 되는 거죠. 다시 말해 '퇴폐'가 탄생하게 됩니다. 그리고 이런 맥락에서 우리는 이 지점을 명확히 이해해야만 합니다. 진리는 인식되는 것이 아니라 중독되는 것입니다.

정점의 그림자

그래서 자세히 살펴보면 세계사적으로 퇴폐의 전성기가 체제의 전성기와 겹쳐진다는 걸 알 수 있습니다. 바꿔 말하면 정치 경제적으로 더 좋은 게 나올 수 없는 정점에 도달했다고 여겨질 때입니다. 이를테면 로마제국, 프랑스 절대왕정, 세기말 유럽―모두 퇴폐와 향락의 대명사들이죠. 사치스러운 이국의 음식부터 오락을 위해 피를 뿌리는 콜로세움, 포도주와 아편, 그리고 방만한 성 문화까지 흔히 로마제국은 퇴폐의 전성기로 여겨집니다. 그런데 이런 퇴폐 풍조는 로마가 도시국가 수준에서 복닥거릴 때 생긴 것이 아니라, 지중해 최고의 제국으로 거듭난 뒤입니다.

프랑스 왕국도 마찬가지입니다. 퇴폐 풍조는 16세기 후반 위그노 전쟁으로 나라가 망하냐 마느냐 할 때 생긴 것이 아니라, '짐이 곧 국가다'라고 선언한 루이 14세 이후의 절대왕정 치세입니다. 이 시절 베르사유 궁전에서 열린 귀족들의 연회는 17~18세기 퇴폐의 절정을 보여줬죠. 끝으로

1880년대부터 1890년대까지를 일컫는 세기말은 제2차 산업혁명이 본궤도에 오르면서 중화학 공업과 내연기관의 시대가 활짝 열렸고, 동시에 제국주의가 모든 대륙을 식민지로써 집어삼켰던 명실상부한 유럽의 최전성기였습니다. 그래서 유럽에서는 이 시절을 벨 에포크Belle Époque, 즉 '아름다운 시절'이라고 회고하죠.

그런데 동시에 이 시절들은 모두 몰락이 시작됐던 때이기도 합니다. 로마제국은 귀족들의 대농장 체제가 만들어낸 만성적인 실업률과 이민족의 대이동으로 인한 만성적인 불안정 상태였습니다. 흔히 로마의 최전성기라고 불리는 오현제 시절의 마지막 황제인 마르쿠스 아우렐리우스Marcus Aurelius는 재위 기간 대부분을 제국 방어선을 방비하는 것으로 보내다가 도나우 강 전선에서 전염병으로 사망했습니다. 베르사유 궁전의 귀족들도 크게 다르지 않습니다. 루이 14세가 귀족들을 불러서 매일 같이 사치스러운 연회를 연 것은 이들을 정치 경제의 실무적인 영역에서 배제하기 위한 고도의 정치 행위였습니다. 귀족들의 빈자리를 태양왕에 충성했던 부르주아 계급으로 채웠죠. 즉 귀족들은 점차 자신의 권한과 지위를 잃어갔습니다. 끝으로 세기말도 마찬가지입니다. 자본주의가 정말로 진리였다면 저 시절 공산주의라는 유령이 전 유럽을 배회했겠습니까? 게다가 벨 에포크의 종착점은 제1차 세계대전이었죠. 세기말의 주된 테마는, 이제 부르주아는 더 이상 역사를 이끄는 진취적인 계급이 아닌, 그 시효가 끝난 구태에 지나지 않는다는 것이었습니다.

여기까지 읽었을 때, 여러분, 그러니까 이 긴 글을 끝까지 읽고 계신 21세기 초엽의 주체인 여러분은, 제가 왜 퇴폐 개념에 집중하려는지 직감하셨을 겁니다. 단적으로 말해, 우리 시대는 역사가 끝난 시대라고 여겨지죠. 이른바 '역사의 종언' 이후, 자본주의를 인류가 도달할 수 있는 최종 종착지라고 믿어 의심치 않는 시대에 살고 있습니다. 그러나 지금까지 살펴본 바와 같이, 진리는 퇴폐의 조건입니다. 퇴폐는 무엇보다 진리를 필요로 합니다. 셰익스피어의 비극 대사를 변용하자면 "현대에 뭔가 썩은 게 있다."—행운을 빕니다!

보론: 니체적인 퇴폐에 대하여

항상성과 보수성

상식적으로 볼 때, 퇴폐는 질서의 반대항입니다. 주로 어지럽고 문란한 상태를 일컫죠. 각 잡힌 군무를 추는 이들을 보고 퇴폐적이라고 평하지 않으니까요. 반대로 서로 구분하기 힘든 어둡고 좁은 곳에서, 남녀가 서로 어지럽게 뒤엉키며 비벼대는 광경은—눈살을 찌푸리며—퇴폐적이라고 평가하죠. 같은 맥락에서 퇴폐는 강인함의 반대항이기도 합니다. 일반적으로 그려지는 강인함의 이미지는 명철한 계산과 균형 그리고 계획대로 밀고나가는 추진력입니다. 반면에 퇴폐적인 주체는 비대칭적인 자세에다가 어디로 튈지 모르는 불안한 격정을 품고 있으며, 실제로 이것이 충동적으로 발현되어 계획을 어그러뜨리곤 합니다. 다시 말해 퇴폐는 위태로운 상태입니다.

그렇다면 어지럽고 위태로운 것이라고 했을 때 무엇이 먼저 떠오르십니까? 저는 오래된 유적이나 폐건물을 떠올립니다. 한때 질서 있게 관리되었지만, 지금은 사람들이 모두 떠나버린 관계로 온데만데 쓰레기가 나뒹굴고 잡초만 무성한 곳. 또한 오랫동안 자연 풍파에 의해 건물 곳곳이 훼손되면서 부식되고 무너진 상태—퇴폐와 맞아떨어지는 이미지입니다. 흥했던 것이 무너져 폐허가 된 자리에 퇴폐의 정서가 스며드는 거죠. 이런 맥락에서 퇴폐를 뜻하는 프랑스어 '데카당스'décadence의 본래 뜻이 건물의 파손, 즉 '폐허화'를 의미했다는 건 결코 우연이 아닙니다. 이후 이 개념에는 사회나 문화의 쇠퇴라는 의미가 덧붙여졌죠. 반복컨대 데카당스는 어떤 사회가 타락하고 쇠락해 가는 경향을 뜻합니다. 사회를 하나의 유기체로 본다면, 이는 질병에 걸리거나 나쁜 습관으로 인해 건강을 잃고 점차 죽음에 이르는 상태인 거죠. 따라서 데카당스는 보존의 반대항이기도 합니다.

정리하자면 데카당스의 반대항은 질서, 밝음, 강인함, 건강함, 보존 정도로 정리될 수 있습니다. 이것들은 데카당스가 발생하기 위해 먼저 존재해야 하는 선행 조건인데, 그도 그럴 것이, 질서가 먼저 있어야 이것의 몰락 또한 존재할 수 있기 때문입니다. 또한 쉽게 연상되듯, 저 요소들은 서로가 서로를 조건 짓습니다. 예컨대 질서는 밝죠. 은폐된 것을 지킬 순 없기 때문입니다. 따라서 질서는 언제나 자신의 규칙을 주체에게 명시적으로 드러내야만 합니다. 그리고 이렇게 대다수가 그 규칙을 준수할 때, 이는 곧 강인함으로 귀결됩니다. 이는 한두 명의 이탈로는 꿈쩍도 하지 않는 단단한 공동체일 것이기 때문입니다. 덕분에 오랫동안 어지러운 분열과 해체를 뜻하는 데카당스는 질병으로, 반대로 질서와 강인함은 곧 건강함으로 여겨졌습니다.

그리고 이렇게 말문을 뗐다는 데서 어느 정도 암시되듯, 이 구도는 얼마든지 뒤집혀질 수 있습니다. 질문을 던져봅시다―인간은 왜 질서를 만들고, 왜 그것을 지키려 하는가? 물론 답은 간단합니다. 질서가 인간의 불안을 줄여주기 때문입니다. 근본적으로 불안은 예측할 수 없는 것에 대한 감정적 반응입니다. 예측 불가능한 일이 벌어졌을 때 우리는 분노하고 식은땀을 흘립니다. 불명확성은 곧 불쾌를 낳습니다. 그렇다면 인간은 왜 예측 불가능한 것을 혐오하는가? 이 역시도 단순한 바, 우연성이 자기보존을 위협하기 때문입니다. 이는 철학적인 고찰 이전에, 생리학적 층위에서 작동하는 것입니다.

인간의 심신은 무한한 변화를 감당할 수 없습니다. 생명이 보존되기 위해선 북극에 있건 열대 초원지대인 사바나에 있건 간에 반드시 체온은 36~37.5도를 유지해야 하고, 호흡 또한 일정한 산소와 이산화탄소의 비율 안에서 이루어져야 합니다. 이외에도 체액 조절, 호르몬 분비, 면역계의 활동 등 인간의 신체는 '항상성'이라는 조건에 철저히 묶여 있습니다. 외부 환경 변화에도 불구하고 체내 환경을 일정하게 유지해야만 하는 거죠. 인간은 오직 이 항상성의 테두리 안에서만 변화를 경험할 수 있습니다. 이 범위를 넘어선 예외?―이때 기다리는 것은 죽음뿐입니다. 이러한 생리적 조건을 감안할 때, 인간의 보수성은 거의 유전자의 차원에서 각인된 본능이라 할 수 있겠습니다. 장소 이동, 타자와의 접촉, 음식 섭취 등 모든 외부자극은 항상성을 깨뜨릴 수 있는 위험 요소이기 때문이죠. 그러나 외부 자극 없이는 생존도 불가능하기에—먹지 않고선 살 수 없으므로—인간은 이미 확인된 것, 익숙한 것만을 취하려고 하게 됩니다. 이것이 인간이 보수적이기 쉬운 이유입니다.

그러나 보수성이 곧 죽음의 길이라면?

생성과 역사

인간은 가상을 구성하는 존재이지만, 그럼에도 이 존재가 발 딛고 있는 곳은 가상이 아닌 세계입니다. 그리고 이 세계 그 자체는 예측 불가능한 우발적인 사건들로 가득한 곳입니다. 해프닝 수준의 작은 우연부터 삶의 질서를 근본적으로 파괴하는 파국적인 우연까지 다채로운 힘들이 부딪치는 역장力場이죠. 대표적인 사례는 코로나19 팬데믹일 것입니다. 이때 세상이 갑자기 멈춰버릴 것이라 누가 예측했겠습니까? 모두가 집에 격리되면서 대면 콘텐츠 시장이 무너졌고, 반대로 넷플릭스 주식은 치솟았습니다. 러시아-우크라이나 전쟁도 마찬가지입니다. 전쟁 이전, 많은 매체에선 양국의 국력 차이를 이유로 개전 가능성을 낮게 보았습니다. 그러나 전쟁은 기어코 벌어졌죠. 이후에도 전문가들은 곧 끝날 것이라 했지만, 이 원고를 쓰는 지금, 전쟁은 이미 4년 차를 넘기고 있습니다. 옛날에 봤던 농담 하나가 떠오릅니다. 인간에게 예측 능력이 있는 이유는 무엇인가?—"그래야 무료한 신께서 우리를 비웃을 수 있기 때문이지!"

지금 돌아가는 세상을 보면, 이 농담은 그럴듯하게 들립니다. 마치 모든 것이 인터넷에 무료로 공개되는 덜떨어진 증권사 리포트가 돼버린 것만 같은 기분이 들죠. 정확히 들어맞는 예측은 거의 없습니다. 확실히 말할 수 있는 건, 세상은 변화로 가득하고, 우리가 아는 세상은 그 일부에 불과하다는 것 정도입니다. 금융, 감염병, 기후, 관세, 지정학적 위기 등 통제 불가능한 변수들이 서로 얽히고설키며 예기치 못한 사태로 치닫곤 하죠.

그래서 무언가가 생겨나는 것 그 자체는 매우 곤란한 일입니다. 이는 독일어에서 생성을 의미하는 'Bildung'이나 'Entstehung'과는 완전히 다른 차원입니다. Bildung은 건물을 짓거나 교육을 한다는 의미가 강한 bilden에 온 개념입니다—그러니까 이미 설계도와 교과서가 존재합니다. 또한 Entstehung은 우주 발생론이나 종의 기원처럼 이미 생성된 것의 기원을 추적해서 올라간다는 뉘앙스가 강합니다. 미래가 아닌 이미 확정된 현재를 설명하기 위해 사후적으로 과거를 되짚는다는 점에서, 이 역시도 사실상 방향성이 고정된 탐구이죠. 과거를 특정 사건이 벌어진 원인으로서 보기에, 마치 모든 과거가 처음부터 이 특정 사건으로 귀결될 운명이었던 것처럼 취급되기 때문입니다. 언젠가 유리 로트만Yuri Lotman이 역사가 세계를 왜소하게 만든다고 지적한 이유가 바로 여기에 있습니다.

> 역사가의 관점은 회고적 변형의 2차적 과정이다. 역사가가 사건을 바라보는 관점은 현재에서 과거를 향한다. 단순한 관찰자에게 무질서하게 보이는 그림은 역사가의 손을 거치며 2차적인 조직화에 처해진다. 역사가에게 본질적인 것은 이미 일어난 일의 필연성이다. 그의 창조적 활동은 오히려 다른 방식을 통해 드러난다. 그는 기억 속에 축적된 넘쳐나는 사건들로부터, 최대한 그럴듯하게 모종의 최종 지점으로 수렴되어가는 어떤 진화적 라인을 구축하고자 한다. 그 토대에 우연성이 놓여 있으며 온갖 자의적 전제와 유사·인과 관계의 전 층위로 뒤덮여 있는 바로 이 지점이, 역사가의 펜 아래서 거의 신비에 가까운 성격을 획득한다. 여기서 확인할 수 있는 것은 신의 소명 혹은 역사적 소명이라는 관념이 이전의 모든 과정의 의미 담지체를 압도하는 모습이다. 역사에는 완전히 낯선, 목적이라는

개념이 역사에 도입되는 것이다.[8]

그러나 역사는 미래가 아닙니다. 역사가 경청할 만한 조언자라는 것엔 적극 동의하지만, 동시에 링 위에서 직접 뛰는 사람은 코치가 아닌 선수임을 잊어선 안 됩니다. 조언자는 신이 아닙니다. 미래는 영원한 미결정의 영역입니다. 마치 모든 증권 프로그램의 마무리 멘트처럼-"투자 판단과 의사결정 그리고 거래에 대한 모든 손익 책임은 투자자 본인에게 있습니다." 이런 맥락에서 역사적 사고의 은밀한 동기는 불확실성의 제거가 아닌 거부입니다. 과거를 현재의 결과물에 대한 필연적인 조건으로 재구성한 뒤, 미래 역시도 이러한 필연적인 끈을 따라가는 과정일 것이라고 확대 적용하는 거죠. 다시 말해 모든 일에 궁극적인 귀결점이나 목적이 있다고 믿어버리는 것입니다. 이렇게 함으로써 미래에 대한 근원적인 무지가 초래하는 불안을 불식시키고자 합니다. 일종의 역사학적 마취제인 셈이죠.

그러나 생성하는 것엔 목적이 없습니다. 반복컨대 우연한 만남에 의해 어떤 상호작용을 일으킬지 예측하는 건 불가능합니다. 미래는 설계도, 귀결점, 목적 같은 개념들이 속절없이 녹아내리는 화산지대입니다. 그래서 이러한 생성의 근원적인 의미는 Bildung이나 Entstehung이 아닌, 'Werden'

에 담깁니다. 이는 무언가 변하거나 되어간다는 의미의 고대 게르만어인 'werþaną'에서 유래된 표현으로서 목적성이 결여되어 있죠. 참고로 우발적으로 휘몰아치는 세계 그 자체를 최대한 직시하기 위해 니체가 요청했던 생성 역시도 Werden이었습니다.

> 목적론 전체는 최근 4000년간의 인간을 세계 만물이 최초부터 자연적인 방향으로 지향해 온 '영원한' 인간이라고 이야기하는 것에 기초해서 성립되었다. 그러나 만물은 생성해 온 것이다. 절대적 진리가 없는 것처럼 '영원한 사실'도 없다. 따라서 앞으로는 '역사적으로 철학하는 태도'가 필요하며, 그와 동시에 겸양의 덕도 필요하다.[9]

세상의 소용돌이 앞에 지나치게 주눅들 필요는 없겠지만, 그럼에도 이것을 마음대로 할 수 있으리란 지나친 낙관은 금물입니다. 종종 오만하다고 평가받는 니체조차도 겸양을 권하고 있죠.

전도된 데카당스

앞서 우리는 항상성을 말하며, 주체가 자기보존을 위해

불확실한 외부에 폐쇄적인 태도를 보이는 경향이 있다고 했습니다. 자신이 적응하는 데에 성공한 익숙한 질서 속에 머물고자 하는 거죠. 그런데 카오스와 니체를 경유한 지금은 어떻습니까? 이렇게 닫혀 있으려는 보수적인 전략은 그 질서를 와해시키는 카오스적 침입에 대한 무지입니다. 마치 끓는 물 속의 개구리처럼, 외부 세계에 대한 폐쇄가 곧 무능이 돼버리는 시점이 도래한 것입니다. 따라서 적절한 자기보존을 유지하기 위해서는 변화에 민감해야 합니다. 어떤 면에서는 마치 예방접종처럼, 본격적인 위험이 닥치기 전에 과감하게 먼저 나서서 변화를 취할 필요도 있습니다. 다시 말해 진보적이어야 합니다―뒤집혀버린 거죠!

이 전도된 건강법에 따르면, 이제부터 기존의 항상성―좀 더 정확히는 그 항상성을 유지했던 고정적인 질서를 고수하려는 태도는 반-건강입니다. 이는 오히려 쇠퇴와 몰락의 지름길입니다. 그런데 이러한 균열과 붕괴는 앞서 규정했던 퇴폐의 형상, 즉 데카당스입니다. 밝음, 강인함, 건강함, 보존―이 모든 것은 앞서 데카당스의 반대항으로 정리한 것들이지만, 역설적이게도 여기에 매몰될 때 오히려 데카당스가 시작됩니다. 다시 말해 데카당스의 통상적인 의미가 전도되는 것입니다. 일평생 거의 모든 개념을 뒤집는 데에 매진했던 철학자 니체 역시도 바로 이 지점에 맹렬히 반응했죠.『즐거운 학문』제5권의 마지막에서 니체는 이른바 '새로운 건강'neue Gesundheit을 요청하고 있습니다. 아니, 명령합니다.[10]

질서의 바깥은 카오스이기 때문에 형상이나 규칙이 일목요연하지 않습니다. 밝음은 철저히 부재합니다. 당연히 기존의 틀로는 이 바깥이 좀처럼 설명되지 않고, 그래서 이곳에 한 발을 담근 사람은 뭐라 이름 붙이기 힘든 불가해한 존재가 돼버리죠. 니체는 이 국경 밖으로 나갈 것을 강력히 주장합니다. 그렇기에 새로운 건강이란 한 번 획득되면 끝나는 것이 아니라, 지속적으로 다시 획득되어야 합니다.❖ 그리고 동시에, 이 건강은 끊임없이 포기되어야만 하는 것이기도 합니다. 그럴 수밖에 없죠. 현실은 끊임없이 변하기에, 어떤 특정 상태에 도달한 순간 그 '건강'은 곧바로 병환의 시작점으로 바뀌기 때문입니다. 건강하다고 여겨지는 체제나 상태에 도달하는 그 순간, 바로 쇠퇴가 시작되는 것이죠. 정점과 타락은 동전의 양면입니다―앞면이 나올지

❖ 이렇듯 니체에게 있어 건강법은 결코 하나로 고정될 수 없습니다. 변화하는 상황과 각자의 인격에 따라, 건강의 방식 또한 달라져야 합니다. 사람이 100명이면, 건강법도 최소한 100가지는 있어야 합니다. 이 대목은『차라투스트라는 이렇게 말했다』에서도 언급된 바 있습니다. 프리드리히 니체, 김인순 역,『차라투스트라는 이렇게 말했다』, 열린책들, 2015, 100쪽.

뒷면이 나올지는 몰라도 떨어지는 위치는 같죠.

　이제부터 질서는 곧 데카당스입니다. 질서는 그 질서로 설명되지 않는 외부 영역을 억압하거나 혹은 무시함으로써 성립되는 것에 불과하고, 궁극적으로는 카오스에 취약합니다. 니체의 시선에서 통상 데카당스하다고 여겨지는 비논리성이나 어지러운 모호함이란, 되레 명약관화한 질서에 머무르기를 거부하고 과감하게 바깥으로 나갔다는 증표가 됩니다. 경계를 잠식하는 어둠, 방황, 쏟아내는 격정, 과도함—물론 니체는 여기에만 머무르려고만 하는 태도를 거부하지만, 동시에 이것들이 욕망을 실현해 나가는 과정에서 필연적으로 경유해야 할 중간 단계라는 점에선 기꺼이 받아들입니다. 처음 시도하는 것을 능숙하게 할 순 없으니까요.

　같은 맥락에서 니체 철학의 근본을 반-체제성으로 봤던 쿤데라Milan Kundera의 분석은 정확합니다.[11] 니체적으로 철학함은 굳건한 진리의 건축물을 쌓는 것이 아니라, 되레 그것을 침식하고 파괴함으로써 바깥으로 나가는 것이기 때문입니다. 다시 말해 반-데카당스야말로 가장 데카당스합니다. 기존의 틀에서 벗어나서 새로움을 찾는 것, 이를 곧 "힘에의 의지Wille zur Macht"라고 거칠게 규정하자면, 니체적 데카당스는 이렇게 공식화됩니다.

어떤 형태로든 힘에의 의지가 쇠퇴하는 곳에서는 항상 생리적인 퇴화, 곧 데카당스도 보인다.[12]

이만 마칩니다. 총총.

1 Ann Ferebee, 『A History of Design from the Victorian Era to the Present』, Van Nostrand Reinhold, 1980, p.61.
2 오스카 와일드, 박명숙 역, 『심연으로부터』, 문학동네, 2015, 136쪽.
3 니콜로 마키아벨리, 강정인·안선재 역, 『로마사 논고』, 한길사, 2003, 97쪽.
4 아르투어 쇼펜하우어, 이서규 역, 『의지와 표상으로서의 세계』, 세창출판사, 2024, 465쪽.
5 니콜로 마키아벨리, 강정인·김경희 역, 『군주론』, 까치, 2015, 126쪽.
6 Michel Foucault, 『Power/Knowledge: Selected Interviews and Other Writings, 1972-1977』, ed. by Colin Gordon and trans. by Colin Gordon … [et al.], New York: Pantheon Books, 1980, pp.131~132.
7 움베르토 에코, 김희정 역, 『가재걸음』, 열린책들, 2012, 183쪽.
8 유리 로트만, 김수환 역, 『문화와 폭발』, 아카넷, 2014, 36쪽.
9 프리드리히 니체, 강두식 역, 『인간적인 너무나 인간적인』, 올재, 2022, 25쪽.
10 프리드리히 니체, 안성찬·홍사현 역. 『니체 전집12: 즐거운 학문/메시나에서의 전원시/유고(1881년 봄~1882년 여름)』, 책세상, 2005, 392쪽.
11 밀란 쿤데라, 김병욱 역, 『배신당한 유언들』, 민음사, 2013, 259쪽.
12 프리드리히 니체, 박찬국 역, 『안티크리스트』, 아카넷, 2013, 45쪽.

보기보다는 보여지는 존재

이미지란 무엇인가?

이미지. 우리는 '이미지'에 대해 어느 정도 알고 있다고 생각합니다. 그도 그럴 것이, 매일같이 접하는 것이 이미지이기 때문입니다. SNS가 발달한 현대사회이니만큼, 하루 평균 소비자에게 노출되는 광고 이미지의 개수는 수천 건을 훌쩍 넘어가죠. 좀 더 폭넓게 보자면, 길가에서 마주치는 사람이나 산책하는 강아지, 지나가는 버스, 엘리베이터 문짝 등 현실의 모든 것이 이미지이기도 합니다. 이것들을 글자로 치환해서 떠올리는 사람은 극히 드물죠. 모두 이미지로서 인식하고 또한 이미지로서 기억합니다. 실제로 사전에서 이미지는 이렇게 정의됩니다.

> 감각에 의하여 획득한 현상이 마음속에서 재생된 것.

그러니까 어제 봤던 책을 다시 떠올린다면, 그것이 바로 이미지라는 거죠.

 이처럼 이미지는 인간 정신의 근본적인 작동 방식이기 때문에, 예로부터 무수히 많은 철학자와 예술가들이 나름의 설명을 내놓았습니다. 음악을 깎아내릴 의도는 없지만, 확실히 미학의 우위는 보이는 것에 편중되어 있죠. 당연히 이 자리에서 이미지에 대한 온갖 담론들을 모두 소개할 순 없습니다(꼭 지면의 문제가 아니더라도 이는 제 능력 밖의 일입니다!). 다만 이미지를 바라보는 독특한 시선 하나를 건넬 수는 있을 듯합니다. 이 결론은 다음과 같습니다. '이미지는 무언가를 보이기 위함이 아닌 되레 은폐하기 위한 기술이다.'

 이를 위해 먼저 짚어볼 것은 노출된다는 것의 의미입니다. 이미지에 대해 이런 질문이 유효한 이유는, 이미지의 본질적인 속성 중 하나가 바로 '노출'이기 때문입니다. 과도하게 전문적인 논변을 펼칠 필요도 없이, 우리는 자신이 보이고 싶은 모습을 이미지화하여 바깥에 내보내고, 동시에 바깥에서 본 것들을 자기 나름대로 이미지화해서 받아들이죠. 다시 말해 이미지는 무엇을 어떻게 노출할 것인가의 문제이자 노출된 것을 어떻게 받아들일 것인가의 문제입니다. 그리하여 다시 묻자면—노출된다는 것은 어떤 의미인가?

 물론 여러 가지 의미가 있겠지만, 그중에서 중요하게 볼 것은 단연 '위험성'입니다. 세상을 지나치게 부정적으로 볼 필요는 없겠지만, 그렇다고 지나치게 낙관적으로만 바라보는 것도 좋은 방법은 아닙니다. 이런 점에서 노출된다는 것은 불특정 다수가 나에 대해 알게 된다는 것이며, 이는 얼마든지 그 정보를 활용한 공격에 노출될 수 있음을 뜻합니다. 나의 약점이 공개되는 것은 물론이고, 내가 미처 약점이라고 생각하지 못했던 부분조차 누군가에 의해 약점으로서 가공될 수 있겠죠. 더 큰 문제는 노출된 나는 누가 뒤에서 그런 일을 꾸미는지 알 길이 없다는 것입니다. 이런 점에서 노출의 근본적인 감각 중 하나는 야생의 먹잇감이 느끼는 소름 돋는 그것과도 유사합니다. 노출되었다는 것은 어딘가에서 맹수가 나를 노려보고 있다는 것이며, 이는 곧 위험한 상태라는 뜻입니다.

실존적 무기력과 보임

그렇다면 인간에게 이러한 감각이 가장 극대화되는 시기는 언제일까요? 아마도 유아기일 것입니다. 잘 알다시피 유아는 극단적으로 무기력한 존재입니다. 손가락을 꼼지락거리며 울음을 터뜨리는 것 외엔 딱히 할 줄 아는 것이 없죠. 인간 유아가 최소한의 생존 기능을 갖추기 위해서는 적어도 십 년 이상 양육되어야 합니다. 그때까지는 부모가 없으면 사실상 생존이 불가능합니다. 이러한 신체적 무력함은 태어나자마자 먹잇감을 향해 움직이는 다른 생명체들과는 확연히 구분되는 지점이죠. 이러한 근본 조건 속에서 유아는 무언가를 보는 주체라기보다, 보임을 당하는 수동적인 존재로서 삶을 시작합니다. 자신의 가장 무기력한 모습이 불특정 다수에게 노출될 수밖에 없는 거죠. 그래서 개인적으로 저는 인간의 밑바닥에 있는 근본 경험은 '봄'이 아니라 '보임'이라고 생각합니다. 다시 말해 실존적 무기력에 기반한 본질적인 수동성을 먼저 겪는다는 것입니다.

그렇다면 유아는 어떻게 해야 할까요? 스스로 몸을 숨길 수도 없고, 설령 숨기는 데 성공하더라도 그 은폐 상태로는 생존이 불가능한 상황입니다. 이런 딜레마 속에서 어떤 선택을 하게 될까요? 예컨대, 자신은 무방비로 노출되어도 아무렇지 않다고 스스로 믿어버릴 수도 있습니다. 맹수조차 자신을 사랑할 것이라는 식의 나르시시즘적 전략을 취하는 것이죠. 물론 현실성과는 거리가 먼 망상이지만, 그 망상 속에서 약간의 심리적 안정감을 얻을 순 있습니다. 또 다른 전략은, 자신이 노출된 환경이 그다지 위험하지 않다고 믿는 것입니다. 실제로 인간 유아는 진짜 야생에 있는 것이 아니죠. 가정 폭력 같은 특수한 상황을 제외하면, 보임의 경험은 대체로 비교적 안전하게 조율됩니다. 참고로 이

두 전략이 적절히 섞여 나타난 것이 오늘날 SNS 현상일 것입니다. 나는 노출되는 만큼 사랑받을 수 있으며, 그에 따른 위험은 거의 없으리라는 믿음이 작동하는 거죠.

그러나―당연한 말이지만―이로써 모든 불안이 해소되는 건 아닙니다. 누군가가 노출에서 발생하는 약점을 쥐고서 공격하는 사태는 근본적으로 소거 불가능합니다. 유치원만 가도 인간은 이런 경험을 하죠. 성인이 되어선 두말할 필요도 없이 더 심해집니다. 인간 사회는 종종 야생에 비유되곤 하죠. 그리고 이런 경험을 할 때마다 유아기 때 겪었던 실존적 무기력이란 근본 경험이 다시금 상기됩니다. 여기로 완전히 퇴행하는 것까지는 아니더라도 그때의 목소리 파편들이 무의식 속으로 다시 현전합니다.

전략적 불가해함

자, 그렇다면 어떻게 해야 할까? 은둔형 외톨이가 될 것이 아니라면, '보임'은 인간의 피할 수 없는 조건입니다. 이와 더불어 사회적 모임에서 비롯되는 위험 또한 불가피하죠. 그렇다면 해결책은 '비밀'을 갖는 것입니다. 쉽게 말해, 타인에게 다음과 같은 인식을 심어주는 것입니다―'나는 내가 보이는 것 이상의 무언가를 지니고 있다.' 다시 말해,

보이는 정보로 환원되지 않는 비밀스러운 무언가가 내게 있다는 것, 곧 '보이는 것이 전부가 아니다'라는 인식을 주는 전략을 택하는 것입니다.

상대방이 이 비밀을 파악하기 전까지, 나는 그에게 불가해한 존재가 됩니다. 불가해하다는 것은 쉽게 접근할 수 없다는 뜻이며, 그로 인해 자연스럽게 거리가 생겨납니다. 접근했다가 어떤 일이 벌어질지 모른다는 점에서 불가해함은 일종의 방어막이 되어주죠. 물론 인간이 인간에게 전적으로 불가해한 존재가 되는 것은 어렵습니다. 아예 모르는 이방인과 사회계약을 맺을 수는 없겠죠. 소위 정상성이라고 불리는 범주에서 너무 벗어난 존재는 어디로 튈지 모른다는 점에서 자연스럽게 배척됩니다. 그렇지만 정상적인 것 안에서 조금 해석하기 어려운 어긋남이나 부정교합 혹은 얼룩 같은 것—이러한 기묘한 흔적들을 일부러 남겨둘 수는 있습니다. 그러니까 이미지는 바로 이러한 불가해함의 기술이 될 수 있습니다. 사회라는 '보임'의 조건 속에서 살아가는 인간들이 구사하는 생존의 방식인 거죠.

여기서 중요한 점은, 실제로 불가해한 내용을 내면에 품는 것이 아니라, 외견상 '불가해함'이 연출되기만 하면 된다는 것입니다. 사실 내용은 텅 비어 있어도 무방합니다. 중요한 것은 상대가 나를 단순히 '보이는 것'으로 판단하지 못하게 만드는 데에 있기 때문입니다. 그러니까 어떤 숨겨진 메시지가 존재하는 것이 아니라, 아예 해석할 수 없는 외형을 갖춤으로써 스스로를 보호하는 것입니다. 이러한 외형은 '불가해함을 위한 불가해함'입니다. 동시에 세계로부터 자신을 보호하기 위한 일종의 방어 기제이기도 하죠. 이런 점에 민감한 사람일수록, 자신이 완전히 파악되었다고 느꼈을 때 극심한 불안을 견디기 힘들어합니다. 어떤 경우에는 그 불안이 삶을 포기할 정도로 치닫기도 하죠.

이런 맥락에서 미술사에서 난해한 이미지로 대표되는 파블로 피카소Pablo Picasso의 작업 동기를 재고찰해볼 수도 있을 것입니다. 그가 자신의 작품을 쉽게 해석되지 않게 그린 데엔 실존적인 동기가 작용할 수도 있는바, 이를테면 그의 친구 자우메 사바르테스Jaime Sabartés가 왜 그림을 그리냐고 묻자 피카소는 창문 밖으로 몸을 던지지 않기 위해서라고 답했다고 전해지죠.[1] 그러니까 관객에게 전시되는 작품은—아이러니하게도—무엇보다 전시되지 않기 위한 기획일 수 있습니다.[2]

이만 마칩니다. 총총.

1 Wilhelm Boeck·Jaime Sabartés, 『Picasso』, Thames and Hudson, 1961. p.49.
2 다리안 리더, 박소현 역, 『모나리자 그리기』, 새물결, 2010, 90쪽.

잊어버린 낭만에 대하여

왜 다시 낭만인가?

낭만. 우리는 '낭만'에 대해 어느 정도 알고 있다고 생각합니다. 설령 낭만에 대한 딱 부러진 정의를 읊진 못하더라도, 낭만적이라고 불릴 만한 상황을 떠올릴 순 있죠. 석양이 지는 바닷가를 보며 약간 어색하게 통기타를 튕기는 모습, 옥상에 돗자리를 깔고 누워서 연인과 함께 밤하늘의 별들을 헤아리는 장면, 카페에서 들리는 귀에 익은 음악을 감상하기, 다락방 창문으로 담배를 태우며 떨어지는 빗방울 구경하기, 한때 동경했으나 이제는 유행에서 많이 지나버린 오토바이 튜닝을 하고서 떠나는 드라이브 등 각자에게 낭만적인 무언가가 있을 것입니다.

그렇다면 이것들의 공통점이 뭘까요? 음악, 사랑, 소박함, 여유, 옛꿈의 공통점은 이들이 현실에서 느슨하게 벗어나 있다는 것입니다. 돈을 벌어야만 하는 노동의 압박에서 벗어난 것은 물론이고, 이 현실에서 최신 유행하는 쾌락

방식으로 제시되는 게임, 패션, 여행 등에서도 이탈되어 있죠. 실제로 사전에도 낭만은 이렇게 정의되어 있습니다.

> 현실에 매이지 않고 감상적이고 이상적으로 사물을 대하는 태도나 심리

쉽게 예측되듯, 많은 예술가는 낭만성을 추구해왔습니다. 현실에 찌든 관점 때문에 억압되고 은폐된 사물의 아름다움을 다시금 환기해줄 수 있도록 하는 존재—라고 예술가를 정의할 때, 이들이 낭만에 관심을 둔 건 자연스러운 귀결이기 때문이죠. 실제로 '낭만주의적'romantique이라는 용어와 관련이 깊은 '로망어'roman는 귀족이나 성직자가 썼던 라틴어와 대조되는 서민적 속어를 일컫는 말이었습니다. 이성과는 거리가 먼 무지렁이들의 소리였다는 거죠. 이는 17세기로 넘어오면서 계몽되지 못한 허튼소리나, 불가사의한 기적, 비현실적인 열광 따위를 가리키는 경멸적인 표현으로 쓰이게 됩니다.

그러나 18세기에 와서는 이 비현실성이 이상향을 향한 욕망을 억압하는 저열한 현실성에 대한 저항으로 전환되게 되죠. 이제부터 낭만적으로 사고한다는 것은 상상력의 족쇄를 풀어서 이상적으로 사고하겠다는 뜻이 됩니다. 독일

초기 낭만주의를 이끌었던 프리드리히 슐레겔Friedrich Schlegel의 인간 규정이 이런 낭만성을 집약하고 있습니다.

> 무한한 것으로까지 형성되어 있는 어떤 유한한 것을 생각해 보아라. 그렇다면 너는 인간을 생각하고 있는 것이다.[1]

제가 낭만을 다시 사유하려는 동기도 마찬가지 맥락입니다. 경제적이고도 정치적이며 동시에 문화적으로 규정된 소위 '현실성'이라고 불리는 것 너머의 무언가를 보고자 할 때, 이 낭만 개념이 유의미할 수 있다고 믿기 때문입니다. 실제로 인간은 현실에 매이지 않으려는 존재이지 않습니까? 노예가 노예로만 남고자 했다면 역사에 스파르타쿠스가 어디 있고 프랑스 대혁명이 일어났을까요? 또한 신학이 진리의 종점이었다면 인간이 어찌 우주를 향해 탐사선을 띄울 수 있었겠습니까? 영화 「인터스텔라」에서 읊어졌던 딜런 토머스Dylan Thomas의 시구는 인간성을 집약하고 있습니다.

> 순순히 어두운 밤을 받아들이지 마시오. 노인들이여, 저무는 하루에 소리치고 저항하시오. 분노하고 분노하시오. 현자는 임종 시에 어둠을 당연한 것으로 안다지만 그들의

말은 이제 더 이상 빛을 일으키지 못하기에, 순순히 어두운 밤을 받아들이지 마시오. 분노하고 분노하시오.[2]

기억하십시오—이카루스 신화의 유일한 교훈은 날개를 밀랍으로 만들면 안 된다는 것입니다.

지각들의 광시곡

다시 옮기자면 낭만은 "현실에 매이지 않고 감상적이고 이상적으로 사물을 대하는 태도나 심리"로서 규정됩니다. 이를 따져보기 위해 먼저 건드려야 할 건 단언 '현실'입니다. 그래야 여기에 매이지 않는다는 것이 어떤 의미인지 구체적으로 드러날 것입니다. 그리하여 묻자면—현실이란 무엇인가?

현실을 생각함에 있어 가장 아이러니한 대목은, 우리 모두 분명 현실 속에 살고 있지만 동시에 어느 누구도 현실 속에 살고 있지 않다는 것입니다. 그러니까 현실을 입에 담는 이의 현실은 우리의 믿는 것만큼 현실적인 게 아닐 수 있다는 말이죠.

앞서 언급했던 프랑스 대학명의 예시를 다시 떠올려 봅시다. 당시 제1계급이 철석같이 믿었던 절대왕정의 논리들이 정말로 자명한 진리였다면, 혁명은 일어나지 않았을 겁니다. 귀족들은 자신이 명확히 이해하고 있다고 믿는 현실을 살았지만, 그 믿음은 결국 단두대 위에서 산산이 무너졌죠. 이런 사례는 역사 속에 차고 넘칩니다. 사실, 거창한 역사까지 거슬러 올라갈 필요도 없죠. 이는 우리네들의 일상만 봐도 충분합니다.

1997년 외환 위기를 겪은 뒤 비록 임금은 적더라도 정년까지 해고 걱정 없이 일할 수 있는 이른바 '철밥통' 직장이 최고의 직장으로 급부상했습니다. 공무원을 택하는 것이 가장 현실적인 선택인 것처럼 여겨졌죠. 그렇다면 이 글을 적고 있는 2020년대에는? 공무원 채용시험 경쟁률은 매년 감소 최대치를 갱신 중입니다. 민간기업과 비교해 상대적으로 낮은 임금에다 경직된 조직문화로 인한 퇴사 러시가 줄을 잇고 있죠. 일본 예찬론도 마찬가지입니다. 한때 일본이 기술 강국으로서 미국 외엔 호적수가 없다고 여겨졌던 시대가 있었습니다. 그러나 오늘날 디지털화에 실패한 일본이 만든 건 도장 찍는 로봇이죠. 그래서 앞선 「퇴폐」에서 인용했듯 현실에 대한 정의는 역시나 에코의 것이 진리에 가깝습니다.

> 이것이 현실이고, 현실은 우리의 바람과는 무관하기 때문에 바로 현실인 것이다.[3]

반복컨대 우리는 분명 현실에 속해 있습니다. 불가역적인 시간과 젊음을 소모하며 현실에 존재하고 있죠. 그러나 우리가 지금 발 딛고 있다고 믿어 의심치 않는 그 현실은, 현실 그 자체가 아닌 단지 우리가 현실이라고 믿는 것에 불과합니다. 그래서 살면서 듣게 되는 소위 "현실적으로 생각하자"라는 클리셰 같은 말은, 대부분 여러분을 위한 것이 아니라 그 말을 하는 사람의 욕망을 반영할 뿐입니다. 여러분이 자신이 생각하는 현실을 살고 또한 그것을 참된 현실로써 재생산하길 원하는 거죠. 그래서 현실은 어떤 의미에선 자기 충족적 예언에 가깝습니다. 실제로 무언가가 예정되어 있는 것이 아니라, 그 예언을 스스로 현실화화는 과정인 거죠.

그렇다면 왜 이런 일이 벌어지는 걸까? 근본적인 요인은 인간의 뇌 용량이 너무 적다는 것입니다. 지구에 존재하는 모든 유기체보다 진화된 대뇌피질을 갖고 있긴 하나, 세계 자체를 감당하기엔 턱없이 모자라죠. 세계는 뇌의 메모리 크기에 비해 너무도 광범위합니다. 존재하는 것은 너무도 많습니다. 당장 떠오르는 것만 적어 봐도 꽃밭, 장례식, 자동차, 베토벤, 하수구, 화폐, 악다구니, 보들레르, 부러진 펜촉, 아직 재고가 남은 『지하 정원』, 사회체계이론, 부모, 유튜브 알림, 결혼, 허리 통증, 싸구려 커피 등―이것들은 단순히 '존재한다'라는 추상적인 언명 외엔 이들을 묶을 기준을 찾기 힘듭니다. 칸트의 표현을 빌리자면 어떠한 통일성도 결여한 채 그저 단편적인 지각들이 무질서하게 나열되어 있을 뿐인 이른바 지각들의 광시곡Rhapsodie von Wahrnehmungen인 것입니다.

심지어 같은 것을 겪어도 그로부터 추출되는 앎은 완전히 다르기까지 합니다. 이는 단순한 감성의 차이 수준이 아닙니다. 굳이 니체식 관점주의를 들먹이지 않더라도, 어떤 관점과 욕망을 지니느냐에 따라 세계는 매번 다르게 재구성되기 때문입니다. 예를 들어 저 같은 '막귀'에게는 클래식 음악은 다 거기서 거기인 것처럼 들립니다―졸린 음악처럼 느껴진다는 거죠. 반대로 클래식 전문가의 귀에는 연주자의 바이올린 조율 상태까지도 세세히 구별되죠. 문학도 마찬가지입니다. 창작자와 비평가의 시선은 같을 수 없습니다. 역사적인 경험도 그렇죠. 같은 사태를 겪어도 비관주의와 낙관주의가 나뉘는 것을 쉽게 찾아볼 수 있습니다.

그렇다면 이 현기증 나는 잡다함이 우리에게 선사하는 것은 무엇인가?―불안입니다.

세계와 세계관

현실은 다양하고도 조악하며 광활하고 단절적인 공간입니다. 그리고 인간의 뇌가 가진 약 1,000억 개의 뉴런으로는 여기서 쏟아지는 정보를 모두 처리할 수 없습니다. 관심은 한정된 자원입니다. 한쪽에 관심을 쏟는다는 것은 그 외의 분야엔 무관심해지게 된다는 뜻이죠. 이런 맥락에서 우리가 현실에서 이해하는 것은 현실 그 자체가 아닌 그 현실의 기능이나 효과일 심산이 큽니다. 이건 마치 스마트폰 같은 것입니다. 우리는 전화, 알람, SNS, 인터넷 서핑 등 스마트폰에 탑재된 다양한 기능들을 능숙하게 사용합니다. 그러나 이것이 곧 스마트폰을 구성하는 주요 부품인 CPU나 RAM이 어떤 원리로 작동하는지 이해한다는 뜻은 아닙니다. 스마트폰 배터리를 만드는 데 필요한 희토류를 어떻게 채굴하고 정제하는지 알고서 스마트폰을 쓰는 사람이 있을까요? 감히 확신컨대 스마트폰의 언어인 0과 1로 이루어진 2진법을 능숙히 이해하는 사람도 그리 많지 않을 것입니다. 다시 말해 손가락으로 '딱' 눌러서 작동하는 효과가 무엇인지 이해하는 것일 뿐, 스마트폰 그 자체를 이해하는 것이 아닙니다.

현실도 마찬가지입니다. 대부분 자신의 눈앞에서 당장

기능하는 현실의 한 부분을 현실 그 자체인 것처럼 오해하고 있을 뿐입니다. 지하철, 주식, 관습, 기후, 반려식물 등 우리 삶을 둘러싼 대부분이 이 영역에 있죠. 그리고 이는 아주 당연한 것입니다. 한 인간이 모든 곳에 전문적인 지식을 갖는 건 불가능하기 때문입니다. 삶과 예술과 학문의 모든 분야에 정통한 사람 소위 '르네상스형 인간'이란—단어 뜻 그대로—코페르니쿠스의 지동설을 이해하는 것조차 심각한 진통을 겪었을 정도의 학문 수준을 가졌던 르네상스 시기에나 잠시 가능했던 판타지일 뿐, 온갖 분야에서 전문화가 이뤄진 현대부터는 어림도 없습니다.

그러나 자신이 속한 현실을 아무것도 모르는 형태로 내버려 둔다는 것은 심각한 불안을 초래합니다. 마치 자신이 무작위의 도박판에 내던져 있는 듯한 기분은, 심적 안정감을 망가뜨리고 극심한 무기력증을 낳죠. 따라서 인간은 이 문제를 해결하기 위해 세계 자체가 아닌, 세계관을 구성하며 살아갑니다. 물론 이 세계관의 질적 차이는 다양합니다. 자신이 알고 있는 몇 가지 편견에 불과할 수도 있고, 경제와 정치를 어느 정도 설명할 수 있도록 정교화된 이데올로기의 형태일 수도 있죠—우리 모두는 같은 세계에 살고 있지만, 동시에 같은 세계에 살고 있진 않은 셈입니다. 그러나 동일한 건 이로써 현실 그 자체를 이해하고 있다는 믿음을 구성해낸다는 것입니다. 그리고 그 안에서 안정을 느끼죠. 다시 말해 모든 안정감은 불균형에 기초합니다—그건 애당초 불균형하지 않았다면 발명되지 않았을 환상이었으므로.

물론 이 세계관은 세계로부터 비롯된 것이긴 하지만, 세계 그 자체인 건 아닙니다. 이 지점을 간과하는 순간, 앞서 단두대에 오른 귀족처럼 인생이 심하게 어긋나기도 하죠. 너무 순진했다가는 마키아벨리적 폭풍에 휩쓸려갈 수 있습니다. 무엇보다 주의해야 할 것은 결정론적 사고 방식입니다. 반복컨대 세계관은 세계를 온전히 이해할 수 없기 때문에 고안된 것이라고 했습니다. 따라서 이 세계관은 관찰되는 모든 것들을 자신이 설정한 세계관에 들어맞는 것처럼, 그러니까 그 세계관이 옳다는 하나의 증거처럼 취급하려고 듭니다. 진화론에 심취한 사람은 모든 것을 유전자를 남기기 위한 시도의 변주인 것처럼 해석하고, 시장주의에 심취한 사람은 수요와 공급 곡선과 경제적 이기심에 삼라만상이 담길 수 있다고 믿어 의심치 않죠. 그리고 이런 점에서 세계는 바로 그 세계관이 설정한 본성이나 질서로서 사실상 결정된 공간이 돼버립니다. 이런 상황에서 누군가가 이 세계관을 거스르는 생각이나 자유 따위를 운운한다?—세계관에 심취한 이는 그가 세상 물정을 모르고 너무 순진하기만 하다며 냉소합니다. 그러나 지금 여기서 진정으로 순진해 빠진 이는 다름 아닌 자신의 세계관이 정말 세계라고 믿는 바로 그입니다. 지금 이 주체는 자신이 설정한 질서로서 현실이 존재론적으로 완벽하게 구성된다고 가정하고 있죠. 지젝의 지적처럼, 이와 같은 과도한 구조주의자는 자기도 모르게 전근대의 조화론적 우주론을 재도입하고 있는 것에 다름 아닙니다.[4]

물론 실제로 작용하는 구조나 체계의 거대한 영향력을 무시해선 곤란합니다. 그러나 이것으로 세계가 모두 규명되고 또한 통제된다는 식의 생각은 위험합니다. 이건 초월적인 신이 존재하며, 그 존재가 현실을 관할하는 것이 섭리로서 증명된다고 믿었던 바로 그 옛 세계관에 다름 아닙니다. 게다가 이런 생각은 약간만 실수하면 지적 게으름으로 빠질 수 있습니다. 그렇지 않겠습니까? 지금 제시된 저 체계가 담긴 책 한 권만 빠삭하게 꿰고 있으면 모든 세계가 설명될 수 있는 것처럼 보이기 때문이죠. 이로써 삶이 얼마나 간편해질지 상상해보시기 바랍니다―이보다 편리할 수는 없을 것입니다!

이중 포획

우리가 살고 있는 건 현실이 아니라 누군가에 의해 현실이라고 주장된 무언가일 심산이 큽니다. 그러나 책에 적힌 현실과 여러분이 직접 살아가는 생생한 현실은 엄연히 다른 것입니다. 현실은 이론을 비웃는 데에 능숙하죠. 그렇기 때문에 여러분은 어떤 식으로든 세계관에 들어맞지 않는 것들을 보게 됩니다. 무언가 부조리하고 기존 틀로는 잘 설명되지 않는 이상한 사건들을 보거나 혹은 겪게 된다는 거죠. 설령 그것이 거대한 오류가 아닌 아주 사소한 디테일에 불과할지라도 어떤 식으로든 부정교합의 존재를 목도하게 됩니다. 그리고 어느 순간 불온한 것의 크기는 별로 중요치 않음을 깨닫게 됩니다. 우리가 걸려 넘어지는 것은 거대한 돌덩이가 아닌 작은 돌부리이지 않습니까?―이것이 작은 균열을 소홀히 해선 안 되는 이유입니다.

작은 간극이 위험한 이유, 좀 더 정확히는 그것이 인간에게 위험할 수 있는 이유는, 인간은 상상력을 지닌 동물이기 때문입니다. 앞서 인간이 현실에 매이지 않으려는 존재라고 했죠. 상상력은 저 작은 계기에 살을 붙여서 현실 너머의 것을 욕망할 수 있게 만듭니다. 상상력은 기본적으로 눈앞에 없는 걸 있는 것 마냥 떠올리는 능력입니다. 물론 이 어긋남의 질적 차이는 존재합니다. 현실에 대한 사소한 반항에 그칠 수도 있고, 반대로 투철한 영구혁명론의 신봉자가 될 수도 있죠. 다만 확실한 것은, 이 현실 너머를 상상하고 싶은 마음에 부싯돌을 튕겨줄 우연한 계기들이 분명 찾아올 것이란 점입니다.

그렇기 때문에 현실은 이중 포획 구조를 갖습니다. 처음엔 세계관으로 관심을 묶고, 그런 뒤엔 이 세계관의 반례들을 다시금 포획할 또 다른 덫을 둡니다. 참고로 이 덫의 가장 열등한 형태는 직접 폭력입니다. 그러니까 설정된 현실에서 벗어나는 것들을 고립시키거나 추방해버리겠다는 식의 협박을 가하는 거죠. 이는 일시적으로는 효과가 있을지 몰라도 결국에는 화를 자초하게 됩니다. 왜냐하면 인간은 본인이 자유로운 존재라고 믿는 존재이며, 그렇기에 자발적으로 인정되지 않는 금지 조치는 곧 부조리로 받아들이기 때문입니다.

이런 맥락에서 정국이 폭력적으로 흘러간다는 것은 그 공동체 구성원의 자발적인 동의를 끌어낼 논리나 권위가 파괴됐다는 뜻입니다. 총구를 들이미는 것 외엔 복종을 끌어낼 다른 방도가 없는 거죠. 그래서 이런 상황에서 권력자는 자발적인 지지를 받아서 구성되는 합법적인 권력이 아닌 불법적인 폭력의 유혹을 느끼게 됩니다. 그렇기 때문에 권력의 감소가 되레 폭력의 문을 연다던 한나 아렌트Hannah Arendt의 조언을 곱씹어볼 필요가 있습니다.[5]

따라서 덫은 자발성을 유도할 만큼 매혹적이어야 합니다

―덫 위에 올려진 미끼는 항상 먹음직스러워야 하죠. 물론 현대에 만연한 수법은 교환 가능성입니다. 그러니까 이 세계관에서 벗어나 있는 그것은 세계관 안에서 얼마든지 벌충 가능하다고 유혹하는 것입니다. 단연 돈이 대표적일 텐데, 특히나 자본주의가 펼쳐놓는 상품경제 체제 안에서 우리는 모든 것이 돈과 교환 가능하다고 믿습니다. 실제로 어지간한 것은 다 돈으로 살 수 있죠. 여러분의 주변에 순수하게 본인의 수작업으로 만들어진 물품은 거의 없을 것입니다. 지금 손에 들린 책부터 귀에 꽂힌 에어팟, 입고 있는 기성복, 마시고 있는 음료, 그리고 속한 공간인 아파트나 카페까지 모두 가격표가 붙은 상품입니다. 전설적인 프로 복서 플로이드 메이웨더가 남긴 "돈이 전부는 아니지만 그만한 게 없다"라는 말에 많은 이들이 공감을 표하는 이유도 바로 여기에 있죠.

많은 학자들의 분석처럼 돈은 현대사회에서 세속적 신입니다. 그 액수만 충분하다면 모든 것과 교환 가능한 권능을 지닌 것으로 여겨지기 때문입니다. 같은 맥락에서 자본주의적 세계관에서 벗어나는 것 역시도 훗날 돈을 모아서 구매하면 된다는 식의 발상에 종속되기 쉽습니다. 그러니까 반-체제적인 것에 가격을 매겨서 마치 그것이 체제 내에서 얼마든지 등가교환 가능한 것처럼 취급해버리는 거죠. 이 구도 속에서 현실에 대립하는 것의 존재는 부정되지 않습니다. 그건 그냥 거기에 있는 겁니다. 다만 우리가 지금 당장 그걸 추구할 필요는 없는 것이 돼버립니다. 반복컨대 나중에 돈으로 사면 되니까요. 좀 더 정확히는 그렇게 믿는 거죠. 게다가 가격표는 확실한 데 반해, 아직 해보지 않은 그것은 미지의 상태에 있습니다.—확정적인 것을 통해 미확정인 것을 얻을 수 있다면 굳이 짙은 안개를 뚫고 나아갈 필요가 있을까요? 그리하여 세계관 바깥으로 나아가기 위해 세계관 안에 머무르는 역설이 생겨납니다.

궁극적인 수단

물론 이러한 미끼는 비단 돈에만 해당하는 건 아닙니다. 이를테면 능력, 사회적 성공, 정신 건강 등 잘생기고 예쁜 외모에 의해 모든 것이 좌우된다는 루키즘lookism도 여기에 속합니다. 외모를 가꾸는 것이 그것 외의 경험들이 갖는 가치들을 능히 벌충할 수 있다고 믿죠. 또한 학벌 지상주의도 마찬가지입니다. 학창 시절에 봤을 법한 '10분 더 공부하면 미래의 배우자 얼굴 바뀐다'는 식의 급훈이 그러하듯, 인생의 모든 것들이 학벌에 의해 결정된다는 위계를 강요하죠. 그러니까 궁극적인 가치를 지닌 것을 상정한 뒤, 그 외의 것들은 마음 내킬 때 이 현자의 돌과 교환 가능하거나 혹은 설령 포기하더라도 얼마든지 보상되고도 남는다고 믿게 만듭니다. 이런 점에서 등가교환은 위험한 것입니다. 등가교환이 가능하기 위해서는 특정 대상의 고유성이 계산 가능성으로 환원되어야 하고, 바로 이 점에서 고유성의 박탈이 전제되기 때문입니다. 이 틀 내에서 고유성은 벌충 가능하고 가역적인 것이 돼버리죠.

우리 사회가 지배적으로 추구하는 특정 가치들, 그러니까 소위 "현실적으로 생각해"에서 가장 많은 지분을 차지하는 돈, 외모, 학력 같은 것들은 자신 외의 모든 것들을 끊임없이 집어삼키는 탐욕스러운 경향을 가집니다. 고유성과 다양성을 식민화한다는 거죠. 그래서 앞서 인용했던 "돈이 전부는 아니지만 그만한 게 없다"라는 메이웨더의 말은 어떤 의미에선 진리를 품고 있다고 볼 수 있습니다. 이 말이 성립하기 위해서는 돈 외의 것들이 돈보다 중요하지 않아야만 하기 때문입니다. 따라서 이때 돈은 다른 모든 가치의 색깔을 탈색시킵니다. 그로써 이것들은 돈으로 교환 가능하거나 혹은 얼마든지 그 상실이 보상될 수 있는 것이 돼버리죠. 그래서 그 규모와 동원력 면에서 돈은 인류가 만들어낸 그 어떠한 에너지보다 강력합니다. 돈이 모든 것이라면 여기엔 고통을 상쇄해줄 무언가도 존재할 것입니다. 따라서 임금노동의 고통을 기꺼이 감수할 수 있습니다. 꿈을 단념하고 회사의 규율에 인생을 내맡기게도 만들죠.

그러나 삶은 가역적이지 않습니다. 무언가로 벌충되는 것도 아니고, 등가교환도 딱히 성립하지 않습니다. 단적인 예시로서 청춘은 돈으로 살 수 없죠. 아무리 많은 돈이 있어도, 지나가 버린 젊은 시절의 단 10분도 되돌릴 수 없습니다. 돈이 아닌 것에 쏟았던 관심, 그 속에서 맛보았던 성취의 기쁨 또한 되돌릴 수 없죠. 지식 역시도 돈으로 벌충되지 않습니다. 돈으로 책을 살 순 있어도, 그 책을 읽게 만들 수는 없으니까요. 피 끓는 청춘의 에너지를 몰아넣었던 입시? 대학 간판이 데우스 엑스 마키나deus ex machina가 아님을 깨닫기까지는 채 1년이 걸리질 않습니다(수능 이후까지 미뤘던 사춘기가 만개하며 시시포스 신화의 신봉자가 된 대학생들을 만나보는 건 그리 어렵지 않죠!). 성공적인 경력이 성공적인 가정을 보장해주지도 않으며, 잃어버린 건강은 돌이킬 수 없습니다. 인간관계는 더 적나라합니다. 우정, 사랑, 연대와 같은 것을 돈으로 살 수 있을까요?—돈으로 살 수 있는 마음은 오직 그 마음에 대한 연기뿐입니다—돈이 모두 떨어지는 순간 연기처럼 사라져버릴 연기이죠. 무언가가 보상될 수 있으리란 생각은 말 그대로 생각에 불과합니다. 인생은 돌이킬 수 없는 순간에서 돌이킬 수 없는 순간으로의 이동입니다―그 너머를 꿈꾸는 헛된 순간마저도 돌이킬 수 없는 순간을 건너는 중이죠.

더 큰 문제는 단순히 욕망을 유예하는 것을 넘어서, 아예 내 욕망이 무엇이었는지조차 잃어버리게 된다는 데 있습니다. 이는 궁극적인 것이 상정된 순간부터 피할 수 없는 숙명입니다. 처음에 궁극적인 것은 내 욕망이라는 목적과 교환하기 위한 수단처럼 보일지도 모릅니다. 그러나 그 수단은 궁극적인 수단이기에 사실상 궁극적인 목적이 됩니다. 그 수단만 소유한다면 무조건적으로 목적을 얻을 수 있으리라 믿어지기 때문이죠. 따라서 이 주체는 궁극적인 것에 집중하게 됩니다. 문제는 인간의 뇌는 주어진 상황에 따라서 유동적으로 변화하는 가소성을 갖는다는 것입니다. 모든 상황에 대한 기억을 다 갖고 있을 만큼, 좀 더 정확히는 이를 유지하기 위한 막대한 에너지를 소비할 만큼 인간의 뇌는 부유하지 않습니다. 신경계는 유한한 자원입니다. 이 말인즉 뇌가 궁극적인 것에 새로운 연결을 추구하다 보면 시간이 지남에 따라 자연스럽게 내 욕망에 대한 시냅스 연결은 약해지게 된다는 뜻입니다. 게다가 이 약해짐은 어떤 의미에선 별문제가 되지 않습니다. 반복컨대 욕망은 어차피 궁극적인 것을 통해 벌충 가능할 것이라 여겨지기 때문입니다.

그리하여 내 욕망이 무엇인지 희미해지게 됩니다―유예는 곧 망각의 길입니다. 사태가 더 깊게 진행되면, 아예 수단과 목적이 전도됩니다. 이를테면 '욕망이 있으니 이걸 사기 위해 돈을 버는 것이 아니라, 반대로 먼저 돈을 실컷 벌고 나서 내가 하고 싶은 게 무엇인지 생각해보자'가 돼버리는 것입니다. 물론 여기엔 논리적인 하자가 없습니다. 돈으로 다 살 수 있다면, 돈만 충분하면 되기 때문이죠. 여기까지 가면 자신이 하고 싶은 게 뭐였는지 생각조차 해본 적 없고, 그래서 그런 능력이 아예 퇴화해버린 주체가 탄생하게 됩니다. 개인적으로 이 대목에서 떠오르는 건 가수 아이유의「스물셋」의 한 대목입니다. 그녀는 그 곡에서 지금이 좋다고 하면서도, 동시에 다 그만두고 싶다고 말하고, 또한 사랑을 하고 싶음을 토로했다가, 종국엔 그냥 돈이나 많이 벌고 싶다며 욕망을 비틀어버리죠. 다시 말해 욕망은 지연되고, 궁극이 그 자리를 독점합니다. 꼭 기억하시기 바랍니다―궁극은 목적이 아니라 방법의 얼굴을 하고 있습니다.

밝음과 어둠 뒤집기

이런 맥락에서 우리는 통상적으로 알고 있는 명확성과 모호함의 가치 판단을 뒤집어야 합니다. 명확하다는 것은 무언가를 집중력 있게 포착했다는 것에 반해, 모호하다는 건 갈피를 잃고 산만하게 헤맨다는 뉘앙스가 강하죠. 그러나 이제부터 우리는 과연 우리가 무언가를 포착하는 것인지 아니면 되레 우리가 포착당한 것인지 되물어야만 합니다. 소위 '현실'이라 불리는 것은 일견 세계의 복잡성을 설명하고 있는 듯한 외관을 갖추고 있고, 동시에 뒷문으로는 그 체계의 반례들을 벌충할 수 있는 궁극적인 것을 팔고 있습니다. 이러한 이중 포획을 통해 세계는 세계관에 의해 설명됐거나 혹은 이로써 설명되지 않는 건 굳이 설명할 가치가 없는 것으로서 취급되죠. 따라서 이 현실은 명약관화합니다. 심지어 단순명료하기까지 합니다. 돈을 많이 벌면 되는 거고, 잘생기면 되는 겁니다.

반대로 주체의 고유한 욕망은 너무 흐릿하고 모호합니다. 명확한 현실에서 어떤 공허함이 느껴지긴 하나, 자신이 잃어버린 것이 무엇인지 선명하게 그려지진 않습니다. "내가 원하는 건 무엇일까?"라는 질문을 막연히 던져보긴 하나, 구체적인 대답을 기대하긴 힘듭니다. 반복컨대 우리는 이 자유로운 리듬을 잃어버린 뒤, 꽤 오랜 시간 동안 여기까지 떠밀려 왔기 때문입니다. 이때 빛은 욕망의 방해물이 됩니다. 밝은 곳에선 모든 사물이 너무 또렷하게 보이죠. 숨겨진 면 없이 다 드러난 것처럼 보이고, 그래서 마치 모든 것이 완전히 규명된 것처럼 느껴지기 쉽습니다. 앞서 말한 현실처럼 너무 명확하기에, 이 불빛 아래서는 내 욕망조차도 다 밝혀진 듯 느껴집니다. 더 이상 추가할 것도, 뺄 것도 없는 것처럼 보이는 거죠.

    그렇기에 진정한 결핍은 충만함 속에서 시작됩니다. 더 상상할 것도 없다고 느껴지는 그 꽉찬 순간, 불현듯 우린 내면은 소화불량 같은 권태에 휩싸입니다. 모든 것이 다 설명된 듯 보이는 세계 안에서, 이상할 만큼 만족스럽지 않고 지루하며 또한 허전합니다. 참고로 이때 이 모호한 대상을 향해 다짜고짜 명확성을 요구하는 것은 단호한 것이 아닌, 조급한 것입니다. 단순히 집중하는 것만으로 해결될 문제였으면 애당초 여기까지 오지도 않았을 터입니다. 20세기 이른바 '정신력'을 가장 강조했던 곳이 어디였나?―일본 제국 대본영입니다. 정신력으로 미국의 항공모함을 격퇴할 수 있다고 믿었고, 그 결론은 불바다가 된 국토였죠. 다시 말해 정신력 같은 한낱 관념적인 것에 대한 지나친 강조는 본인의 실체적인 무능함을 감추기 위한 방편에 지나지 않습니다. 조급함은 실수를 낳고, 실수는 위축을 낳으며, 위축은 단념을 낳습니다. 카프카 Franz Kafka의 직관은 옳습니다. "중요한 죄가 단 하나라면, 그것은 아마 조급함일 것이다. 조급함 때문에 그들은 추방됐고, 조급함 때문에 돌아가지 못한다."[6]

정신은 근력과도 같은 것인지라 드는 무게를 점진적으로 늘려나가야만 합니다. 성급히 중량을 올렸다간 인대가 끊어져서 서 있지도 못하게 됩니다. 따라서 욕망을 잃어버린 주체가 해야 할 첫 번째 과제는 내 안의 어둠에 익숙해지는 것입니다. 밝은 곳에서 어두운 곳으로 들어오면 처음엔 앞이 잘 보이지 않죠. 그러나 약한 빛에 민감하게 반응하는 눈 속의 간상세포가 점차 활성화되면, 이윽고 어둠 속에서 어렴풋이 보이는 것들이 생기게 됩니다. 그것이 비록 편린일지라도 적어도 이는 추적할 단서가 생겼다는 뜻이죠. 반복컨대 우리에게 필요한 건 빛이 아닌 어둠입니다. 실루엣을 가리는 어둠―그리하여 지금 내가 보고 있는 것이 결코 전부가 아님을 느끼게 해주고, 그로써 빛 속에서 질식했던 상상력이 다시금 점화될 수 있도록 해주는 생산적인 어둠이 필요합니다. 이 어둠의 이름이 바로, 오늘 우리가 이야기하고 있는 '낭만'입니다. 낭만은 바로 욕망의 암순응暗順應을 위한 예비 절차입니다.

밤의 찬가

보이는 것이 전부가 아님을 믿기 위해서는 현실은 오히려 적당히 흐릿해져야 합니다. 낭만은 현실의 밝음을 덮는 어둠입니다. 이는 낭만에 대한 전통적인 이미지에서도 잘 드러납니다. 땅거미가 진 어둠 속에 피어오른 모닥불 곁—낮은 노동의 시간이자 현실이 점거한 세상입니다. 그래서 해가 졌다는 것은 현실원칙의 중단을 의미하죠. 낮에 뚜렷했던 사물들이 형태를 잃으면 상상력의 시간이 깨어납니다. 현실이 억압했던 것이 기지개를 켜는 거죠. 낭만적인 인간은 모닥불을 바라보며 밝음 속에서 망각됐던 것들을 비로소 반추할 수 있게 됩니다. 물론 일렁이는 불꽃 속에서 피어오르는 상象은 그다지 선명하지 않습니다. 불꽃처럼 흔들리고 희미하게만 떠오릅니다. 그래서 낭만의 감수성은 잊어버린 것에 대한 동경이자, 그걸 잊어버렸다는 것에서 비롯되는 비애, 그리고—그리하여—상실된 것이 복원되지 않은 지금 자신의 삶은 무의미하다는 자각으로 구성됩니다. 그러나 동시에 비록 희미할지언정 무언가가 존재한다는 예감은 분명합니다. 어쩌면 이 무언가가 현실 너머로 나아갈 힘이나 무한한 잠재성을 품고 있는 건 아닐까 하는 생각에 닿기까지는 그리 오랜 시간이 걸리지 않을 터입니다.

정리하자면 낭만이란 비애, 허무, 아련함, 흐릿함, 어두움 그리고 무한함이 서로 뒤엉킨 복합적인 감성입니다. 그렇기에 낭만은 논리정연한 글보다는 여러 의미를 동시에 담을 수 있는 상징이나 이미지들과 더 친숙하죠. 이 다층적인 감수성은 현실 너머를 상상하고 설계하기 위한 매개이자, 그 가능성에 도달하기 위해 치러야 할 대가입니다. 낭만이 열어주는 어둠, 그리고 그 안에서의 방황 없이 새로운 논리에 도달할 순 없기 때문입니다―논리는 방황을 줄여주는 것이 아닌 방황의 결과물입니다. 이때 어둠을 품지 않는 이는 별도 품을 수 없다고 했던 니체의 목소리를 떠올리는 독자가 있으리라 봅니다.

그러나 니체보다 먼저 이런 가르침을 정립한 것은 본명보다는 필명으로 더 유명한 노발리스Novalis입니다. 독일 낭만주의에서 가장 중요한 시적 성과로 평가받는 『밤의 찬가』에서 그는 이렇게 노래했죠.

> 예감으로 가득한 심장에서 이토록 홀연히 흘러나오는 것 무엇인가, 어찌 비애의 포근한 숨결을 삼켜버리는가? 그대 역시 우리가 마음에 드는가, 어두운 밤이여? 망토 아래 감춘 것 무엇이기에 보이지 않는데도 혼을 이리 뒤흔드는가? 그대 손에서, 아편꽃다발에서 값진 향유가 떨어진다. 마음의 무거운 날개들을 그대가 들어 올리는구나. 무언가 우리를 움직인다는, 어둡고 말할 수 없는 느낌―기쁜 경악 속에서 나는 심오한 얼굴 하나를 만나니, 무한처럼 뒤엉킨 머리칼을 내게 드리우는 곱고 명상적인 그 얼굴은, 젊고

사랑스러운 어머니의 모습으로 다가온다. 이제 나에게 빛이란 얼마나 유치하고, 또 궁핍한가—낮과 이별함은 얼마나 큰 기쁨이요 축복인가—밤에게 신하를 전부 빼앗긴 너는 드넓은 공간에 빛나는 구球들을 뿌려두었으니, 너의 전능함과 재귀를—부재의 시간에도 선포하려는 것이다. 하나 번쩍이는 별들보다도, 밤이 우리 내면에 띄워준 무한의 눈들이 더욱 천상의 것이로다.[7]

노발리스는 빛과 어둠에 대한 고전적인 비유를 뒤집어 놓습니다. 그에게 빛은 궁핍한 것이자 구속하는 족쇄에 불과합니다. 반대로 어둠은 잠재성으로 꿈틀거리는 공간으로서 재설정됩니다. 그리고 저 잠재성의 바닷속에서 노니는 기쁨을 깨닫게 된다면, 이제 비애는 더 이상 비애이기만을 그치게 됩니다. 오히려 비애는 해방을 위해 반드시 거쳐야만 하는 디딤돌로서 재탄생하며, 그렇기에 비애에는 어떤 두근거림이 섞이게 되죠. 노발리스는 어둠 속에서 심오한 무언가를 발견했다고 증언하고 있습니다. "그렇지만 영원한 밤의 수수께끼는 풀리지 않아, 먼 곳의 권력을 가리키는 심오한 징표로 남았도다."[8]

물론 낭만적인 생각이 꼭 낭만적인 결말을 갖는 건 아닙니다. 아픔과 허무를 겪지 않은 채 무한한 생명의 바다 위로 무난히 배를 띄울 수 있다면, 분명 그것은 참으로 복된 일일 테지만, 안타깝게도 세상에서 이런 행운이 허락된 이는 소수입니다. 삶은 그렇게 만만치 않습니다. 많은 이들이 속한 곳은 비극이거나 혹은 성장소설의 주인공이 겪는 시련의 장이죠. 당연히 비애는 감당하기 힘든 것이며, 어떤 좌절은 사실상 극복 불가능한 것이기도 합니다. 확실히 현실에선 해피엔딩보다는 새드엔딩의 힘이 더 센 것 같습니다. 상처가 덧나서 끝내 자살할 수도 있고, 역량이 모두 소진되어 단순 규율에만 겨우 복종할 뿐인 자동기계가 될 수도 있으며, 혹은 전날 니체의 비판처럼 신이 죽었음에도 불구하고 여전히 교회에 나가는 근대인처럼 위선자로 남을 수도 있습니다. 공허함 속에서 이른바 "창조가 깃든 무das schöpferische Nichts"[9]라는 금광을 캘 수도 있겠지만, 반대로 공허함의 황무지에서 얼마든지 아사해버릴 수도 있죠.

따라서 혹자가 노발리스가 말한 것처럼 허무의 심연 속에서 보석을 발견하는 것이 너무도 힘들다고 항변한다면, 그런 반문은 지극히 정당합니다. 심지어 이 가혹성은 노발리스 본인에게도 예외가 없었죠. 그의 약혼녀는 결핵성 간염으로 사망했고, 4년 뒤 본인 역시도 누군가에게 옮은 폐결핵으로 사망했습니다. 그러나 동시에 다시 한 번 더 물어볼 수밖에 없습니다─그렇다고 해서 우리가 노발리스의 목소리를 송두리째 부정할 수 있는가? 낭만이라는 이름을 완전히 폐기해버릴 수 있을까? '무의미로부터 자유가 비롯된다'는 식의 사유는 발생론적으로 위험할 수 있습니다—반복컨대 자유 외에도 무의미로부터 비롯되는 낭만적이지 못한 것들이 넘쳐나기 때문입니다. 그러나 공허함과 모호함이 탈출의 계기로 작용할 수 있음마저 부정하는 건, 저로서는 무용해 보입니다. 실제로 우리는 언젠가, 어딘가에선 분명 멈춰 서게 될 것입니다. 우리는 무한함을 꿈꾸긴 하나, 그 무한 자체가 될 수는 없기 때문입니다. 결국 받아들임을 숙고해야만 할 때가 찾아올 것이고, 무기력한 희망 속에서 마약성 진통제를 찾게 될 날 역시도 속절없이 도래할 것입니다. 그러나 지금은 아닙니다. 삶을 멈출 것이 아니라면, 우리는 사태의 이면裏面으로부터 부단히 희망을 끌어올려야만 합니다. 이 글을 읽고 있는 당신의 밤이 다시 한번 무궁부신한 꿈들로 부풀기를 진심으로 바라며 이만 마칩니다. 총총.

> 그대야말로 오래전부터 깊은 의미 속에
> 우리 묘비들 위에 새겨진 소년이구나.
> 어둠 한가운데 빛나는 위로의 징표요—
> 한층 높은 인류의 기쁜 시작이로다

깊은 슬픔에 우리를 빠뜨렸던 것이
지금 우리를 그리움으로 이끌어 구해내는도다.
죽음 속에서 영원한 삶이 드러났으니,
그대가 죽음이요 우리를 낫게 하는구나.[10]

1 필립 라쿠-라바르트·장-뤽 낭시, 홍사현 역, 「2. 프리드리히 슐레겔 「이념들」」, 『문학적 절대』, 그린비, 2015, 324쪽.
2 Dylan Thomas, 「Do not go gentle into that good night」, 1947.
3 움베르토 에코, 김희정 역, 『가재걸음』, 열린책들, 2012, 183쪽.
4 슬라보예 지젝, 한보희 역, 『전체주의가 어쨌다구?』, 새물결, 2008, 265~266쪽.
5 한나 아렌트, 김장한 역, 『폭력의 세기』, 이후, 1999, 131~132쪽.
6 프란츠 카프카, 편영수 역, 『카프카의 아포리즘』, 문학과지성사, 2021, 49쪽.
7 노발리스, 박술 역, 「밤의 찬가」, 『밤의 찬가/철학 파편집』, 읻다, 2018, 12~13쪽.
8 같은 책, 22쪽.
9 막스 슈티르너, 박종성 역, 『유일자와 그의 소유』, 부북스, 2023, 12쪽.
10 노발리스, 박술 역, 「밤의 찬가」, 『밤의 찬가/철학 파편집』, 읻다, 2018, 24쪽.

Agora.

종교

독실한 데카르트에 대한 고찰

인격신은 법칙에 종속되는가?

신. 우리는 '신'에 대해 어느 정도 알고 있다고 생각합니다. 그도 그럴 것이, 인간계를 초월한 전지전능한 존재를 일컫는 거죠. 교리에 따라서 다신교일 수도 있고, 반대로 유일신의 형태를 띨 수도 있지만, 뭐가 됐건 간에 신이라면 초인간적인 면모를 갖는다는 점에선 동일합니다. 사전의 설명도 크게 다르지 않습니다.

> 종교의 대상으로 초인간적, 초자연적 위력을 가지고 인간에게 화복을 내린다고 믿어지는 존재.

물론 현대는 신에 대한 취급이 그리 좋은 않은 시대입니다. 자연 현상이나 사회적인 사건을 두고 그것이 신의 뜻에 의해 그렇게 됐다고 설명하면, 덜떨어진 인간 취급받기 일쑤이죠. 이를테면 오늘날 기상은 위도, 해류, 기단 분포, 계절풍 종류 그리고 저기압 전선의 위치에 따라서 설명되고 예측되는 분야입니다. 기우제를 주관하는 샤먼의 영역이 아니라, 대기과학의 영역이란 뜻이지요. 각종 질환도 마찬가지입니다. 병의 원인은 마귀가 아닌, 바이러스의 침입이나 면역계 약화 같은 의학적인 설명에서 찾아지죠. 이때 기우제와 마귀 대 대기과학과 의학이 갖는 차이는 뭘까? 근본적인 차이는 원인과 결과가 법칙에 종속되느냐 마느냐에서 갈립니다. 가령 지구 기후에 큰 영향을 주는 태양의 빛, 좀 더 정확히는 전자기 복사 형태로 된 에너지 전달 현상 자체는 법칙에 속합니다. 그리스 신화에서 태양 마차를 끄는 신인 헬리오스Helios가 어느 날 음주운전을 했다고 해서 바뀔 수 있는 부류의 것이 아니라는 거죠.

물론 이 말이 종교나 무속 행위에 아무런 법칙이 없다는 뜻은 아닙니다. 거기서도 공동체가 추구하는 도덕률에 관한 신화나 각종 금기들이 나름의 체계를 이루고 있죠. 그러나 이때 종교적인 규칙은 그것의 궁극적인 주체인 신을 구속하지 못합니다. 신은 영원하고도 절대적인 일종의 조커 카드로서 존재하죠. 이러한 예외 구도는 적어도 두 가지 이유에서 필수적이었습니다. 하나는 논리적인 측면에서 절대적인 존재가 자신이 만든 피조물의 일종인 법칙에 종속된다는 것에 어폐가 있을 수 있었기 때문이고, 다른 하나는 기능주의적 측면에서 이러한 예외가 되레 종교적 안정성을 담당했기 때문입니다. 기우제를 지낸다고 해서 다음날 비가 내린다는 보장은 없죠. 따라서 규칙의 오류나 반례를 벌충하기 위해 이 규칙 너머에 존재하는 신의 심급은 계속 유지되어야만 합니다. 참고로 신을 이해하려는 시도가 필연적으로 신을 인간의 틀 안에 가두는 오류를 낳는다고 봤던 부정신학의 가르침이 여기서 비롯되죠.

반대로 현대 과학은 이런 식으로 최종 심급을 담당하는 인격신을 거부합니다. 서양권 이공계에서 나도는 농담인 "하나님께서 맥스웰 방정식을 기술하시자 빛이 생겨났다"를 가져오자면, 현대부터 신이 창조하는 빛은 맥스웰 방정식에 종속됩니다. 어떤 의미에서 현대라는 시간대는 모든 세계를 기하학화했다고 볼 수도 있겠습니다. 유클리드 기하학을 보면 정해진 정의와 공리로부터 465~468개의 정리를 필연적으로 도출해냅니다. 마찬가지 맥락에서 세계에 정해진 법칙이 있다면, 이를 통해 무수히 많은 정리를 도출해낼 수 있습니다. 이를테면 냉각 작용에 대한 열역학적 법칙과 고온 고압 기체를 압축하는 기계 공학적 법칙 그리고 냉매의 흐름을 제어하는 유체 역학적 법칙을 통해 (거의) 필연적으로 도출되는 정리는 뭐죠?―바로 '에어컨'입니다.

이처럼 모든 학문의 수학화를 지향하는 것을 철학에서

는 보편 수리학Mathesis universalis이라고 부릅니다. 통상 신으로부터 독립하여 주체의 위치를 생각하는 나 자신, 즉 코기토Cogito에 놓았다고 평가받는 르네 데카르트René Descartes가 제시했던 개념이었죠. 물론 현실에서 이 개념은 반성적으로 지향되기보다는, 정말로 세계가 수학적으로 이뤄져 있다고 확신하면서 행동하는 실재론적 경향 쪽으로 더 농후합니다. 불변적 법칙의 시선에서 가변적 인격신은 배척되어야 할 요소처럼 취급되죠. 그리하여 이쯤에서 던져보는 질문은 다음과 같습니다. 이 대립은 항상 이분법처럼 나누어지는 걸까?―보편 수리학의 제창자인 데카르트의 철학 여정을 따라가며 이 물음에 답해보도록 하겠습니다.

최초의 근대인으로서 데카르트

데카르트 철학을 설명함에 있어 자주 제시되는 얼개는 '30년 전쟁'입니다. 1618년부터 1648년까지 유럽에서 벌어진 종교 전쟁이자, 제2차 세계대전 이전까지 중부 유럽에서 가장 파괴적인 전쟁으로 기록됐던 바로 그 재앙 말입니다. 역사학자마다 희생자 집계가 다르긴 하나, 그럼에도 그 숫자가 450만 명에서 800만 명으로 오르내릴 정도로 묵시록적 규모였죠. 특히 전쟁의 무대였던 독일은 거의 초토화됐고,

일부 지역의 경우엔 전투, 기근, 질병 등으로 인해 인구의 절반이 감소하기도 했습니다.

당연히 이 기나긴 참화로 인해 그 이전까지 유럽이 느슨하게라도 공유했던 범그리스도교라는 종교적인 연결 고리, 그리고 이와 엮여 형성됐던 전통적인 규범과 질서가 모조리 무너져 내렸습니다. 특히 교황권의 추락은 돌이킬 수 없었죠. 30년 전쟁은 가톨릭과 개신교 간 갈등의 정점이었고, 교황권은 이를 전혀 중재하지 못했습니다. 이에 대한 가장 적나라한 사례가 뭐냐면, 대표적인 가톨릭 국가였던 프랑스가 독일의 분열이 자국에 도움이 된다고 판단하여 개신교 세력을 지원했다는 것입니다. 또한 전쟁을 종결하기 위해 체결된 베스트팔렌 조약Westfälischer Friede은 각 영주가 자신의 영지에서 종교를 선택할 권리가 있음을 인정했죠—이로써 그 유명한 "Cuius regio, eius religio"(그의 왕국에, 그의 종교를) 원칙이 공식화된 것입니다. 그러니까 이제부터 종교적 통일성은 허울에 불과합니다. 세상을 실질적으로 움직이는 것은 세속적인 이해관계입니다.

데카르트는 바로 이 30년 전쟁에 참전했습니다. 전쟁 발발 직후인 1618년 네덜란드 개신교 군대에 합류했고, 이후 1620년에는 가톨릭 진영인 바이에른 막시밀리안 대공의 군대로 그 소속을 바꾸었죠. 젊은 장교였던 데카르트는 보헤미아의 내전을 진압하기 위해 국경을 넘었습니다. 물론 이 시기에는 전쟁 초기인지라 그나마 질서가 유지됐고, 그래서 후기에 벌어졌던 마그데부르크 대학살 같은 극단적인 민간인 학살이나 도시 파괴가 벌어지진 않았습니다. 그러나 보헤미아에서 펼쳐진 장면은, 전날 확실성을 보장해줬던 종교의 권위에 완전한 균열이 갔음을 깨닫게 하기엔 충분했죠. 데카르트는 1620년 11월 수만 명이 격돌했던 백산 Bílá hora 결전에서 쌓인 시체들을 똑똑히 목격했습니다. 이듬해 여름 그는 군 복무를 그만뒀습니다.

그렇다면 이제부터 데카르트는 마키아벨리가 했던 것처럼 세속주의를 철학화하고자 했는가?―그렇진 않았습니다. 그가 1619년 8월 페르디난트 2세의 황제 대관식에 참여했던 건 사실이지만, 이 세속의 권력은 그에게 철학적인 영감을 주진 않았습니다. 왜일까? 세속이라는 공간의 최대 문제는 불확실성이 지배를 받는다는 데 있습니다. 이를테면 내일 주가가 내릴지 오를지 확정적으로 알 수 있는 사람은 없죠. 또한 적의 적의 적의 적의 적은 친구라는 식으로 구성된 외교관계의 현기증 나리만큼 복잡한 짜임 역시 사실상 예측 불가능의 영역입니다. 신성로마제국을 완전한 가톨릭 국가이자 절대주의 국가로 만들고자 했던 페르디난트 2세의 야심은, 자신의 제국 전체가 갈가리 찢어지는 30년 전쟁으로 귀결됐죠. 따라서 확실성을 세속에 맡긴다는 것은 사실상 확실성을 포기하겠다는 뜻과 다름없습니다. 대신 확률과 경향의 세계로 넘어가는 거죠. 참고로 이는 동시대에 데카르트의 대적자였던 블레즈 파스칼Blaise Pascal이 택했던 길이기도 합니다. 그는 인간 능력에 대한 깊은 회의감을 토로했음과 동시에, 현대 확률 이론의 기본 개념인 기댓값의 개념을 도입했던 수학자이기도 했죠.

그러나—반복컨대—이는 데카르트의 길은 아니었습니다. 데카르트는 혼돈으로 가득한 세상에서 새로운 확실성의 기준을 발견하고 싶어 했습니다. 이런 맥락에서 소환되는 것은 "Cogito, ergo sum"(나는 생각한다, 고로 나는 존재한다)라는 그 유명한 데카르트의 근본 원리입니다. 온갖 착시 현상처럼 감각이 우리를 속일 수도 있고, 얼핏 실재인 것처럼 명확해 보이는 것도 한낱 꿈속 환상에 불과했던 것으로 밝혀질 수도 있지만—이 모든 것들을 사유하고 반성하고 다시 사유하는 나 자체의 존재는 의심할 수 없는 진리라는 논변이었죠. 실제로 데카르트는 이 코기토를 명석판명한 철학의 제1원리로서 선언했습니다. 이제 철학의 근본 원리는 감각적인 느낌이나 감정—당연히 이 감정엔 신 앞에서 인간은 한낱 벌레에 불과하다는 두려움과 존경심 그리고 신비로움이 뒤섞인 경외감도 포함됩니다—이 아니라, 이를 반추하고 재고찰하는 인간의 사유 능력에 있다는 거였죠. 그리고 이 이성 능력은 무언가를 명석판명하다고 판단할 수 있는 역량을 갖추고 있다고 선언됩니다. 그렇다면 이 능력을 적극적으로 전개해서 세계의 원리 또한 명석판명하게 파악할 수 있지 않을까? 실제로 데카르트는 1638년 7월 27일 친구에게 보내는 편지에서 앞으로 자신이 추구할 기획을 이렇게 밝히고 있습니다. "나는 추상 기하학, 다시 말하자면 단지 마음을 훈련시키는 역할만 하는 문제를 다루는 것을 그만두기로 작정했다. 그 이유는 자연 현상을 설명하는 것을 목적으로 하는 또다른 종류의 기하학을 공부하기 위하여서이다."[1]

오랫동안 순수 학문으로서 시간이 남아도는 신학자나 귀족들의 신선놀음 취급받았던 수학을, 세계 그 자체를 파악하기 위한 구체적인 기술로서 재고찰하겠다는 것―이게 데카르트적 부편 수학의 기획이었습니다. 실제로 철학자이기 이전에 수학자였던 데카르트 본인이 이전까지 별도로 나뉘어 있던 대수학과 기하학을 직교 좌표 위에서 융합되도록 만든 장본인이기도 했죠. 데카르트는 전체 우주는 수학적으로 조화롭게 설계된 기계라고 믿었고, 이를 증명하기 위해 한평생을 바쳤습니다. 심지어 생동감 있게 움직이는 동물조차도 그 근본은 관절과 신경이 정교하게 설계된 일종의 동물-기계라고 주장했죠. 이런 의미에서 데카르트의 신체는 늦잠을 자지 못할 바엔 면역 체계를 포기하여 폐렴의 활성화, 즉 죽음을 택하는 일종의 신경학적 알고리즘을 가지고 있었다고 볼 수 있겠습니다—물론 농담입니다!

좌우간, 이처럼 흔들리지 않는 확실성의 토대를 세우고자 했던 시도, 그리고 이를 신이 아닌 인간의 사유 능력에서 찾고자 했던 기획 때문에—좀 더 정확히는 일견 그렇게 보이는 외관 덕분에—데카르트는 인간 능력에 대한 계몽적인 찬가로서 요약되는 근대의 문을 연 철학자로서 평가받곤 합니다. 이른바 '최초의 근대인'이라는 별칭이 붙는 거죠. 그러나 이는 절반의 진실입니다. 좀 더 들어가 보도록 하겠습니다.

최후의 중세인으로서 데카르트

"나는 생각한다. 고로 존재한다"를 냉소하기란 쉽습니다—아니, 그래서 그게 뭐 어쨌다는 거죠? 건강을 위해 적절한 근력 운동을 습관화하는 것이 중요하다는 것도 생각이고, 내 귀에 도청 장치가 있는 것 같다는 것도 생각입니다. 생각은 세상에 넘쳐나죠. 중요한 건 이치가 맞는 생각을 하느냐 마느냐에 있습니다. 이런 기준에서 생각하는 나의 존재를 의심할 수 없다는 저 코기토의 원리 자체는, 얼마든지 공허할 수 있습니다. 이 원리를 바탕으로 정치와 문화와 경제가 뒤엉키는 실질적인 현실 내에서 확실성을 세우지 못한다면, 이건 아무짝에 쓸모없는 근본에 불과한 게 됩니다.

물론 데카르트는 자신이 공들여 빚어낸 이 코기토가 세상의 소음과 분노의 소용돌이 속으로 무기력하게 떠내려 가게 내버려 두지 않습니다. 그러면 뭘 어떻게 했는가? 놀랍게도 그는 신 존재 증명에 굉장히 열을 올렸습니다. 여러 갈래의 논증을 시도했는데, 그중 제일 유명한 것은 이른바 '관념의 원인론적 증명'일 것입니다. 대략적인 논리는 이런 식입니다: 1) 인간은 머릿속에 완전한 존재자, 즉 신에 대한 관념을 떠올릴 수 있다. 2) 그런데 인간은 불완전한 존재이다. 3) 따라서 이 신적 관념은 나로부터 온 것이 아닌, 완전한 존재인 신으로부터 왔다고 생각할 수밖에 없도다—고로 신은 존재한다![2]

당연히 이는 앞서 말한 코기토에도 적용될 수 있습니다. 생각하는 나의 존재를 의심할 수 없다는 것, 좀 더 정확히는 그것이 명석판명한 진리라는 것을 우리가 생각할 수 있으려면, 당연하게도 머릿속에 '명석판명함'이라는 능력이 있어야만 합니다. 대뇌피질이 발달하지 못한 고양이가 미적분을 습득할 수 없듯, 명석판명함이란 능력 자체가 없다면 어떻게 '코기토는 명석판명한 진리이다'라는 판단을 내릴 수 있겠습니까. 그런데 세계는—적어도 데카르트가 보기에는—무엇 하나 명석판명하지 못한 우연하고도 변덕스러운 공간입니다. 그러니 이 세계에 대한 경험으로부터 명석판명함을 추론하는 것은 불가능하죠. 그럼 이 능력은 어디서 온 거냐? 신께서 손수 우리를 진흙에서 건져내어 빚어낼 때 대뇌피질 속에 넣어준 능력이라는 것입니다—유레카!

이는 데카르트 본인의 고백을 따라가더라도 마찬가지입니다. 그가 자신의 입으로 말하길, 코기토에 대한 구체적인 영감은 30년 전쟁의 포화 속으로 들어갔던 1619년 11월 10일에 이뤄졌습니다. 이날 젊은 장교 데카르트는 성 마르티노 축일을 위해 군대의 월동지로 돌아가고 있었는데, 악천후 때문에 따뜻한 난로가 있는 오두막에서 하룻밤 머물러야만 했죠. 이때 데카르트는 그간 해오던 자신의 철학적 사유를 정리하다가 이른바 '경이로운 학문의 기초'Mirabilis scientiae fundamenta를 발견하게 됩니다—훗날 『방법서설』을 적어내면서 구체화하게 될 바로 그 코기토의 기획이었죠. 그런데 정말 중요한 것은 이 기획이 앞으로의 모든 인생을 몰두하여 체계화해야 할 진리라는 것임을 인준해준 것은, 코기토 자체의 논리도 아니고 데카르트 본인에 대한 믿음도 아니었다는 것입니다.

그럼 뭐냐?—그건 데카르트가 저 사색을 한 뒤에 꾼 세 개의 꿈이었습니다—『방법서설』에서 불완전하고 광기 어린 것으로 매도했던 바로 그 꿈 말입니다! 첫 번째 꿈에서는 성령이 회오리바람의 형태로 내려와서 온 세상을 휩쓸었고, 두 번째 꿈에서는 벼락이 내리치며 그가 있던 방을 불꽃으로 가득 채웠습니다. 이윽고 세 번째 꿈에서는 시집이 등장했는데, 이때 그가 본 두 개의 시구 중 하나는 '나는 과연 어떻게 살아야 하는가?'Quod vitae sectabor iter?였고, 다른 하나는 '예 그리고 아니오'Est et Non였죠. 이를 끝으로 데카르트는 꿈에서 깨어났고, 이를 일종의 종교적인 계시라고 확신하게 됩니다.[3] 이때 그가 했을 법한 생각을 짐작하는 건 그리 어렵지 않습니다. 한없이 어지러워진 세상, 구약의 신께서 모세에게 신성한 불꽃으로 나타났던 것과 자신의 방안을 채운 불꽃들의 유사성, 그리고 참과 거짓을 명확히 판별하기 위한 새로운 철학, 즉 이른바 보편수리학의 요청… 이 사건을 통해 데카르트는 수학으로 대표되는 참된 학문의 길을 열어야 한다는 사명을 받아들이게 됩니다. 심지어 이를 기념하기 위해 당시 성모 마리아의 집이 기적적으로 옮겨졌다고 여겨졌던 로레토Loreto로 가는 순례길에 오르기도 했죠.

진리의 보증자

이런 맥락에서 데카르트는 코기토와 확실성의 절대적인 보증자로서 신의 존재를 믿어 의심치 않았다는 점에서 이른바 '최후의 중세인'이었다고 볼 수 있습니다. 물론 최초의 근대인께서 겪은 철학적 전환점에 종교성이 묻는 것이 불편한 학자들은—계몽을 위한 반계몽적인 동기라니!—저 세 가지 꿈을 단순 일화나 신경쇠약으로 인한 착각 정도로만 취급하고 싶어 하죠.[4] 그러나 이는 진실이 아닐뿐더러, 데카르트 본인이 누구보다 신 존재 증명에 열을 올렸다는 철학적 사실로부터도 벗어납니다. 마르크스주의자가 아니라던 마르크스의 말을 패러디하자면, 데카르트는 데카르트주의자가 아닙니다.

물론 데카르트의 신 존재 증명은 이미 그의 동시대에 여러 논란을 불러일으켰고, 실제로도 반박할 여지가 많습니다. 이를테면 저 증명 구조 속에서 내가 떠올린 신적 관념이 정말로 신적인 것에 필적하는 것인지 어떻게 알 수 있죠? 불완전한 존재가 떠올린 불완전한 관념에 불과한 것을, 신적인 것이라고 오해한 것일 수도 있잖습니까? 따라서 이 증명에는 신의 존재를 이해하지 못해도 그 현존을 긍정할 수 있다는 식의 암묵적인 대전제가 깔려 있다고 공격해볼 수 있습니다. 또한 굳이 완전성을 꼭 신적인 것으로까지 격상시킬 필요가 있을까요? 건조하게 규정해서, 완전함이란 어떤 대상이나 상황이 필요한 모든 것을 갖추어 모자람이나 흠이 없는 상태를 뜻할 뿐인 걸 수도 있죠? 이는 얼마든지 인간이 생각해낼 수 있는 하나의 논리적인 범주에 불과한 것일 수 있습니다.

그렇지만 데카르트의 신 존재 증명을 논박하는 것이 이 글의 목표는 아닙니다. 참고로 이 사안의 논리적 정합성 자체는 지금도 학계에서 논문이 나와서 근대철학 전공자끼리 치고받을 정도로 깊은 구덩이이고, 제가 가진 사다리의 길이는 턱없이 모자랍니다. 대신 오늘 제가 집중하고 싶은 것은, 데카르트가 신이라는 보증자를 필요로 했던 배경입니다. 인간 이성이 가진 능력을 바탕으로 파악된 세계가 참과 거짓이 명백히 판별되는 수학처럼 완전한 것임을 믿기 위해, 신이라는 뒷배를 요청할 수밖에 없었던 조건은 뭘까? 앞서 봤듯 확실히 데카르트에게 신은 의례적인 장식이 아닙니다. 빅토르 델보스Victor Delbos의 요약처럼 "신의 현존은 단지 새로 획득된 진리가 아니라 모든 진리의 보증이다. 데카르트의 말에 따르면, 우리가 명석판명하게 파악하는 것이 참이라는 규칙은 오직 신이 존재하기 때문에 그리고 완전한 존재인 신이 우리를 속일 수 없기 때문에 보증된다."[5]

―그러나 현대의 독자인 우리는 보통 이 데카르트 체계를 진지하게 받아들이지 않습니다. 왜냐하면 사실상 과학이 학문의 왕좌에 앉은 오늘날, 과학의 보증자는 과학 본인이기 때문입니다. 근대 이후 과학은 신이라는 후견인을 필요로 하지 않죠.

그렇다면 데카르트는 세계 자체가 자발적으로 수학적으로 구성된 것이 아니라, 그 세계를 수학적으로 창조해낸 초월적인 존재가 따로 있다고 믿었던 걸까? 단순히 그 어떠한 천재조차도 자신이 속한 시대를 완전히 뛰어넘을 수는 없다는 손쉬운 답안을 낼 수도 있겠지만, 개인적으로 저는 데카르트가 일종의 교착 상태에 있었다고 생각합니다. 앞서 봤듯 30년 전쟁을 기점으로 종교적 세계관에 돌이킬 수 없는 균열이 간 건 사실이지만, 세속은 확실성을 담보할 수 없는 것이었습니다. 특히나 데카르트는 페르디난트 2세가 성대하게 황제 대관식을 올리던 장면부터 그가 30년 전쟁의 소용돌이에 빨려 들어가던 모습을 똑똑히 지켜봤던 17세기 유럽인이었죠. 그는 전날 마키아벨리가 요청했던 이 혼탁한 세속에 질서를 정초할 군주 같은 것엔 아무런 기대를 걸지 않았습니다. 이것이 아마 광학부터 뇌 해부학까지 다방면으로 건드렸던 데카르트에게 이상하리만큼 정치학적 저술이 부재한 이유일 것입니다.

미심쩍은 보편 수학

그렇다면 새로운 방법론이었던 보편 수학은 어떠한가?—저는 데카르트가 이를 평생토록 지지했다는 사실은 분명하지만, 그럼에도 그 밀도를 완전히 신뢰할 수는 없었다고 봅니다. 여기엔 크게 두 가지 이유가 작용했을 텐데, 첫 번째 이유는 17세기의 수학이나 과학이 삶의 실질적인 문제를 해결하는 가시적인 성과를 내는 데까지는 가지 못했다는 것입니다. 물론 이는 학문 초기였기에 당연한 귀결이긴 하나, 당연하다고 해서 뼈아프지 않은 건 아닙니다. 이는 (앞서 언급했던) 데카르트의 동시대인이었던 파스칼의 경우를 보면 더욱 적나라하게 드러납니다. 파스칼은 비단 확률론뿐만 아니라 기하학, 조합론, 유체정역학 그리고 심지어 세계 최초의 기계식 수동 계산기까지 발명했던 천재였습니다. 그러나 파스칼은 데카르트식 보편 수학 기획에는 단호히 반대했죠. 왜였을까?

파스칼은 심각한 신경학적 질환을 앓고 있었습니다. 이는 오늘날 의학 기준으로는 결핵성 뇌수막염, 뇌종양, 혹은 매독의 후기 합병증을 의심케 하는 중병이었죠. 실제로 파스칼은 견딜 수 없는 두통부터, 인지 기능 저하, 소화 불량, 복통, 시력 저하, 그리고 류머티즘적 관절 마비까지 온갖 고통을 겪다가 결국 39세의 나이로 요절했습니다. 엄격한 논리적 추론을 통해 결론에 도달하는 이른바 기하학적 정신esprit de géométrie의 역량을 과도하게 평가절하할 필요는 없겠지만, 동시에 과학이 그가 직면했던 삶의 실질적인 문제 앞에 한없이 무능했다는 사실은 명약관화했죠.『팡세』에서 보여준 인간에 대한 탐구의 결론은, 인간은 무한한 우주의 귀퉁이 하나를 맴돌뿐인 미미한 존재에 불과하다는 회의감이었습니다.[6]

물론 유능한 검사이자 젊은 장교 출신이었던 데카르트는 건강 문제로부터는 비교적 자유로운 편이었지만, 그럼에도 그의 원고에 적힌 글자들이 17세기를 직접 뒤흔든 건 아니었습니다. 정치는 물론이고 종교적인 혼란의 종결도 가져다주지 못했죠. 되레 그 철학은 본인의 삶을 종교 박해를 피해 자주 거처를 옮기며 익명성을 지키는 데에 몰두하도록 만들었습니다. 실제로 그는 17세기 가장 자유로운 국가였던 네덜란드에 장기 체류했고, 폐렴으로 죽음을 맞았던 곳도 프랑스가 아닌 스웨덴이었죠. 또한 그가 1649년 출간했던 마지막 작품인『정념론』의 경우에도—"지혜는 우리가 정념의 주인이 되도록"[7] 한다는 야심 찬 최종 결론처럼—들끓는 정념에 질서를 부여할 수 있다고 믿었지만, 애석하게도 이 책은 별다른 사회적 반향을 일으키지 못했습니다. 그도 그럴 것이, 그가 속했던 17세기 중반은 강렬하고도 극적인 감정을 중요시했던 바로크적 분위기가 팽배했고, 오랜 전쟁으로 잿더미가 된 독일에선 종교적 열정과 신비주의가 발흥했기 때문입니다. 그렇다면 그다음 시대는? 시대가 데카르트를 비웃기라도 하듯, 낭만주의가 활짝 펼쳐졌죠. 다시 말해 데카르트는 이런저런 기획들을 했지만, 실제로 그 기획대로 흘러간 역사는 거의 보지 못했습니다. 그러니 인류의 자력으로만 세계를 수학화하겠다는 기획에 부담을 느끼지 않으려야 않을 수가 없었을 것입니다.

두 번째 이유는—이는 훨씬 더 노골적인데—당시 수학이 도달했던 밀도를 충분히 신뢰하지 못했기 때문입니다. 인간의 상상력은 근거에 반응합니다. 근거의 부족함을 상상력으로 메우는 것이 아니라, 근거에 비례하여 상상력도 증대하는 방향으로 말입니다. 마치 독일의 V-2 로켓 기술을 흡수했던 미국과 소련의 과학자들이 단순한 장거리 미사일을 넘어서, 아예 대륙간 탄도 미사일을 만들 수 있지 않을까 하는 상상을 할 수 있었던 것처럼 말입니다. 같은 맥락에서 데카르트가 자신의 다음 세대인 아이작 뉴턴Isaac Newton이 1687년 출판했던 가히 괴물 같은 저작인『자연철학의 수학적 원리*Philosophiae Naturalis Principia Mathematica*』를 봤더라면—물론 고의적으로 난해하기 적혔기에 그 함의를 추출하는 데에 꽤나 애를 먹긴 했을 거지만!―어쩌면 그는 신을 보증자로서 요청하지 않았을지도 모릅니다. 여기서 뉴턴은 관성, 가속도, 작용-반작용을 아우르는 운동의 3대 법칙과 그 유명한 만유인력의 법칙, 미적분학, 그리고 전날 코페르니쿠스가 내놓은 우주론까지 물리학적으로 완벽하게 입증해냈죠. 즉 뉴턴은 근대과학의 시대를 열었습니다.

물론 애석하게도 뉴턴 본인은 평생토록 우울증과 편집증적 망상에 시달렸고, 신이 없는 세상을 도저히 상상할 수 없을 정도로 쇠약했습니다. 실제로 뉴턴은 「다니엘서」와 「요한계시록」의 예언들을 자기만의 방식으로 해석하는 데에 많은 시간을 쏟은 것으로 유명하죠―당대 주류 기독교에서 전혀 원치 않았던 극도로 독실하고도 철저한 성경 연구자였다랄까? 그래서 어떤 의미에서 뉴턴은 본인이 무슨 위험천만한 폭약을 제조했는지 몰랐다고도 볼 수 있습니다. 그의 저작은 우주와 세계가 수학적으로 설계됐다는 데카르트의 이념이, 단순 희망사항이 아닌, 어쩌면 정말로 현실화될 수 있을지도 모를 기획이지 않을까 하는 상상력에 불을 지폈기 때문입니다. 묻건대 진실로 세계가 수학적으로 짜인 것 같고, 이를 입증하기 위한 방법론까지 손에 넣었는데, 게다가 어쩌면 이를 잘 활용해서 자연을 지배할 수 있을지도 모를 텐데, 이런 상황에서 이러한 우주를 보증해줄 존재가 더 이상 필요할까요?―몇 년 뒤 뉴턴을 읽고서 '딱히 신의 존재가 필수적으로 논증될 필요는 없을 것 같군'이라는 결론을 내린 철학자가 독일 쾨니히스베르크에서 등장하게 됩니다. 그 이름은 임마누엘 칸트Immanuel Kant였습니다. 그렇지만 뭐, 이미 얘기가 너무 길어졌으니, 이 대목은 언급하는 수준에서만 줄이도록 합시다. 다음에 또 얘기할 기회가 있을 것이니!

...

여기까지 읽은 독자라면 적어도 두 가지 교훈을 얻어냈을 것이라고 믿습니다. 하나는 얼핏 보기에 서로 대립하는 것처럼 보이는 종교와 과학의 대립은, 그것이 실제로 펼쳐지는 역사의 무대 속에서 종교, 전쟁, 학문, 정치, 그리고 심지어는 개인의 건강 상태까지 엮이는 아주 복잡한 짜임관계를 갖는다는 것입니다. 인격신이 보편 수리학의 후견인이 되는 일처럼, 논리적으로 봤을 때는 도저히 벌어질 수 없을 것 같은 일이 역사에선 보란 듯이 벌어지죠. 우리는 이론 속을 사는 것이 아니라 현실을 살기 때문에, 이 조밀하고도 조악한 복잡성에 어느 정도 익숙해질 필요가 있습니다. 단순성은 희망사항에 불과합니다.

다른 하나는 데카르트의 경우처럼 보편 수리학의 보증자

혹은 필수적인 보충물로서 인격신이 얼마든지 요청될 수 있다는 것입니다. 뉴턴 이후 현대 과학의 성과가 보편화된 오늘날, 이제 신이라는 보증자 없이 과학이 독립적으로 섰음을 선언하는 것으로는 한참 부족합니다—되레 이런 믿음은 과학이 종교와 완전히 단절된 듯한 인상을 준다는 점에서 무엇보다 경계해야 할 태도입니다. 종교성은 단계론적인 것이 아닙니다. 완전히 도려내거나 유폐하는 것이 불가능하다는 뜻이죠. 반복컨대 이는 논리적 정합성의 문제가 아닙니다. 논리적으로야 종교와 과학은 선명히 구분될 수 있겠지만, 동시에 우리의 삶은 논리가 아님을 기억해야만 합니다. 이는 본 글이 철학 자체의 논리보다는 그 철학을 둘러싼—통상 보조적인 요인으로 취급되는—배경에 좀 더 무게를 실은 이유이기도 하죠. 다시 말해 이론은 현실과의 괴리를 종교로 보충하려는 성향을 갖습니다.

끝으로 뒤통수를 치자면, 이 얘기는 무엇보다 보편 수리학 본인에게도 적용될 수 있는 사안입니다. 세계가 필연적인 법칙으로 이뤄져 있다면, 비단 자연과학을 넘어서 이 세계에 속하는 인간 사회 역시도 마찬가지일 것입니다. 이에 따르자면 정치, 예술, 심리, 경제 등 많은 분야에 작용하는 어떤 법칙이 있다고 상정됩니다. 그러나 이것이야말로 종교라면? 인간 사회는 느슨한 경향과 우연들의 집합물에 불과하다면? 뉴턴이 했다고 알려진—그러나 출처를 알 수 없다는 점에서 아마도 뉴턴 본인이 주식투자에 크게 실패했다는 점에 착안하여 후대 각색된 말이겠지만—'내가 천체의 움직임은 계산할 수 있어도, 인간의 광기는 도저히 계산할 수가 없다'라는 말이 진실이라면? 그럴 때 모든 분야에서 보편 수리학을 단순 가설이나 접근법 이상으로 취급하려는 태도는 종교로 전환될 수 있습니다. 인격신을 본인의 은밀한 보충물로서 갖고 있음을 망각한, 그러한 종교가 되는 거죠. 덕분에 현대에 본인이 종교가 아니라는 주장은 되레 그것이 종교라는 방증이 돼버린 것 같기도 합니다.

이만 마칩니다. 총총.

1 모리스 클라인, 김경화 역,『지식의 추구와 수학』, 이화여자대학교출판부, 1998, 117쪽에서 재인용.
2 르네 데카르트, 이현복 역,『제일철학에 관한 성찰』, 문예출판사, 2021, 70쪽.
3 Stephen Gaukroger,『Descartes: An Intellectual Biography』, Clarendon Press, 1995, pp.107~108; Ross Greig Woodman,『Sanity, Madness, Transformation: The Psyche in Romanticism』, University of Toronto Press, 2005, p.132.
4 Anthony Gottlieb,「Strating Afresh: Descartes」,『The Dream of Enlightenment: The Rise of Modern Philosophy』, Liveright, 2016.
5 빅토르 델보스, 이근세 역,『데카르트, 이성과 의심의 계보』, 은행나무, 2017, 91쪽.
6 블레즈 파스칼, 이환 역,『팡세』, 민음사, 2003, 204~205쪽.
7 르네 데카르트, 김선영 역,『정념론』, 문예출판사, 2013, 186쪽.

무신론

참호 속에는 무신론자가 없다

무신론자의 시대와 참호

무신론. 우리는 '무신론'에 대해 어느 정도 알고 있다고 생각합니다. 그도 그럴 것이, 문자 그대로 신을 믿지 않는 거죠? 표준국어대사전의 정의도 크게 다르지 않습니다.

종교적 신의 존재를 부정하고 신앙을 거부하는 이론.

오늘날은 피터 왓슨Peter Watson의 책 제목처럼 가히 '무신론자의 시대'라고 볼 수 있습니다. 현대인 대부분은 신은 존재하지 않음을 특별히 곤욕스러워하거나 생사를 흔드는 불안으로 받아들이지 않습니다. 세계의 기원은 무엇이고 인류는 어디로 가는가와 같은 거대한 질문도 거의 하지 않죠.✦ 천년도 넘도록 그리스도교를 수용했던 유럽에서조차

✦ 피터 왓슨, 정지인 역, 『무신론자의 시대』, 책과함께, 2016, 735쪽. "우리

무신론자의 인구가 유신론자들을 앞지르고, 『만들어진 신』 같은 도발적인 제목의 저작이 베스트셀러 목록에 당당히 이름을 올리는 시대입니다. 실제로 '신은 죽었다'라는 니체의 선언을 모르는 현대인은 거의 없을 정도입니다. 속물보다 더 속물적임을 강요받는 현대사회에서 종교의 가르침은 우둔하고도 한가한 소리로 여겨지기 일쑤입니다.

그렇다면 우리는 오늘날 신을 믿지 않는다는 것에 대해서 얼마나 알고 있을까? 먼저 살펴볼 말은 "참호 속에는 무신론자가 없다"—포탄이 쏟아지는 참호 한가운데에 있는 병사는 자기도 모르게 닥친 위험이 자신을 빗겨 가게 해달라고 더 높은 존재인 신에게 기도하게 된다는 말이죠. 참고로 이러한 갑작스러운 개종을 이른바 '참호 개종'foxhole conversion이라고 부르기도 합니다. 물론 이는 꼭 전쟁터에만 국한되는 건 아닙니다. 비슷한 버전의 일은 수능 시험, 최종

는 많은 사람들, 특히 우리 중에서 더 차분한 영혼의 소유자들은, 신이 죽었다는 데 별 문제를 느끼지 않는다는 것을 마지막으로 한 번 더 상기하는 게 좋겠다. 그들에게 신의 죽음은 불안이나 곤혹스러움의 요인이 되지 않는다. […] 그들은 하루 하루, 한 계절 한 계절 생계를 꾸려가며 즐길 수 있을 때는 즐기고 다른 사람들이 그토록 큰 당혹감을 느끼는 문제들에 대해 전혀 고민하지 않은 채 그저 자신의 삶을 꾸려간다. '거대한' 의문들이 언젠가는 풀릴 거라는 큰 기대도 없기에 그 의문들을 밝히는 데 시간을 쏟지도 않는다."

면접, 중환자실 그리고 상견례 10분 전 등 우리의 삶의 다양한 순간마다 벌어지고 있습니다. 분명 아주 중요한 순간임에도 내가 그 상황을 통제할 수는 없는, 그러한 불확실성의 소용돌이에 있을 때 저 참호 개종이 소환되곤 하죠.

저 격언은 종교에 대한 진리의 한 축을 내포하고 있습니다. 다시 말해 종교는 불안을 해결하기 위해 요청되는 일종의 진정제입니다. 당연히 이때의 불안은 주체가 쉽게 통제할 수 없는 극심한 불안이어야 합니다. 손등에 앉은 모기를 잡기 위해 철야 기도가 필요하진 않죠. 그래서 종교가 요청되는 불안은 삶과 죽음을 뒤흔드는 실존적인 불안입니다. 당연한 말이지만, 이는 꼭 전쟁이나 암 진단 같은 일에만 국한되지 않습니다. 가령 떨어진 시험 성적을 비관해서 자살하는 학생에게 입시란 생사가 달린 사안이기 때문입니다. 사람은 마음먹기 나름입니다.

이런 맥락에서 근대보다 전근대에 종교가 더 번성했다는 것은 그리 놀랍지 않은 일입니다. 묻건대 근대 과학의 토대가 된 고전역학을 고안해낸 아이작 뉴턴Isaac Newton과 백신의 아버지인 루이 파스퇴르Louis Pasteur 이전의 인류는 어떤 상태였을까? 단적으로 말해 비참하기 짝이 없었습니다. 수해, 가뭄, 전염병, 메뚜기떼 등 인류는 자연의 폭력 앞에 무력했습니다. 고대에서 제일 번성했던 로마제국의 평균 수명은 불과 25~30세 남짓이었습니다.[1] 꼭 전쟁을 고려하지 않더라도, 대다수에게 홉스가 전날 적었던 "끊임없는 생사의 갈림길에서 인간의 삶은 고독하고, 가난하고, 험악하고, 잔인하고 그리고 짧다"[2]라는 진술은 단순한 수사적 표현이 아닌 문자 그대로의 현실이었습니다.

이러한 상황에서 만연하게 되는 불안을 해결하기 위한 대책이 요구됩니다. 문제는 과학 기술이 발전하기 전까지 자연재해를 해결하기 위한 실질적인 대책이 없었다는 것입니다. 따라서 전근대에는 크게 두 길이 있었습니다. 하나는 통제할 수 없는 것에 대한 번민 자체를 마음에서 비워내는 현자의 길이었고, 다른 하나는 마지막까지 재앙을 제어해줄 신의 손길을 구하는 종교의 길이었죠—당연히 압도적인 지지를 받은 건 후자였습니다. 예나 지금이나 사람들은 현자보다는 목자牧者를 원하는 까닭입니다.

망상적 해결책

그렇다면 종교는 구체적으로 무엇을 제공해줬냐? 먼저 이해 불가능한 사태를 이해 가능하게 변경해줬습니다. 오늘날도 기상청이 허우적대는 데서 잘 드러나듯, 기본적으로 자연재해는 명확한 인과관계를 파악하기 힘든 사태입니다.

그리고 모른다는 것은 그 자체로 고통이죠. 종교는 이 사태에 정치적이고도 도덕적인 맥락을 부여합니다. 적대 부족이 저주를 걸었다거나 혹은 지금의 왕이 어떤 죄를 저질러서 이에 노한 신이 벌로 전염병을 뿌렸다거나 등 이에 대한 시나리오는 다양하죠. 물론 이는 당면한 사태에 대한 실질적인 해결책인 건 아니지만, 적어도 이를 타개하기 위한 시도는 할 수 있게 해줍니다. 문제가 인식됐으니 이를 위해 기도를 하건 공물을 바치건 전쟁을 하건 간에—뭐든 할 수 있게 되는 거죠. 아무것도 모르면 아무것도 할 수 없으니까요. 종교는 이 무지의 안개를 거두게 해주고, 좀 더 정확히는 거둔 것처럼 여기게끔 해주고, 그런 뒤 이를 해결하기 위한 방책에 몰두하는 과정에서 일정 기간이나마 불안을 잊게 해줍니다. 무언가 조금씩 개선되고 있다는 느낌을 생산해내는 거죠.

이 과정에서 인류가 겪는 고통은—그것이 단죄이건 시험이건 간에—무작위적인 고통이 아닌 나름의 이유를 가진 유의미한 것으로 바뀝니다. 또한 자연 역시도 단순한 자연 그 자체가 아닌, 인격화된 존재로 변모합니다. 도덕적인 잘못을 처벌하는 것은 인간적인 일이잖습니까? 상대방에게 인격이 없다면 기도나 복수 대행 같은 일은 무용지물이 돼버립니다. 따라서 인격화 작업은 자연에 대한 최소한의 소통 가능성을 여는 작업입니다. 파도하고는 대화를 못하지만 포세이돈하고는 가능하죠. 따라서 그 존재와 대화가 통하기 때문에 대화를 하는 것이 아니라, 대화를 해야만 하기 때문에 대화가 통하는 것입니다.

실제로 1927년 발표됐던 논문인「어느 환상의 미래」에서 지그문트 프로이트Sigmund Freud는 인간이 자연의 장난감이 아님을 믿기 위해, 그러니까 신께서 모든 피조물 중 특별히 인간을 콕 집어서 굽어살피신다고 믿기 위해 종교가 발명됐다고 봤습니다.[3] 종교라는 매개가 없으면 저 무자비한 세계를 맨정신으로는 도저히 견딜 수가 없었다는 뜻입니다. 종교의 가호 아래 인간은 온갖 무작위적인 고통으로 가득한 이 잔혹한 세계에, 그저 무의미하게 내던져진 존재가 아니라고 믿을 수 있게 됩니다. 이처럼 인류는 절망보단 망상을 택해왔습니다. 현실을 있는 그대로 받아들일 바엔, 차라리 광기를 택해왔습니다.

이런 맥락에서 과학 기술과 생산력의 비약적인 발전이 이뤄진 현대에, 전근대와 달리 무신론자가 많아졌다는 것은 결코 우연이 아닙니다. 두말할 필요도 없이 무신론의 역사는 최근에 생겨난 경향입니다. 설문조사에 대고 '나는 무신론자입니다'라고 답할 수 있는 것은, 많은 경우에는 인간의 이성 능력이 발달해서가 아니라, 그렇게 말해도 될 만큼 물질적인 조건들이 충분해졌기 때문입니다. 시한부 선고를 받는 게 아닌 이상에야, 오늘날 아프면 의사를 찾아 가지 교회 목사를 찾진 않습니다. 집집마다 수도관이 설치됐기 때문에 기우제를 지낼 필요도 없죠.

그렇기에 세계를 인격신이 아닌 원자들의 이산집합으로 보고자 했던 데모크리토스Democritus의 배경이, 아테네 제국의 최전성기였다는 것은 결코 우연이 아닙니다. 또한 형용사를 제외하고서 건조하게 세계 그 자체를 포착하고자 했던 하드보일드적 문체의 대가인 헤밍웨이Ernest Hemingway가 활동했던 배경이, 제2차 세계대전 이후 미국이 최강대국으로 발돋움했던 시기라는 것 역시도 결코 우연이 아닙니다. 반대로 이런 현대에서도 사회적으로 내몰리고 소외된 사람들이 종교를 찾는 모습은 쉽게 관찰 가능하죠. 심지어 그 형태가 사회적으로 지탄받는 사이비인 경우도 많습니다. 개개의 동기는 극심한 기난이니 불치병 같은 것일 수도 있고, 혹은 경쟁체제에서 과잉된 불안 같은 심리적인 요인일 수도 있습니다―그러나 공통점은 고립되고 왜소해진 자신은 당면한 상황을 전혀 통제할 수 없다는 불안에 시달린다는 거죠.

참고로 이때 자신을 예외로써 두려는 생각은 위험합니다. 한 계단만 더 내려가 보도록 하겠습니다.

극렬한 무신론자는 과연 무신론자인가?

비난이나 비판이 갖는 위험성 중 하나는 그 과정 자체에 자기기만의 혐의가 깃들 수 있다는 것입니다. 가령 누군가를 비난한다는 것은 그 비난 내용이 자신에겐 해당하지 않음을 은연중에 전제합니다. 그렇지 않는다면 똥 묻은 개가 겨 묻은 개 나무라는 꼴이 돼버리기 때문입니다. 마찬가지 맥락에서 비판자는 자기도 모르게 자신이 비판의 대상보다 우월하다고 믿기 쉽습니다. 왜냐하면 비판자는 비판의 대상이 보지 못하는 것을 보고 있기에 비판할 수 있는 것이기 때문입니다. 다시 말해 비난이나 비판은 본인을 상위 심급에 놓는 기술입니다.

이런 맥락에서 오늘날 종교를 믿는 이들은 타고난 심지가 약하거나 우둔해서라고 비난하는 이는, 무엇보다 본인을 그 반대항에 두는 데에 주력하는 것입니다. 그렇다면 이런 작업에 집착하는 이는 누구일까요?―이에 대한 답변 중 하나는 역설적이게도 바로 비판자 본인에게 그런 혐의가 있을 때입니다. 이를테면 극렬한 무신론자의 시선에서 앞서 인용했던 '참호 속에는 무신론자가 없다'라는 말은 불편합니다. 그도 그럴 것이, 조금만 생각해보면 이 말의 핵심은 신앙에 있는 것이 아니라 '참호'에 있음을 금방 깨달을 수 있기 때문입니다. 전쟁이라는 한계상황이 벌어지면 누구나 무릎을 꿇고 기도를 하게 될 거라는 말이죠. 따라서 이 틀 내에서 보건대, 당신이 이성적인 이유는 기꺼이 이성적일 수 있기 때문일 뿐, 그 이상 그 이하도 아닙니다. 안 좋은 때가 오면, 우리의 밑바닥에 잠자고 있던 종교성은 언제든지 다시 깨어날 수 있습니다. 인간은 종교를 떠안고서 살아갈 수밖에 없습니다─이 논리가 진실이라면 극렬한 무신론자 본인 역시도 종교성의 씨앗을 갖고 있습니다. 단지 발아 조건을 갖추지 않았을 뿐인 거죠. 그러니 극렬한 무신론자에게 이런 논리는 몸 안에 혹을 붙이는 것처럼 께름칙할 수밖에 없는 것입니다.

이런 이유에서 종교에 대한 과잉된 비판은 일종의 방어기제라고 볼 수 있습니다. 종교를 개인의 타고난 속성으로 취급한다면, 이는 생물학적으로 자신을 탈종교성의 심급에 두려는 은밀한 기획이리고 볼 수 있죠. 그렇디면 누기 탈종교성을 욕망합니까?─당연히 탈종교성을 갖고 있지 않은 사람입니다. 더 적나라케 말하자면, 사실은 탈종교성의 탈을 쓰고 종교성을 추구하고 있던 사람이 제일 발끈하게 됩니다. 이는 단순히 탈종교성의 층위에 머무르기 위한 노력이 아닌, 자신의 종교성이 폭로되어서는 안 된다는 필사적인 몸부림이 되기 때문입니다. 그러니까 이 주체는 종교적이지 않았던 적이 단 한 번도 없었다는 말입니다. 그저 상대방을 비난함으로써 자신은 그런 존재가 아님을 보이고픈 무의식적 반작용을 일으켰을 뿐이죠. 옛말에도 방귀 뀐 놈이 성낸다고 하니까요.

실제로 꼭 중세적인 인격신의 형태가 아닐지라도 현대인의 새로운 신앙들을 증명하기란 쉬운 일입니다. 이를테면 많은 개인투자자가—소위 '개미'라고 불리는—재무제표도 볼 줄 모르면서 미국 주식시장에 뛰어들고 있죠. 미국은 영원한 제국이고 그래서 주식시장 역시도 끊임없이 우상향할 것이라는 믿음이 작동하기 때문입니다. 또한 많은 현대인은—정작 본인은 미적분도 모르면서—과학기술의 발전이 질병, 빈곤, 환경 오염 등 인류의 모든 문제를 해결해주고 더 나은 미래를 가져다줄 것이란 과학주의적 신앙을 갖죠. 전날 종교가 제시했던 구원의 세속적인 버전인 셈입니다. 이외에도 성전이 된 백화점, 기술만능주의, 건강주의, 자기계발적 우상 등 현대의 신화들은 넘쳐납니다.

당연히 자본주의 역시도 빼놓을 수 없겠습니다. 이른바 '역사의 종언'이라는 말마따나 오늘날은 자본주의가 역사가 도달할 수 있는 가장 최후의 지점이라고 여기고 있죠. 다시 말해 현 인류는 이미 체제의 궁극을 달성했습니다. 시장 근본주의의 교리에 따르자면, '보이지 않는 손'Invisible Hand이 작동하여 시장 스스로 효율적인 자원 배분과 최적의 결과를 끌어낸다고 여겨집니다.❖ 독과점, 노동착취, 환경 오염, 주식 거품, 대규모 실업 등 시장에서 생겨나는 온갖 폐단들에도 불구하고, 정부나 시민사회의 개입은 이 시장이 가진 자정 능력과 완전성을 훼손하는 것처럼 믿어지죠. 그러나 시장은 만능이 아닙니다. 지난 팬데믹 때 적나라케 목도했듯, 시장주의라는 것은 위기의 순간에 마스크 사재기도 스스로 해결하지 못할 만큼 얼마든지 무능할 수 있습니다.

그렇지만—무엇보다 바로 그렇기에—저 무자비한 전투력을 지닌 무신론자에게 종교는 절멸의 대상이 됩니다. 종교성이 인간에게 제거할 수 없는 근원적인 속성이라는 걸 인정한다면? 그러면 종교성이 현대에 그 형태를 교묘히 바꿔서 발현한 건 아닌지에 대한 반성이 행해질 틈이 생기게 됩니다. 이 균열이 커진다면, 그러니까 자신이 수용하고 있던 것이 현·실 그 자체가 아닌 현대적인 신앙에 불과했음이 밝혀지게 된다면, 그는 현실을 잃어버리게 됩니다. 좀 더 정확히는, 자신이 원래부터 현실을 잃어버린 상태였음을

❖ 보이지 않게 피조물을 통치하는 이른바 '통치자의 손'manus gubernatoris의 비유는 본래 중세 신학의 것이었다. 애덤 스미스가 쓴 '보이지 않는 손'의 비유가 신학적인 계보에 속함을 보인 저술로는 다음을 참조 바람. 조르조 아감벤, 박진우·정문영 역, 『왕국과 영광』, 새물결, 2016, 570~574쪽.

사후적으로 깨닫게 되는 거죠. 그래서 극렬한 무신론자의 진실은 망상적 해결책 너머에 있는 비인간적인 대지를 직시하고 싶지 않은 불안이라고 할 수 있습니다. 당연히 이러한 충동은 자신이 속한 체제의 균열이 커질수록 증대합니다. 그리고 여기서 또 이런 교훈도 얻을 수 있죠. 위기가 찾아오면 위기를 일으킨 대상에 대한 분노보다는, 그 위기로 인해 자신이 추락할지도 모르는 밑바닥에 대한 혐오가 더 빠를 수도 있다고 말입니다.

자연에서 인간으로

물론 현대에서 나타나는 종교의 양태는 확실히 변했습니다. 이걸 부정할 수는 없죠. 비록 세계의 운명을 관장하는 초월적인 심급에 대한 모든 믿음이 환상이라고 할지라도—전체적으로 상승한 위생 관념, 완전히 정립된 상하수도 체계, 늘어난 물자 생산량 등 사회 전반에서 나타난 우호적인 변화들은 각자 엄연히 실존하고 또한 작동하기 때문입니다. 평균 수명의 비약적인 상승에서 잘 드러나듯, 오늘날 죽음의 위기는 생물학적 죽음에서 심리학적 죽음으로 옮겨갔죠—우울증이 흑사병의 자리를 꿰찬 것입니다.

이에 따라서 불안의 질이 바뀌는 것은 당연한 귀결입니

다. 그렇다면 이는 어떤 식으로 이뤄지는가? 이를테면 종교적 근본주의를 떠올려봅시다. 뉴스를 통해 너무 자주 봤겠지만, 인질 참수부터 무차별적 자살폭탄테러까지 극단주의자들은 상식과 법률을 뛰어넘는 짓들을 자행합니다. 이를 합리화해주는 주요 논리는 자신들을 신의 대리인으로 간주하는 것입니다. 자신은 신성한 의무를 부여받았으므로 세속적인 법에 묶일 필요가 없다는 거죠. 일찍이 지젝이 지적했듯 이는 악명 높은 스탈린주의의 문법이기도 합니다.

> 이것이 바로 스탈린주의가 종교적 구조를 가지는 이유인데—스탈린주의자들은 자신들이 역사의 법칙을 알고 역사의 도구로 쓰이고 있다고 주장합니다. 그래서 스스로를 정당화하고 수백만 명을 죽이는 일이 가능한 거죠. 그러한 행위를 하는 것은 그들 자신이 아닌 성스러운 법이나 의지이고 자신들은 단지 도구일 뿐이라는 것입니다.[4]

여기서 중요하게 봐야 할 점은, 적어도 논리의 표면 안에서 스탈린주의는 종교를 배척했다는 것입니다. 그도 그럴 것이 마르크스가 종교를 이른바 '인민의 아편'이라고 강력하게 규탄했죠. 따라서 마르크스의 바탕을 온전히 건네받았다고 주장하는 스탈린주의는, 종교가 아닌 역사의 법칙이란 외관을 쓰고서 학살을 자행했습니다. 이것이 정말 법칙이라면─숙청 과정에서의 정치 및 윤리적 피로감이 있긴 하겠지만─궁극적으로는 현실은 여전히 잘 유지될 것이라고 믿을 수 있게 됩니다. 다시 말해 내 욕망의 추구가 이 욕망의 근본 토대인 현실을 해체하지 않는 구조인 것입니다. 물론 이는 헛된 믿음에 불과합니다. 대숙청과 학살로 점철된 스탈린주의는 사실상 사회를 돌이킬 수 없을 만큼 해체해버렸죠.

이는 시장 근본주의에도 동일하게 적용해볼 수 있습니다. 반복컨대 이 이데올로기의 근본 테제는─공동체가 가하는 규제 일체를 집어던진 개인의 자유로운 이기심 추구가 궁극적으로 좋은 세상을 만들 것이라는 논리입니다. 따라서 고삐 풀린 욕망과 그 욕망의 근본 토대인 세계는 서로 조화를 이룹니다. 물론 이것은 시장주의의 주체인 금융가나 기업가의 욕망일 뿐이죠. 그러나 이 믿음을 유지하는 한, 자신의 욕망 추구를 곧 인류의 진보로 합리할 수 있음은 물론이고, 이 욕망이 자신의 토대를 파괴하지 않을까 하는 두려움도 불식시켜 줍니다. 다시 말해 예전에 인류는 자연이 두려워서 종교를 발명했지만, 이제는 무엇보다 본인이 두렵기에 종교를 다시 찾게 된 거죠.

⋯

그렇다면 진정한 무신론이란 무엇일까요? 기회가 있을 때마다 하는 말이지만, 모든 인간은 한낱 인간일 뿐입니다. 무신론이 스스로에게 진지하고자 한다면, 바로 이를 뼛속 깊이 받아들여야 합니다. 자기 안에 종교를 향한 욕망이 존재한다는 것을 직시하면서, 그것이 동기화되지 않도록 하는 삶의 조건들을 끊임없이 모색하는 것입니다. 그러니까 단순히 신을 믿지 않는 것은 무신론이 아닙니다. "금연만큼 쉬운 일은 없다. 나는 매일 끊어 와서 수백 번도 더 끊었다"라던 마크 트웨인Mark Twain의 농담을 패러디하자면, 신을 믿지 않기로 결심하는 것만큼 쉬운 일은 없습니다─단지 계속 믿지 않는 것이 어려울 뿐. 특히나 이 가벼운 무신론이 그 배후에 인간 예찬을 깔고 있다면, 이는 사실상 인간에 대한 과대평가를 산상수훈으로 갖는 새로운 종교에 다름 아닐 것입니다.

동시에 진정한 무신론은 자신이 생각들을 재점검할 줄 알아야 합니다. 특히 자신이 봤을 때 종교나 신앙이 아닌 것으로 여겨지는 것에 대한 깊은 의심이 필요하죠. 내가 무신론자이고자 하는 욕망과 내가 추구하는 것이 비종교적일 것이라는 확신은 결코 등치관계가 아닙니다. 되레 후자를 위해 전자가 동원되고 있는 건 아닌지 자문해봐야 하죠. 마치 조선인을 맹렬히 비난함으로써 자신이 진정한 일본인이 될 수 있다고 믿었던 친일파처럼, 종교에 대한 극렬한 반응은 무언가를 은폐하고 있다는 징후일 수 있습니다. 물론 이때 진범을 추론하는 원리는 단일합니다─그 일로 인한 최대 수혜자가 진범이로다.

오늘날 기꺼이 무신론자이고자 하는 이들에게 행운을 빕니다.

이만 마칩니다. 총총.

1 Ronald Calinger, 『Vita Mathematica: Historical Research and Integration with Teaching』, Mathematical Association of America, 1996. p.334.
2 토마스 홉스, 진석용 역, 『리바이어던』, 나남, 2022, 172쪽.
3 지그문트 프로이트, 김석희 역, 「어느 환상의 미래」, 『문명 속의 불만』, 열린책들, 2020 .190~191쪽 참고 바람.
4 슬라보예 지젝, 이택광 역, 『임박한 파국』, 꾸리에북스, 2012, 112쪽.

정치적인 종말론 독법

끝의 끝에 대하여

종말. 우리는 '종말'에 대해 어느 정도 알고 있다고 생각합니다. 우정의 종말, 파시즘의 종말, 경영권 분쟁의 종말, 역사의 종말 등 무언가가 끝난다는 거죠. 실제로 국어사전에서도 이렇게 정의하고 있습니다.

계속된 일이나 현상의 맨 끝.

그렇지만 종말이라는 표현 자체에는 확실히 종교적인 데가 있습니다. 그냥 단순한 현상의 끝이라고만 하기엔, '끝 종終'과 '끝 말末'을 연달아서 쓸 만큼 그 뉘앙스가 극단적이기 때문입니다. 다시 말해 종말은 문자 그대로 '끝의 끝'인 것입니다. 정말로 아무런 여지 없이 완전히 끝장난다는 거죠.

그런 의미에서, 앞서 예시로 든 파시즘의 종말은, 물론 어떤 사회의 파시즘이 타파됐다는 것을 강조하고픈 정치적 의도는 읽히지만, 그럼에도 이것이 문자 그대로의 종말인지는 의문입니다. 이를테면 히틀러로 대표되는 20세기의 광풍 이후 독일에서는 파시즘이 종말을 고했다고 여겨졌지만—이를 비웃기라도 하듯—반세기가 훌쩍 지난 지금의 독일에서는 나치를 옹호했던 극우 정당이 보란 듯이 지방선거에서 승리하며 파시즘이 돌아왔음을 알리고 있죠. 종말이라는 극단적인 표현을 쓴 것치고는 김빠지는 결말입니다.

고유한 개체의 죽음을 제외한다면, 무언가가 이 지상과 역사의 무대에서 완전한 종말을 고하는 경우는 드뭅니다. 독재, 흑사병, 우월주의, 전쟁, 독과점, 인종주의 등 우리의 현실에서 어떠한 것의 종말이라는 표현은 그것이 영원히 사라지기를 바라는 희망이 반영된 경우가 대부분입니다. 그리고 언제나 그렇듯 현실은 희망사항에 아무런 관심이 없습니다. 이런 맥락에서 끝이라는 것은 특정 국면에 해당하는 지극히 유한한 말입니다. 마치 역사 속에서 역사를 잊은 세대에 의해 전쟁이 반복되듯—이를테면 댓글에 적힌 언어의 수위로 미뤄보건대 가히 바이킹에 버금갈 만큼 호전성이 높은 현대의 젊은이들이 겪은 전쟁이라는 건 기껏해야 서든어택이나 배틀그라운드 정도이죠—특정 국면이 끝나면 전쟁은 다시 돌아옵니다. 권위주의도 얼마든지 부활할 수 있고, 세속주의 사회에서 신정정치가 복귀하는 일도 얼마든지 가능하죠. 인류의 역사는 원치 않는 가능성으로 가득합니다.

    따라서 특정 국면의 끝이 완전한 끝이 되기 위해서는 그 국면의 근본 조건에도 끝을 고해야 합니다. 이를테면, 전쟁을 궁극적으로 끝내기 위해서는 인류가 사라져야 합니다. 호전성이나 탐욕 같은 속성은 인류 안에서 완전히 도려낼 수 없는 근본 속성이기 때문에, 설령 특정 국면에서 전쟁을 막는다손 치더라도, 일정 시간이 흐른 뒤에 전쟁이 다시 활성화될 가능성은 영원히 보존되기 때문입니다. 가난도 마찬가지입니다. 애석하게도 끊임없이 위계를 나누려는 것은 인류의 근본 속성입니다. 게다가 이런 속성을 부추기기라도 하듯 인류가 타고난 소질부터 속한 지리적인 조건까지—왜 단군 할아버지는 민족의 터를 잡음에 있어 석유 자원을 고려하지 않았는가?—무수히 많은 것이 차별적으로 분배되어 있습니다. 그러니 가난을 근본적으로 없애려면 이번에도 인류 자체가 사라져야만 합니다. 이렇게 근본적으로 접근하기 시작하면 모든 문제의 싹은 인간이 존재한다는 사실 그 자체에 있게 되기 때문입니다.

    다시 말해, 끝의 끝이란 결국 그 끝을 완성하기 위한 근본 조건인 인류나 세상의 종말까지 고려할 수밖에 없다는 의미입니다. 모든 근본적인 종말은 곧 세상의 종말입니다.

그리하여 반복컨대 종말은 종교적입니다. 유한한 인간의 권능으로 해낼 수 있는 것이 아니라, 무한한 신의 권능으로만 가능한 기적처럼 여겨지기 때문입니다. 실제로 프랑스어에서 '최후의 심판'을 뜻하는 표현이 'les fins dernières'인데, 이때에도 fin은 끝을 뜻하는 명사이고 dernières도 최후를 뜻하는 형용사입니다―그러니까 끝의 끝인 종말인 거죠. 이런 의미에서 사람들의 입에서 종말이 자주 오르내리고 있다면, 그건 그 사회가 자신의 능력을 불신하고 있다는 뜻입니다. 자신의 능력으로 문제를 해결하거나 혹은 그 재발을 막을 수 없다고 여기기에, 차라리 그 문제의 근본 조건인 인류 자체의 종언을 요청하게 된 꼴이기 때문입니다.

실제로 현대 사회는 온갖 종말론으로 가득합니다. 통제 불능의 AI가 인간을 지배할 것이란 종말론, 해수면 상승으로 모든 것이 물에 잠길 것이라는 기후 변화 종말론, 비교적 최근에 급부상한 팬데믹 종말론, 그리고 이젠 다소 낡은 것처럼 느껴지기 시작한 핵겨울 종말론까지―꼭 사이비 종교의 교리 문답집을 찾지 않더라도 종말론은 넘쳐납니다. 그렇다면 우리는 종말론을 어떻게 읽어야 하고, 또한 이로부터 무엇을 얻을 수 있을까요? 자, 이에 대한 하나의 교범을 소개하는 차원에서, 모든 종말론의 아버지라고 볼 수 있는 종말론의 종말론인 「요한계시록」을 살펴보겠습니다.

일곱 교회와 신앙의 사정

「요한계시록」은—이름 자체가 '요한이 받은 계시'라는 뜻이 듯—그리스도의 열두 사도 중 하나인 요한이 유배 중에 작성했다고 알려져 있습니다만, 이를 증명해줄 문헌학적 근거는 딱히 없습니다. 종교적 근본주의자가 아니고서는 오늘날 성경이 일관된 시공간을 공유하지 않는 불특정 다수의 집단 저술이라는 것을 부정하는 문헌학자는 없을 겁니다.

그래도 「요한계시록」에 등장하는 몇몇 내용들을 통해 이 문서의 대략적인 집필 연대와 장소를 추려볼 수는 있습니다. 이를테면 「요한계시록」 2~3장은 에페소스Ephesus부터 라오디케이아Laodicea까지 소아시아 지역에 있던 일곱 교회에 대한 평가로 이뤄져 있는데, 이는 모두 로마제국에 속했던 속주였습니다. 뿐만아니라 2장 13절에서는 이른바 "충성된 증인"인 안디바Antipas of Pergamum가 언급되는데, 그는 1세기 무렵 로마 당국의 탄압에 의해 순교했던 인물이었죠. 실제로 로마제국은 기독교가 공인되기 전까지 그리스도교를 주기적으로 솎아냈던 박해의 역사를 갖고 있습니다. 콜로세움에서 화형식을 하거나 혹은 사자 밥으로 그리스도교인을 던져주는 그림이 유명하죠. 참고로 이는 타키투스Publius Cornelius Tacitus의 기록에 근거하고 있습니다.

그래서 먼저 신앙을 고백하고 있던 자들이 체포되어 심문받고, 이어서 그자들의 정보에 기초해 실로 엄청나게 많은 사람이 방화죄라기보다 오히려 인류 적대죄를 선고받았다. 그들은 살해당할 때 놀림감이 되었다. 즉 야수의 모피를 뒤집어쓴 채 개에게 물리고 찢겨 죽었다. [어떤 때는 십자가에 붙잡아 매고, 혹은 불에 타기 쉽게 만들어 놓고] 해가 지고 나서 야간의 등불 대신 불태웠다. 네로는 이 구경거리를 위해 카이사르 가의 정원을 제공하고, 게다가 전차 경기까지 개최하고 그 사이에 전차 모는 사람으로 가장하고 민중 사이를 돌아다니거나 스스로 직접 전차를 몰았다.[1]

그렇다면 「요한계시록」은 로마제국 몇 년에 적혔을까요? 로마제국 초기에 본보기로서, 로마에 대항한 예루살렘을 통째로 지도에서 지워버렸던 유대 반란 시절이거나—획실히 유대인 입장에서 묵시록적 사건이긴 했죠—혹은 그리스도교에 대한 잔혹한 박해를 단행했다고 알려진 네로 황제 시절을 지목했습니다. 그러나 현대에 들어와서는 주류 해석이 바뀌었습니다. 많은 학자에 의해 지지받고 있는 것은 51년부터 96년까지 로마제국의 열한 번째 황제였던 도미티아누스Domitianus 재위 기간이라는 것입니다. 그렇다면 왜 도미티아누스인 걸까요?

먼저 주목해볼 것은 「요한계시록」이 성경 안에서도 꽤 독특한 위치를 차지하고 있다는 것입니다. 「요한계시록」은 성경에 수록된 문서 가운데 거의 유일하게 예수 그리스도의 재림 이후에 일어날 미래의 사건을 다루고 있습니다. 게다가 그 내용은 신께서 거대한 재앙으로 타락한 세상을 완전히 무너뜨리고, 새로운 신의 나라를 세울 것이라는 예언, 즉 종말론이죠. 그러니까 원수도 사랑하라는 신약 특유의 윤리관에서 한참 벗어난 메시지를 담고 있음은 물론이거니와, 그 메시지 자체도 굉장히 자극적입니다. 그리고 통상 메시지의 밀도는 작용과 반작용의 법칙을 따르는 법이죠. 다시 말해, 당시 그리스도교에서 이렇게 극단적으로 반응할 만큼의 중요한 사건이 벌어졌다는 뜻입니다.

그렇다면 종교 집단이 가장 경계하는 일은 무엇일까요? 당연히 신앙심이 약해지는 것입니다. 초기 그리스도교는 재산 공유와 평등을 강조하는 원시 공산주의적 성격을 짙게 띠었습니다. 딱 들어도 귀족이나 부자들이 좋아할 것은 종교는 아니죠. 실제로 초기 그리스도교의 주축은 사회에서 소외된 하층민들이었고, 그래서 이들은 검소할 수밖에 없습니다―예수도 목수 출신이죠. 반면에 로마는 부유하고 강력한 제국입니다. 어두침침한 지하 묘지인 카타콤

Catacomb에 숨어서 예배를 드리는 이들과, 황금과 오락거리로 넘치는 로마제국을 비교해보시기 바랍니다. 어느 편에 서야 할지 갈등이 생길 만도 하겠죠?

실제로 앞서 말한 2~3장에서 지목된 일곱 교회가 있던 곳은 당시 로마 속주의 주요 도시들이었습니다. 제국의 물자가 모이는 주요 거점이었다는 뜻이죠. 당연지사 이는 교회의 타락상이 나타나기 좋은 조건이었고, 실제로 「요한계시록」은 이를 비판하는 데 집중합니다. 이를테면 당시 최대 금 생산지이자 오락의 도시였던 사르디스Sardis의 교회 성도들의 신앙이 해이해졌다고 질책했고, 온천으로 유명한 휴양 도시였던 라오디케이아Laodicea의 교회에선 예수가 아닌 우상을 숭배하고 있다며 신랄하게 고발했죠. 이를 뒤집어서 보자면, 그만큼 당시 그리스도교가 위태로웠다는 뜻입니다.

도미티아누스는 바로 이런 불 같은 상황에 기름을 부은 황제였습니다. 왜냐하면 그는 황제가 곧 신이라는 이른바 '황제 숭배'를 강압적으로 밀어붙였기 때문입니다. 이는 그리스도교 입장에선 민감하게 반응할 수밖에 없는 일이었는데, 잘 알다시피 이 종교는 유일신을 믿습니다. 황제를 신으로 섬기라는 국가적인 요구는 그리스도교인 입장에선 신앙의 본질을 직접적으로 침해하는 행위였고, 결국 이는 극단적인 형태의 충돌을 야기했습니다. 특히나 그 시기가 신앙의 건강성이 취약한 상황이라면 더욱 그럴 수밖에 없었죠. 실제로「요한계시록」의 주된 테마 중 하나는, 신성모독적인 세속의 왕국과 예수 그리스도가 재림하여 세울 신의 왕국 사이의 극한 대립이었습니다. 이것이 거의 매 장을 넘길 때마다 반복해서 강조되죠. 좀 더 들어가 보겠습니다.

신 도미티아누스

오늘날에도 고대 로마의 유적지에서 발견되는 신전이나 유물에서 흔히 황제를 기리는 석판이나 동상이 있는 것을 쉽게 찾아볼 수 있는데, 이는 황제를 숭상했던 흔적을 보여줍니다. 실제로 고대 세계에서 왕이나 황제를 신격화하는 것은 꽤 일반적인 종교 관행이기도 했죠. 당연히 이러한 신격화에는 황제의 권위를 강화하는 정치적인 이유가 작동했습니다. 이를테면 로마제국의 첫 번째 황조인 율리우스-클라우디우스Julius Claudius 황조의 초대 황제 아우구스투스Augustus는 신적인 존재로 숭배받았습니다. 어느 석판에는 아우구스투스를 가리켜, 신의 아들이자 카이사르이며, 땅과 바다의 지배자, 온 세상의 은인이자 구원자와 같은 호칭으로 찬양하는 문구가 새겨져 있었다고 하죠.[2] 물론 이후로도 많은 황제들이 신으로서 추대됐습니다. 까칠했던 티베리우스Tiberius처럼 마지막까지 신격화를 거부했던 이도 있고, 태어난 지 넉 달 만에 죽은 자신의 딸을 꾸역꾸역 여신으로 추대했던 그 악명 높은 네로Nero도 있었죠. 베스파시아누스Vespasian는 임종을 앞두고 이런 농담을 했다고도 전해집니다. "에잇, 빌어먹을, 어쩌면 나는 신이 되겠구나!"[3]

그렇다면 도미티아누스의 신격화가 뭐가 문제란 말인가? 훗날 폭군으로 손가락질받으며 기록말살형을 당한 도미티아누스는, 신격화의 관례와 절차를 깡그리 무시했습니다. 이게 무슨 말이냐면—칼리굴라처럼 정신 나간 경우를 제외한다면—대개 황제에 대한 직접적이고도 공식적인 신격화는 그의 사후에 진행됐습니다. 또한 신격화의 권한은 황제에게 있었던 것이 아니라 원로원의 정식 표결을 거쳐야만 했죠.[4] 그런데 도미티아누스는 황제의 비위를 맞춰야 하는 시인들이 그를 수사적으로 신이라고 찬양하는 수준을 넘어서, 원로원의 유서 깊은 귀족들까지도 자신을 '주主이자 신dominus et Deus'으로 부르도록 강권했습니다.[5] 사후에 신으로 추대된 것이 아닌, 살아 있는 지금 이 순간 자신이 신이라고 공식적으로 선포한 거죠.

당연히 반발이 일어났습니다. 특히 유일신을 믿었던 유대인이나 여러 속주에 흩어져 살던 기독교인들의 반감이 엄청났죠. 도미티아누스 본인은 자신의 황제 숭배를 양보할 마음이 전혀 없었기 때문에, 이는 곧 대대적인 그리스도교 박해로 이어졌습니다. 게다가 도미티아누스의 전임이자 그의 아버지가 누구냐? 티투스 플라비우스 베스파시아누스Titus Flavius Vespasianus입니다. 유대 반란 진압군의 총사령관 출신으로서 지중해 전체에 본보기를 보이기 위해 예루살렘을 잿더미로 만든 인물이었죠(이후 네로가 자살하면서 후임 황제로 추대됐습니다). 이러한 배경을 보면, 그리스도교인 관점에서 도미티아누스가 어떻게 보였을지 더욱 잘 가늠될 겁니다.

그렇다면 도미티아누스는 왜 이렇게 무리한 신격화를 강행했을까요? 어렸을 때부터 거만했던 그의 성격도 작용했을 터이지만, 그에게 신격화는 정치적 위기를 돌파하는 방법이기도 했습니다. 일반적인 생각과는 달리 로마가 공화정에서 제국으로 넘어갔다고 해서, 옛 공화정에서 원로원이 가졌던 권위가 한순간에 사라진 것은 아닙니다. 앞서 말했듯 네로 사후 베스파시아누스를 새로운 황제로 추대한 것도 바로 원로원이었죠. 그래서 도미티아누스는 원로원이 가진 권한을 모조리 황제에게로 가져오고 싶어 했습니다. 이를 위해 오랫동안 원로원 의원에게만 허락됐던 관직을 기사 계층에게 개방했으며, 심지어 기사 신분을 자신의 법률 자문단에 기용해 원로원을 재판하게까지 했습니다.[6] 이는 그가 개선장군의 정복을 입고 원로원에 나왔을 때부터 어느 정도 예고된 것이기도 했습니다. 자신은 공화국의 옛 전통을 계승하여 원로원에 조언을 구하는 제1시민princeps civitatis이 아닌, '너희들에게 강제적인 명령권을 내리는 총사령관 임페라토르imperator'라는 선전포고였죠.

따라서 도미티아누스는 자신이 꽂은 기사 출신 관료들이 완전히 자리를 잡을 때까지 지도력을 끊임없이 과시해야만 했고, 신격화는 그 도구가 되었습니다. 자신은 신이니까 멋대로 군림하겠다는 거죠. 물론 신이 군림하는 것이 아닌, 군림하는 자가 신이 됩니다. 원로원은 이를 잘 알고 있었고 도미티아누스 본인도 마찬가지였죠. 야심만만한 황제가 겨냥한 건 로마 인민들이었습니다. 살아 있는 신이라는 간판은 시민과 군단 병사들의 시선을 사로잡기에 충분했습니다.

물론 자신이 신이라고 말하는 것만으로는 턱없이 모자랍니다. 신이라면 피조물들에게 그에 걸맞은 권능을 보여줘야겠죠. 그래서 도미티아누스는 평민들에게 여러 차례 하사금congiaria을 베풀었고, 콜로세움 축제를 성대히 개최했으며, 하수도 정비와 목욕탕 건립 같은 공공시설 공사를 추진했습니다. 그러니까 이른바 "빵과 서커스"Panem et

Circenses라는 로마식 포퓰리즘을 펼쳤던 겁니다. 당연히 군단 병사들의 연봉을 인상하고, 이들의 요새를 새롭게 세우는 토목 공사 또한 깜빡하지 않았습니다. 그 결과 도미티아누스는 원로원 귀족들에게는 미움받았지만, 로마 인민에게는 신으로서 열렬히 지지받을 수 있었죠.

이러한 분위기 속에서, 황제 숭배가 로마 본국의 국경을 넘어서 속주까지 유행했음을 짐작하는 건 그리 어렵지 않습니다. 또한 그리스도교인 입장에서 이것이 재앙처럼 다가왔다는 것 역시도 쉽게 예측될 수 있죠—뭔가 특단의 대책이 필요했습니다!

세금과 종말론

도미티아누스가 신이 된 세상이 너무 타락한 것 같고, 그래서 이따위 세상은 불타 없어져 버려야 한다는 식의 극단적인 불만—이런 불만은 누구나 떠올릴 수 있는 평범한 격정에 불과합니다. 그런데 이런 분노가 체계화되어 종말론적 문서로 적혀 공동체에 유행하고 있다? 이것은 수요와 공급이 일치했다는 뜻입니다. 지금 이 사회를 향한 분노가 임계점을 넘어가기 시작했다는 거죠.

이런 점에서 주목해볼 것은, 「요한계시록」이 설정하고

있는 독자가 로마 본국은 아니라는 것입니다. 어떤 의미에서 이는 당연합니다. 속주에서 징발된 물자들이 모두 한자리로 모이는 지중해의 수도였던 풍요로운 로마—게다가 도미티아누스 황제 덕분에 평민들에게 방긋 웃어줬던 바로 그 로마에서, 이 세상이 단죄되어 망할 것이라는 얘기가 먹힐 리가 없겠죠. 1세기 로마에서 종말론의 독자를 찾기란 실로 버거운 일입니다.「요한계시록」이 겨냥하고 있는 것은 소아시아 속주에 있던 일곱 교회였습니다. 그렇다면 이곳에는 종말론의 독자가 있었단 말인가?—네, 있었습니다!

지금까지 논한 도미티아누스식 포퓰리즘 정책의 수혜자는 수도 로마에 있던 시민이나 국경 요새에 있던 군단병에게 해당하는 것입니다. 그러나 복지를 시행하기 위해선 그만큼 돈이 듭니다. 후대 기록말살형이 내려지는 바람에 많은 기록들이 폐기되어 짐작하긴 힘들지만, 그럼에도 도미티아누스가 복지 재원을 마련히기 위해 인두세나 소비세를 증가시켰다는 기록은 없습니다. 그도 그럴 것이, 이런 정책은 시민들에게 인기가 없을뿐더러—누가 세금을 좋아하겠습니까?—자신의 새로운 심복이 되어야 할 기사 계급에도 그다지 이롭지 않았기 때문입니다. 그러면 속주에서 새로운 금광이라도 터졌는가? 그런 기록도 없습니다. 아니면 정복 전쟁에서 전리품이 많았나?—애석하게도 도미티아누스가 밀어붙인 브리타니아나 다뉴브강 주변 부족들과의 전쟁은 실속이 그리 크지 않았습니다. 이 부족들은 가난했을뿐더러, 점령지를 관리하기도 쉽지 않았기 때문입니다.[7]

그렇다면 도미티아누스는 포퓰리즘 재원을 어떻게 마련했는가? 1차적으로는 마음에 안 드는 원로원 의원에게 반역죄를 씌워서 그의 재산을 몰수하는 방식을 애용했습니다. 그러나 몇몇 가문의 재산으로 제국 전체의 살림을 살 순 없는 노릇이죠. 그래서 도미티아누스는 로마 시민이 아닌 속주민을 대상으로 증세 정책을 단행하게 됩니다. 특히 꽤 사막화된 오늘날과는 달리, 당시로서는 비옥했던 소아시아와 북아프리카 속주들을 겨냥했죠.[8] 특히나 유대인의 경우엔 여기에 특별 세금이 추가로 매겨졌는데, 이는 단순히 도미티아누스 본인이 유대교를 괘씸히 여긴 것과 별도로 정치적인 계산이 들어간 조치였습니다.[9] 당시 유대인은 지중해의 상업을 담당하던 민족이었기에 주머니가 꽤 두둑했고, 또한 불과 몇 년 전에 로마군이 예루살렘을 재와 모래로 만들어버려서 유대인의 구심점은 존재하지 않았기 때문입니다—그러니까 가혹하게 굴어도 반항하기 힘든 상태였다는 거죠.

문제는, 당시 유대교와 그리스도교가 명확히 구분되는 종교가 아니었다는 데 있습니다. 사도 바울의 개혁이나, 교부들이 모인 협의체를 만들기 위한 시도가 없었던 것은 아니지만, 세금을 부과하는 로마 당국 입장에선 이 둘을 크게 구분해야 할 하등의 필요를 느끼지 못했죠. 따라서 그리스도교도 한 올가미에 묶여 무거운 세금을 떠안게 됩니다. 그런데 앞서 이 시기에 그리스도교는 대부분 하층민이라고 했죠. 가뜩이나 먹고 살기 힘든 상황에서, 얼굴도 한번 본 적 없는 도미티아누스라는 작자가 콜로세움에서 돈을 뿌리고 새로운 정복 전쟁을 수행하기 위한 특별세를 거둬들이겠다? 이런 상황을 누가 반길 수 있겠습니까—팍스 로마나 Pax Romana 같은 소리 하네! 이로써 속주들 사이에서 종말론의 수요가 무르익게 됩니다.

묵시록의 기사들

종말론은 단순히 세상이 망할 것이라는 주장이 아닙니다. 가령 누군가가 특정한 날 유황불로 된 비가 내려서 세상이 망할 것이라고 말한다면, 현대인 대부분은 그냥 허튼소리로 들을 것입니다. 반대로 영화 '터미네이터' 시리즈의 세계관에서처럼, 반란을 일으킨 인공지능이 핵무기를 사용해 인간 세상을 멸망시킬 것이라고 말한다면, 이건 그나마 들을 말한 시나리오일 것입니다. 무슨 말이냐면, 종말론이

먹히려면 그 시대의 사람들이 공감할 수 있는 최소한의 논리를 갖춰야만 한다는 것입니다. 인공지능과 핵무기는 21세기를 살아가는 이라면 누구나 동의하는 현실적인 요인들이니까요. 반대로 유황불로 된 비는 별다른 현실성이 느껴지지 않죠.

마찬가지로, 「요한계시록」이 많은 이들에게 소구력을 발휘했다는 건 그만큼 이 문서가 동시대의 생생한 현안을 건드렸다는 뜻입니다. 실제로 세상의 마지막 날과 최후의 심판을 다루는 「요한계시록」 4~7장은 매우 현실적인 알레고리로 구성되어 있습니다. 잘 알려졌듯, 세상의 멸망은 인류를 쓸어버릴 권한을 가진 이른바 '묵시록의 네 기사'가 등장하며 시작됩니다.

> 내가 이에 보니 흰 말이 있는데 그 탄 자가 활을 가졌고 면류관을 받고 나가서 이기고 또 이기려고 하더라 「요한계시록」 6장 2절

이 시절에 면류관을 쓸 수 있었던 사람은 로마제국의 황제 단 사람뿐입니다. 그렇다면 황제를 뒤따르는 기사는 누구냐? 붉은 말을 탄 기사, 즉 전쟁의 기사입니다. 그다음은 검은 말을 타고서 저울을 든 기사가 나타나고, 그런 뒤 청

황색 말을 탄 기사가 나타나서 대대적인 기근과 전염병을 일으킨다고 적혀 있습니다.

쉽게 연상되듯, 이 순서는 전쟁에 의해 유발된 기근을 떠올린다면 굉장히 논리적인 배치입니다.[10] 먼저 황제가 전쟁을 선포하고, 이를 위해 물자를 징발하고 특별세를 물립니다. 이런 수탈 과정이 저울을 든 기사로 표현되는 거죠.

> ⋯ 내가 보니 검은 말이 나오는데 그 탄 자가 손에 저울을 가졌더라 「요한계시록」 6장 5절

그리고 이는 속주에 대대적인 굶주림을 초래하고, 영양 상태가 안 좋아지니 자연스럽게 전염병에도 취약해집니다.

실제로 도미티아누스는 재위 기간 내도록 정복 전쟁을 수행했던 황제였습니다. 시적 영감을 위해 로마를 불태웠다는 악의적인 소문과는 달리, 네로 황제는 대규모 전쟁을 수행하진 않았습니다. 반대로 도미티아누스 황제는 살아 있는 신으로서 자신의 위업을 증명하기 위해 끊임없이 전쟁을 지휘했죠. 물론 이 과정에서 많은 승리가 있었지만, 승리가 곧 투여된 전비를 모두 회수할 수 있다는 뜻은 아닙니다―미국도 전쟁에서 이라크를 이기긴 했죠. 로마에서는 매년 영광스러운 개선식이 열렸지만, 이 전비를 대야만

했던 속주에선 지옥 같은 나날이 이어졌습니다. 특히나 사회 밑바닥을 담당했던 그리스도교도로서는 더욱 고달플 수밖에 없었지요.[11]

이런 맥락에서 개구리가 온 땅을 뒤덮고 우박이 떨어지는 모세의 10가지 재앙과 달리, 「요한계시록」에 적힌 네 가지 재앙들은 모두 말 탄 기사의 형태로 철저히 '의인화'되어 있는 것입니다. 지금 이 상황은 하늘에서 내린 징벌이 아니라, 로마제국에 의해서 초래된 인위적인 재앙이었기 때문입니다. 이른바 "귀환한 네로인 도미티아누스"[12]라는 인간 태풍인 거죠. 같은 맥락에서, 「요한계시록」에서 타락한 세상을 비유하는 단어로 수차례 사용되는 '바벨탑'이란 표현도 마찬가지입니다. 바벨탑이란 하늘에 닿기 위해 인간들이 건립한 탑이죠. 그러다가 그 오만을 단죄하기 위해 신께서 언어를 교란하여 공사를 망쳤다고 전해지는 바로 그 탑입니다.

이건 로마제국에 대한 노골적인 비유, 좀 더 정확히는 저주가 될 수 있습니다. 그렇지 않겠습니까? 한쪽에는 지중해 세계를 정복했다는 로마제국의 오만한 위세가 있고, 다른 쪽에는 그리스인, 유대인, 이집트인, 소아시아인 등 로마제국이 지배했던 서로 다른 언어를 가진 민족들이 있습니다. 로마 당국에 불만이 많았던 그리스도교인으로서는

바벨탑만큼이나 좋은 상징도 없었을 테죠.✤

■ ■ ■

여기까지 논했을 때, 우리는 이런 잠정 결론을 내려볼 수 있겠습니다. '「요한계시록」은 단순한 종교적 문헌이 아닌, 그 시기의 억압을 비판한 일종의 정치적 예언서이다.'

천 년 가까이 가시지 않는 로마제국의 그늘 아래에서 살아남은 몇 안 되는 벼랑 끝의 기록, 바로 그중 하나인 셈이죠. 물론 오늘날까지 이 문서가 소실되지 않고 살아남을 수 있었던 이유는 그 위험한 의미들을 종교적 상징성 속에 교묘히 은폐했기 때문이 아닐까 싶습니다(당연히 로마제국이 훗날 그리스도교를 국교로 선포하는 행운이 따라줬기 때문이기도 하고요!). 힘든 시대엔 많은 것들이 암호화되는 법이니까요.

✤ 같은 맥락에서 「요한계시록」에 등장하는 바다에 대한 특유의 반감 역시도 정치적으로 해석해볼 수 있습니다. 이를테면, 13장 1절에서 괴물이 나오는 곳은 바다이고, 20장 12~13절에서 바다는 교통이 아닌 심판의 공간으로 묘사되어 있습니다. 당시 기준으로 그리스도교인들이 알았던 거의 유일한 바다는 지중해일 텐데, 이는 로마제국이 군인들을 이끌고 나타나는 공간이자, 동시에 속주에서 거둬들인 곡물이나 각종 자원을 본국으로 가져가는 수탈의 루트였습니다. 그러니 속주민 입장에서 바다는 괴물적이었을 심산이 크죠.

물론 종말론을 너무 과대평가하는 것은 온당치 않습니다. 지금까지 보았듯이, 종말론은 그 정서와 논리 체계가 만들어진 정치 사회적 배경을 추론할 수 있게 해주는 좋은 도구임에 분명하지만, 종말론 자체에는 노예적인 구석이 있기 때문입니다. 서두에서의 언급처럼 종말론은 당면한 문제에 대한 주체의 무능을 반영합니다. 종말론에서 타락한 세상을 단죄하는 것은 억압받는 사람들의 손발이 아닌 신의 권능이잖습니까? 신은 영원한 방관자이기 때문에 신의 단죄를 기다리는 이에게 궁극적으로 기다리는 것은 본인 수명의 끝자락뿐입니다.

그렇지만—동시에—종말론은 억압적인 체계가 절대적인 것이 아니라고 가르치기도 합니다. 그보다 더 높은 심급에 의해 얼마든지 무너질 수 있는 유한한 것에 불과하다는 거죠. 이는 아무리 강력한 권력자라고 할지라도 그 역시도 피조물에 지나지 않음을 강조했던 발터 벤야민Walter Benjamin의 시선과도 일치합니다. 『독일 비애극의 원천』에서 지상의 지배자임을 자처하는 주권자 역시도, 늙어갈 수밖에 없으며 또한 우연한 사태에 극히 취약한, 지극히 유한하기 짝이 없는 피조물에 불과하다고 봤죠.[13] 따라서 한쪽엔 일종의 정신 승리로서의 종말론이 있고, 다른 쪽엔 혁명을 긍정하는 종말론이 있습니다. 다시 말해 종말론엔 모순적인 두 계기가 동시에 담겨 있는 셈입니다. 그렇다면 이 둘 중 어느 것이 발현될 것인가? 이는 종말론이 아닌 역사의 몫입니다—행운을 빕니다!

 이만 마칩니다. 총총.

1 타키투스, 박광순 역, 『타키투스의 연대기』, 범우, 2005, 675~676쪽.
2 David C. Braund, 『Augustus to Nero: A sourcebook on Roman history, 31 BC-AD 68』, London: Crook Helm, 1985, §66.
3 크리스토퍼 켈리, 이지은 역, 『로마 제국』, 교유서가, 2015, 60쪽.
4 메리 비어드, 이재황 역, 『로마 황제는 어떻게 살았는가』, 책과함께, 2024, 506~507쪽.
5 프리츠 M. 하이켈하임, 김덕수 역, 『하이켈하임 로마사』, 현대지성, 2017, 677쪽.
6 같은 책, 677쪽 참조 바람.
7 Richard Alston, 『Aspects of Roman History AD 14-117』, Taylor&Francis, 2002, p.137.
8 Brian Jones, 『The Emperor Domitian』, Taylor&Francis, 2002, pp.140~141.
9 Flavius Josephus, 『Against Apion』, trans. and comm. by John M. G. Barclay, Brill, 2006. XXXVIII.
10 Philipp Vielhauer, 『Geschichte der urchristlichen Literatur: Einleitung in das Neue Testament, die Apokryphen und die Apostolischen Väter』, Berlin: De Gruyter, 1978, p.504.; Klaus Wengst, 『Pax Romana: Anspruch und Wirklichkeit』, München: Kaiser Verlag, 1986, p.246ff.
11 도미티아누스 시기 소아시아 기근과 「요한계시록」의 상관관계에 대한 코트John Court의 연구 요약은 다음을 참조하라. Leonard L. Thompson, 『The Book of Revelation: Apocalypse and Empire』, Oxford University Press, 1997, pp.204~205.
12 요한네스 바이스, 진규선 역. 『요한계시록: 문학사 및 종교사적 분석』, 수와진, 2022, 38쪽.
13 발터 벤야민, 조만영 역, 『독일 비애극의 원천』, 새물결, 2008, 96쪽.

Agora.

철학

철학
열린 태도부터 생산적 무능력까지

철학에 대하여

철학. 우리는 '철학'에 대해 어느 정도 알고 있다고 생각합니다. 그도 그럴 것이, 어떤 심오하고도 본질적인 것을 탐구하는 거죠? 이는 인간 심리에 대한 것일 수도 있고, 세계의 원리에 대한 것일 수도 있습니다. 확실한 건 여기서 취급되는 본질은 그 범용성이 높다는 것입니다. 이를테면 정보를 기록하고 보존하며 전달하기 위해 여러 장의 종이나 유사한 재료를 한데 묶어 제본한 형태의 매체—우리는 통상 이것을 '책'이라고 정의할 수 있습니다. 그러나 이는 책에 대한 규정이나 지식으로 분류될 뿐, 이를 철학적인 의미에서의 본질이라고까지 말하진 않죠. 책에 대한 설명은 책에만 적용될 뿐, 범용성이 떨어지기 때문입니다. 반대로 그 논리수준이 아무리 조야할지라도 '인생은 타이밍이다'라는 명제는 이른바 '인생철학'이라는 범주 안에 들어갑니다. 왜냐하면 이 명제는 의식주를 해결하고 사회적 관계를 맺고 자아실현을 하는 등 여러 행위에 두루 적용될 수 있기 때문입니다. 덕분에 표준국어대사전에 실린 철학의 정의는 실로 거창하죠.

> 인간과 세계에 대한 근본 원리와 삶의 본질 따위를 연구하는 학문.

당연한 말이지만 세계는 한없이 복잡한 공간입니다. 이미 이 책의 각 주제에서 기회가 날 때마다 반복해서 말했겠지만, 이 복잡성은 한 인간의 두뇌로 조율할 수 있는 범위를 완전히, 완전히 벗어납니다. 개인적인 원한 관계부터 양육 문화, 성별, 지리, 경제, 기술 등 어떤 현상을 구성하고 있는 원인이라고 하는 것은 기본적으로 한둘이 아닙니다. 물론 앞서 말했듯 철학적인 본질이란 이 모든 원인들을 동등하게 취급하는 것이 아닙니다. 원인의 평등은 곧 반 철학입니다. 인류와 세계를 등에 짊어지고자 하는 가히 학문의 아틀라스라고 볼 수 있는 철학은, 어떤 식으로든 범용성이 높은 요인을 추출하여 거기에 '본질'이라고 이름 붙이려고 하죠. 이 본질은 그 범용성의 폭넓음 덕분에 어쩌면 보편성까지 가질지 모르겠다는 확신을 불러일으킵니다—실제로 이를 비판하는 다음 이론이 등장할 때까지 일정 유통기한을 지닌 문헌학적 보편성을 누리곤 하죠!

물론 이 본질을 명확히 규정할 수 있다는 생각은 얼마든지 위험할 수 있습니다. 비교적 최근 사례로는 홀로코스트가 대표적일 텐데, 잘 알려졌듯 나치의 학살은 단순 혐오 표현이 아닌, 과학적 외관을 한 인종주의를 통해 합리화됐습니다. 생물의 유전형질 가운데 우수한 것을 선별, 개량하여 그 종을 개선할 수 있다는 믿음을 인간에게도 적용했던 거죠. 이 교리에 따르자면, 인종적 특성이 곧 그 존재가 펼쳐낼 모든 기대가능성을 집약하고 있습니다. 따라서 늑대에게 독서를 기대할 수 없듯, 교육이나 환경을 통해 본성을 바꿀 순 없으므로, 그 본성을 가진 집단을 멸절하는 것이 유일하게 유의미한 방법이 돼버립니다.[1] 잘 알려졌듯, 히틀러가 이끌던 제3제국은 이를 인종 과학이라고 여겼고, 강제 불임법과 홀로코스트를 합리화했죠. 실제로 나치는 유대인 문제를 생물학이나 위생적인 사안처럼 취급했던 것으로 악명 높습니다.

당연히 제2차 세계대전이 끝나고 이러한 본질주의적 시점에 대한 대대적인 비판의 물결이 일어났습니다. 계몽주의 이후 인간의 이성은 대상이나 사태에 대한 본질을 규정지을 수 있는 힘처럼 여겨졌지만, 이제 이 힘은 단순한 욕망의 도구에 지나지 않다고 규탄됐죠. 그러니까 본질 규정은 그 대상에 대해 주체가 기대하는 바가 투영된 것에 불과합니다─이 렌즈에서 벗어나는 것들을 모두 비본질로서 배제하는 일종의 폭력 행위인 거죠. 참고로 이 시기를 대표하는 저술인 『계몽의 변증법』에선 이렇게 정식화됐습니다.

> 계산 가능성과 유용성의 척도에 들어맞지 않는 것은 계몽에게는 의심스러운 것으로 여겨진다.[2]

물론 이 저작의 목표가 철학에 대한 파산선고인 건 아닙니다. 계몽주의적 철학이 만들어내는 폭력성을 비판하는 것이 핵심 목표였고, 그래서 이를 수행하기 위한 새로운 철학을 요구하고 있거든요. 이 역시도 인용해보겠습니다.

> 철학을 관리하는 사람들과는 달리 철학 자체는 '사유'에 관여하며 사유는 지배적인 노동 분업에 굴복하거나 자신의 과제를 이러한 노동 분업으로부터 위임받으려 하지 않는다. 기존 질서는 물리적 폭력이나 물질적 이해 관계로서뿐만 아니라 강력한 암시를 통해 사람들에게 압력을 가한다. 철학은 종합이 아니며, 기초 학문이나 최고 학문도 아니다. 철학은 다만 그러한 암시에 저항하는 노력이며 지적 자유나 현실적 자유를 포기하지 않으려는 단호한 결의다.[3]

이는 20세기의 묵시록적 경험 이후 세워진 철학의 이정표라고 할 수 있겠는데, 그 핵심 목표는 억압적인 현실에 의해 잘못 규정되고 암시된 것들에 대한 타파입니다. 그런데—물론 이 웅변 자체가 틀렸다는 말은 아닙니다만—이것이 철학에 대한 완전히 새로운 이정표인 건 아닐 수 있습니다. 왜냐하면 철학은 그 기원에서부터 기존 담론에 대한 반항적인 기질에 힘입었기 때문입니다. 좀 더 풀어보도록 하겠습니다.

sophia에 대하여

잘 알려졌듯, 영어권에서 철학을 뜻하는 philosophy는 그리스어 philosophia에서 온 말입니다. sophia(지혜)에 대한 philos(사랑)로 풀이되곤 하죠. 그런데 이렇게만 말하자면, 자칫 오해의 여지가 있을 수도 있습니다. 왜냐하면 sophia와 philosophia는 서로 구분될 필요가 있는 개념이기 때문입니다. 이것이 이상한 말처럼 들릴지도 모르겠으나, 지와 지에 대한 사랑은 서로 다른 차원입니다.

일단 시간적으로 sophia가 philosophia보다 앞선 개념입니다. 통상 sophia는 삶의 지혜나 백과사전적 지식을 뜻했지만, 동시에 특정 기술이나 처세에 대한 능숙함의 뉘앙스도 강하게 띄었던 표현입니다. 이를테면 기원전 6세기 말에 활동했던 시인 테오그니스Theognis가 건넸던 조언을 보시죠.

> 키르노스, 그대의 벗들 한 사람 한 사람에게 자네 자신의 다른 면모를 보이게. 친구들 하나하나의 감정에 따라 자네를 섬세하게 맞추게. 하루 종일 한 친구와 붙어 지내게. 그러고 나면 그다음에 어떻게 성격을 바꿔야 할지 알게 될 걸세. 능숙함sophiē은 심지어 위대한 탁월성aretē보다도 좋은 것이기 때문일세.[4]

성격을 바꾸는 기술에 대해 알려주고 있습니다. 여기서 '능숙함'이라고 쓰인 sophiē는 어원적으로 sophia와 같은 뿌리를 갖는 표현입니다. sophia가 지혜, 조언, 숙달 등의 의미로 사용했음을 알 수 있는 대목이죠. 그렇다면 sophia가 요청된 이유는 뭘까? 쉽게 추측되듯, 그만큼 사회가 커졌기 때문입니다. 가령 주어진 경우의 수가 기껏해야 2~3개 정도라면 시행착오에 대한 부담이 없습니다—그냥 다 해보고 제일 좋았던 걸 택하면 되니까요. 반대로 고려해야 하는 경우의 수가 많다면 시행착오를 줄이기 위해 지혜를 모색하게 됩니다. 실제로 sophia 개념이 대중화된 건 기원전 7~6세기인데, 이는 아테네, 스파르타, 테베, 밀레토스 같은 도시국가들이 각자의 사회 체제를 확립해나가던 시절이었죠. 사회가 복잡해짐에 따라 함양해야 할 덕목이나 지혜의 종류 역시도 복잡화됐고, 더러는 사회 갈등 속에서 전통이 파괴되어 삶의 갈피를 잃기도 했습니다. 결국 가장 효율적인 길이 무엇인지 물을 수밖에 없게 된 거죠.

그러나 반복컨대 sophia가 philosophia인 건 아닙니다. 왜냐하면 이때 sophia는 그 초점이 기술 자체에 맞춰졌기 때문입니다. 이를테면 이른바 그리스 7현인이 남긴 잠언 중 몇을 보자면,

> 혀를 조심하라, 특히 연회에서. 킬론
> 장차 하려는 일을 미리 말하지 말라. 실패하면 비웃음을 살 테니까. 피타코스
> 불운을 견뎌내지 못하는 사람이야말로 불운한 사람이다. 비아스
> 같은 부류의 사람과 결혼하라. 집안이 좋을 곳에서 처를 맞아들이면 그녀의 친척이 너의 주인이 될 테니까. 클레오불로스[5]

어떻습니까? 모두 주어진 사안이나 문제에 대한 가장 효과적인 지혜를 잠언의 형태로 규정해놓은 것입니다. 그

래서 이런 식의 sophia는 자기 완결적입니다. 이것이 본 사안에 대한 모범답안이기 때문에 더 논증할 필요가 없다는 거죠. 강조점은 이 조언을 삶에서 얼마나 잘 체화했느냐에 찍힙니다.

문제는 조언은 그 조언이 요청됐던 상황이 바뀌면, 더 이상 유효하지않는다는 것입니다. 이를테면 직장인이 노동의 대가로 받는 월급이나 상여금에 붙는 세금인 근로소득세는 낮지만, 주식이나 부동산 판매 수익에 붙는 세금인 양도소득세는 높다면—이는 노동이 권장되는 조건이기에 '성실히 일하라'라는 조언이 유의미할 수 있습니다. 그렇지만 반대로 양도소득세가 과하게 낮다면? 몇 년간 열심히 모은 월급보다 주식이나 부동산 차익만으로 이윤이 3~4배는 더 남는 상황인데, 노동의 가치가 유지될 리가 없습니다. 이때는 전설적인 투자자 워렌 버핏Warren Buffett이 했던 "잠자는 동안에도 돈이 들어오는 방법을 찾아내지 못한다면, 당신은 죽을 때까지 일을 해야만 할 것이다" 따위의 조언이 진리처럼 급부상하게 되죠.

다시 말해 sophia의 최대 문제는 폐쇄성입니다. 이는 마치 석탄 채굴법 같은 것입니다. 광산에서 탄을 캐내는 기술은 전문 기술에 속합니다. 전통적인 곡괭이부터 착암기까지 각종 도구에 대해 알아야 하고, 이를 활용하는 신체적인 능숙함도 필요한 일이죠. 그런데 1980년대에 들어서면서 산업 구조가 바뀌게 되죠. 다들 아시다시피, 석탄의 시대가 저물고 석유나 천연가스의 시대가 본격화됐습니다. 즉 석탄 채굴은 사양 산업이 된 것입니다. 그렇지만 묻건대, 석탄 채굴법이라는 sophia에는 이와 같은 국제적인 산업 경향의 변화에 대한 이해가 고려되어 있나요?―그렇지 않습니다. 마찬가지 맥락에서 기후 위기에 대한 인식 변화로 인해, 연소 시 이산화탄소 배출이 가장 높은 화석 연료인 석탄에 대한 규제가 이뤄지게 된 것―이에 대한 이해도 석탄 채굴법엔 포함되어 있지 않습니다. 또한 천연가스 시추 기술에 대한 기계공학적 혁신 역시도 고려되어 있지 않지요. 지금까지 말한 이 요소들은 분명 석탄 산업 전체에 영향을 미치는 것들이지만, 이는 석탄 채굴법 안에서는 추론되기 힘듭니다. 이처럼 sophia는 분명 전문적인 지식이지만, 동시에 자기 분야에만 갇히게 되는 폐쇄적인 단점도 같이 존재합니다.

sophia에서 philosophia로

이러한 sophia의 문제는 고대 그리스가 가졌던 환경 안에서는 매우 큰 문제였습니다. 에게 해는 수천 개의 푸른 보석이 박힌 에메랄드빛 카펫과 같이 아름다운 바다이고, 또한 거기에 점점이 박힌 다채로운 섬들을 보는 즐거움도 큰 곳이었지만, 그럼에도 풍부한 식량을 기대할 수는 없었습니다. 어선의 수준이 낮아서 먼바다로 조업을 나갈 수 없었을 뿐더러, 고대인의 그물은 수심이 깊은 곳의 어류 자원엔 아예 접근조차 할 수 없었기 때문입니다. 또한 설령 고기를 대량으로 잡아들이더라도 현대처럼 냉동 시설이 없었기에 보존율이 처참했죠. 그나마 기대해볼 것은 농사인데, 이 점에서 그리스는 무엇보다 저주받은 곳이었습니다. 국토 대부분이 산지나 구릉 지형이기에 경작 가능한 면적 자체가 적었고, 그마저도 얇은 표토층과 그 아래에 깔린 석회암 암반으로 구성되어 있었기 때문입니다. 그러니까 식물이 뿌리를 깊게 내리기 힘듦과 동시에 영양분 함량도 낮았다는 뜻이죠. 그리스는 기껏해야 올리브 나무 몇 그루만 자라날 뿐인 불모지에 가까웠습니다. 곡식과 수확의 여신인 데메테르Demeter가 저승으로 납치됐다는 식의 흉흉한 신화가 생긴 데엔 다 그만한 이유가 있는 셈입니다.

이런 이유에서 전근대의 악명 높은 영아 사망률에도 불구하고, 그리스 본토의 생산력으로 감당 가능한 인구가 모두 채워지기 전까지 그리 오랜 시간이 걸리지 않았습니다. 그래서 실제로 기원전 7세기부터 이미 시칠리아, 이탈리아

남부, 트라키아, 흑해 연안 등지로 광범위한 식민지 개척 사업이 벌어졌습니다. 또한 이를 거점으로 본토에서 생산된 포도주, 올리브유, 도자기 같은 수공업 제품들을 다른 나라나 국경선이 모호했던 지역에서 생산된 곡물과 바꾸는 국제 무역이 성행했죠. 반복컨대 그리스 본토 안에서는 답이 없었기 때문입니다. 다행히 기원전 7세기에 뿌린 씨앗들이 생각보다 성과가 좋았고, 그래서 기원전 6세기에 식민지 개척 사업은 절정을 맞이하게 합니다.

이쯤에서 다시 sophia 얘기로 돌아오자면, 그리스인들은 살아남기 위해 그 시선이 국제적이어야만 했습니다. 무역을 하건 침략을 하건 간에, 이를 효율적으로 행하기 위해서는 각 지역과 민족의 문화나 역사가 다르다는 것을 이해해야만 했습니다. 또한 낯선 환경에 돌입하게 되면서 본토에서 먹혔던 sophia가 식민지에서는 무용지물이 돼버리는 상황도 맞닥뜨릴 수밖에 없었죠. 다시 말해 세계에 대한 열린 마음을 견지하는 것이 매우 중요했습니다. 이런 맥락에서 역사의 아버지라고 불리는 헤로토도스Herodotus가 남긴 기록에 주목해볼 필요가 있습니다. 이는 기원전 6세기 중반 아테네의 솔론Solon이 아나톨리아 서부 지방에 있던 리디아 왕국에 방문하면서 남긴 일화인데, 당시 솔론은 그리스의 7현인 중 한 사람으로 명성이 높았기에 리디아의 왕은 그를 자신의 왕궁으로 초청했습니다. 그리고 이렇게 인사말을 건넸죠.

> 아테나이인 빈객이여, 우리는 당신의 지혜sophiēs와 여행에 대해 많은 이야기를 들었소. 당신은 지혜를 사랑하여 philosopheon 세상 구경을 하느라고 많은 곳을 돌아다녔다고 합니다.[6]

여기서 리디아의 왕은 솔론의 종합적인 견문 활동을 "지혜를 사랑하여" 이뤄지는 과정으로 보고 있습니다. 그리고 괄호 속에 병기해뒀듯, 이 표현으로 택해진 건 philosopheon였죠. 피에르 아도의 연구에 따르자면, 이는 머지않아 '철학'을 뜻하는 단어로 발전하게 될 philosophia 계열의 어휘가 처음 사용된 예시입니다.[7] 그리고 지금부터 짚겠지만, 이 대화가 이뤄지는 장소인 리디아와 초대받은 솔론이라는 인물은 philosopheon의 탄생과 아주 밀접한 연관을 갖습니다.

통상 고대사에서 솔론은 과도한 채무 문제로 인해 내전 직전까지 갔던 아테네를 개혁했던 전설적인 정치가로 기억됩니다. 급진적인 빚 탕감 조치와 부채 노예제 금지 그리고 모든 성인 남성에게 열려 있는 민회에 권력을 이양하는 민주주의적 개혁을 이뤄냈던 인물이죠. 그렇지만 동시에 솔론은 살라미스 섬의 영유권을 둘러싼 메가라와의 전쟁을 승리로 이끌었던 집정관이기도 했습니다. 거의 패전 직전까지 갔던 전쟁을 가까스로 뒤집었던 역전의 용사였죠. 그가 이렇게 전쟁에 전력을 다했던 것은, 살라미스 섬 주변 해역이 아테네로 들어오는 주요 해상 교통로였기에, 이 섬을 점령하느냐 마느냐의 문제가 곧 아테네의 번영과 몰락에 직결되어 있었기 때문입니다. 다시 말해 솔론은 내정 개혁 못지않게 국제 무역의 중요성을 누구보다 잘 알았던 인물이었던 겁니다. 그리고 이를 위해서는 국지적인 sophia에 묶여 있어선 안 된다는 점 역시도 깊이 통감했던 인물이기도 했죠.

실제로 솔론은 일련의 개혁 조치를 끝낸 뒤, 자발적으로 아테네를 떠나서 약 10년간 이집트, 소아시아, 지중해 연안 등 광범위한 해외여행을 떠났습니다. 그에게 있어 견문 확장과 지식 습득은 새로운 시대에 부응하기 위한 매우 중요한 사안이었죠. 그렇다면 리디아 왕국은 뭐냐? 이곳은 소아시아 서부에서 메소포타미아나 페르시아 같은 동양권과 그리스로 대표되는 서양권을 이어지는 핵심 교역로였습니다. 덕분에 일찍부터 상업적 번영을 맞이했고, 실제로 최초의 금속 화폐인 주화(동전)를 공식적으로 발행했던 국가였죠. 참고로 솔론이 방문해서 만난 저 리디아의 왕은 크로이소스Croesus였는데, 그는 왕국의 최전성기를 이끌었던 인물이었습니다. 그러니까 당시 리디아 왕국은 지중해는 물론이고 동서양 전체를 넘나드는 상인과 용병들이 가져온 온갖 sophia들이 한자리에 모이는 장소였던 것입니다―솔론이 번지수를 제대로 찾은 거죠!

소크라테스와 무지의 지

정리하자면, philosophia의 전통은 sophia의 폐쇄성을 개방성과 비판적인 수용으로 중화시키는 과정이라고 볼 수 있겠습니다. 특정 대상이나 사건에 대해 섣불리 그 본질을 규정지으려고 했다간 우물 안 개구리가 될 뿐입니다. 이는 대상에서 sophia를 추출하는 것이 아니라, 거꾸로 sophia로서 대상을 환원하는 꼴이지요. 참고로 앞서 살펴봤던 솔론은 세계가 지엽적인 지식으로 설명되기 힘든 복잡하고도 우발적인 공간임을 분명히 하죠.

> 70년의 전체 일수는 2만 6,250일이 되는데, 그중 어느 날도 똑같은 일이 일어나는 날은 없습니다. 그런즉, 크로이소스여, 인간은 전적으로 우연한 존재입니다.[8]

물론 그렇다고 해서 솔론이 회의주의자인 건 아니지만, 그럼에도 이러한 실재에 대응하기 위해 끊임없이 배우고 골몰해야 한다는 점은 분명했죠. 참고로 솔론은 이 과업이 신이나 운명이 아닌 오로지 인간 스스로 짊어져야 하는 것으로 봤습니다.

여러분이 여러분의 비겁함 때문에 지독한 일을 당하고 있더라도 그것을 운명인 양 신들에게 돌리지 마라. 서약을 줌으로써 그들을 의기양양하게 만든 것은 여러분 자신이기 때문이다. 그리고 그로 인해 여러분은 이제 불행한 노예 처지로 떨어지고 있는 것이니.[9]

여기까지 말했을 때, 소크라테스식 무지의 지가 연상되는 건 자연스러운 귀결일 것입니다. 소크라테스가 받은 신탁, 다시 말해 '나는 내가 모른다는 것을 안다는 점에서 아테네에서 제일 지혜롭다'는 선언이죠. 견문을 넓히고자 바깥으로 나가기 위해서는 지금 자신이 가진 sophia의 한계를 명확히 인식해야만 합니다. 내 손에 완전함이 있다고 믿는다면, 구태여 새로운 걸 추구할 필요가 없기 때문이죠. 이런 맥락에서 완전함에 대한 욕망은 완전함 자체보다는, 거기에 닿으려는 시도의 피로도에 비례하는 것인지도 모릅니다. 완전함에 닿았기 때문에 사유를 멈추는 것이 아니라, 사유를 멈추기 위해 완전함을 추구하게 된다는 거죠. 실제로 단지 자신이 사유를 멈춘 지점일 뿐인 곳을 절대화하는 꼴사나운 짓을 자주 볼 수 있지 않습니까? 무엇보다 이런 귀결을 경계했던 소크라테스는 자신을 sophia가 아닌 philosophia 계열에 위치시키고 있습니다.

> 소크라테스: [⋯] 가르침을 받는 사람들에만, 그리고 배움을 위해 이야기된 것들에만, 그리고 사실상으로 정의로운 것들과 아름다운 것들과 좋은 것들과 관련해서 혼 안에 글로 쓰인 것들에만 확연하고도 완전하며 진지함에 값할 만한 이야기가 있다고 생각하는 사람이 있네. [⋯]
> [⋯]
> 파이드로스: 그러면 선생님께서는 어떤 이름을 그런 사람에게 붙이시는지요?
> 소크라테스: 파이드로스, 지혜로운 자라 부르는 것은 내가 보기엔 과해 보이고 신에게만 적합한 것으로 여겨지네. 하지만 지혜를 사랑하는 자라거나 그와 유사한 어떤 것이라 부르는 것이 그에게 더욱 어울리기도 하고 제격이기도 하네.[10]

직접적으로 명시되듯, 소크라테스는 완전한 의미에서의 sophia는 신에게나 해당하는 것일 뿐, 인간에게 좀처럼 허락되지 않는다고 여겼습니다. 대신 이 sophia에 다가가려는 끊임없는 정신의 여정인 philosophia를 인간적인 것으로 긍정하고 있죠. 어떤 의미에서 소크라테스의 이런 태도는 솔론적인 것일 수도 있습니다. 차이가 있다면, 한쪽은 아테네의 명문가 귀족으로 태어나서 직접 사비를 털어가며 10년간 해외여행을 할 수 있었던 데에 반해, 다른 쪽은 가난한 시민으로 태어났기에 삶의 시간 대부분을 아테네에서 썼다는 것 정도일 듯합니다. 그렇지만 소크라테스가 철학을 했던 당시 아테네는—살라미스 섬 하나를 점령하는 데에도 애를 먹었던 솔론 때와는 달리—에게 해를 호령했던 제국으로 거듭난 뒤였죠. 그래서 각지에서 난다 긴다 하는 소피스트들이 아테네로 알아서 몰려들었습니다. 덕분에 소크라테스는 무수한 sophia들을 접하고 그와 경합할 기회를 얻을 수 있었죠—대화 상대는 죽을 맛이었지만!

향연과 철학자의 초상

그렇지만 소크라테스는 아무래도 sophia와 philosophia를 분리하는 작업의 중요성을 환기하기 위해선, 이를 파이드로스와의 대화의 말미에 슬쩍 언급하는 것으로는 턱없이 부족하다고 판단했던 것 같습니다. 설령 소크라테스 본인이 그렇지 않았다 하더라도, 적어도 그의 목소리를 글로 기록했던 플라톤이 그렇게 생각했음엔 분명합니다. 이 작업을 주제로 한 독립적인 대화편을 펴냈는데, 그것이 바로 그 유명한 『향연』입니다.

여기서 소크라테스는 종래의 그리스 신화에서 사랑이나 생성을 담당했던 신 에로스Eros를 새롭게 규정짓고자 했습니다. 통상 에로스는 사랑이나 정욕과 관련이 깊고, 이로부터 새로운 생명이 잉태된다는 의미도 부가되어 왔죠. 그리고 소크라테스는 머릿속에서 지혜를 생산하는 걸 임신 행위의 연장선상으로 보고자 했습니다. 이로써 에로스는 지혜를 골몰하는 신으로 재탄생하게 됐죠. 그뿐만 아니라 소크라테스는 이 목적을 위해 에로스의 기원 역시도 다시 각색했습니다. 그에 따르자면 에로스는 풍요와 수단의 신 포로스Poros와 가난과 궁핍의 여신 페니아Penia 사이에서 태어난 존재입니다. 그래서 끊임없이 궁핍에 시달림과 동시에 그 안에서도 방법을 끊임없이 모색해내는 다소 모순적인 존재라고 서술되죠. 목소리를 직접 들어보자면,

그런데 포로스와 페니아의 아들이었기 때문에 에로스는

다음과 같은 운명에 처하게 되었답니다. 우선 그는 늘 가난하고 많은 사람들이 생각하는 것처럼 섬섬하고 아름다운 것과는 전혀 거리가 멀며, 오히려 피부가 딱딱하고 거칠며 맨발에 집도 없습니다. 늘 땅바닥에서 요도 없이 누워 있고 문가와 길섶에서 하늘을 지붕 삼아 잠이 들지요. 어머니의 본성을 갖고 있어서 늘 결핍과 함께 삽니다. 그런가 하면 또 아버지를 닮아서 아름다운 것들과 좋은 것들을 얻을 계책을 꾸밉니다. 용감하고 담차고 맹렬하며 늘 뭔가 수를 짜내는 능란한 사냥꾼이지요. 분별을 욕망하고 그걸 얻을 기략이 풍부합니다. 전 생애에 걸쳐 지혜를 사랑하며, 능란한 마법사요 주술사요 소피스트입니다.[11]

그래서 소크라테스는 에로스가 완전한 의미에서의 신이 아니라고 봤습니다. 매번 방편을 찾아내는 놀라운 권능을 갖고 있긴 하나, 이 권능을 통해 근원적으로 아로새겨진 결핍을 매우진 못하기 때문입니다.

신들 가운데 아무도 지혜를 사랑하지 않고 지혜롭게 되기를 욕망하지도 않습니다. 이미 그렇기 때문이죠.[12]

앞서 봤듯 소크라테스에게 신은 이미 sophia를 소유한 존재이고, 그래서 에로스처럼 sophia를 갈구하지도 않습니다. 그러면 에로스는 뭐냐? 소크라테스는 이를 신과 인간 사이의 중간적인 존재인 '다이몬'daimon이라고 불렀습니다. 대화편 곳곳에서 자신이 이 존재의 목소리를 들으면서 철학을 심화하고 있다고 고백한 바 있죠. 참고로 이는 전통적인 그리스 신화에는 없는 존재였고, 그래서 훗날 소크라테스에게 새로운 신을 멋대로 들여왔다는 신성모독죄 혐의가 씌워지게 되는 원인이 됩니다.

물론 에로스에 대한 서술에서 읽히는 건 무엇보다 소크라테스 본인일 텐데, 에로스에 대한 페니아적 묘사는 사실상 해진 옷을 걸치고 맨발로만 다녔던 무직자 소크라테스의 생활 그 자체이고, 동시에 포로스적 묘사는 가난 속에서도 끊임없이 아고라를 배회하며 진리를 탐구했던 그의 철학적 여정을 빼닮았기 때문입니다. 그래서 애덤슨Peter Adamson의 지적처럼 『향연』이란 대화편 자체가 소크라테스 본인의 자화상을 그리는 작업에 가까웠다고 볼 수 있죠.[13]

좌우간 이렇게 하여 에로스적 철학자의 초상이 정립됩니다. philosophia는 일견 sophia처럼 보이는 것을 의문시하도록 한 뒤, 그것의 비논리성이나 비완결성을 끊임없이 의식하도록 만드는 기술입니다. 그리하여 자신이 결핍되어 있음을 받아들이는 것, 즉 무지의 지에 도달하게 유도하죠.

또한 이와 동시에 philosophia는 반성적으로 인정된 이 무지를 해결하기 위한 새로운 앎을 추구하는 것이기도 합니다. 좀 더 정확히는 이러한 지의 생산 행위를 누구보다 사랑하는 주체이죠.

그러나 이러한 에로스적 철학자의 초상은 예기치 못한 문제를 일으키게 됩니다―철학에 비극성 분위기가 감돌기 시작했던 것입니다. 몇 걸음 더 가보도록 하겠습니다.

철학적 비극성

잠깐 지금까지의 논의를 정리하자면, 철학은 인류와 세계에 대한 본질을 탐구하는 학문입니다. 그래서 설령 그 형태가 사고실험이라 할지라도, 개념이나 논리의 범용성이 아주 넓습니다. 그리고 범용성은 곧 보편성을 청구하기 위한 근거가 되죠. 문제는 특정 지점을 본질이라고 규정짓는 건, 인류와 세계의 다양성을 억압하고 왜곡하는 결과로 이어질 수 있다는 것입니다. 비트겐슈타인 Ludwig Wittgenstein의 통찰처럼 일반성은 특수성에 대한 평가절하를 통해 생산되는 경향이 짙기 때문입니다.[14] 그래서 철학이 이런 폐쇄성을 옹호하는 학문이 아닌, 되레 바깥을 향해 열린 정신임을 보기 위해 philosophia에 대한 어원적 탐사를 진행했죠. 다시 말해 철학자는 언제나 sophia에 대한 메타적인 시선을 견지하려는 학문입니다.

그렇다면 여기서 무엇이 문제인가? 그건 진리가 사실상 도달 불가능한 것처럼 취급된다는 점입니다. 앞서 본 『향연』은 철학자가 에로스의 사다리를 밟고서 정치적이고도 문화적인 진리들을 끊임없이 추구할 수 있다는 희망찬 분위기로 가득하지만, 그럼에도 면밀한 독자라면 소크라테스가 저 페니아적 결핍이 완전히 해소될 수 있다는 얘기를 절대로 하지 않음을 놓치지 않을 것입니다. 다시 말해 철학적 결핍은 해소 불가능한 근원적 결핍처럼 취급됩니다. 실제로 초기 대화편은 기존에 있던 개념을 비판하는 데엔 성공하나, 정작 그 대안을 말하는 데엔 실패하는 일종의 열린 결말이 많습니다. 이를테면 용기를 정의하려고 시도했던 『라케스』의 경우, 무엇이 용기가 아닌지에 대한 논의는 술술 전개되지만, 그 결론은 소크라테스를 포함한 대화자 모두가 용기에 대해 아무것도 모름을 인정하면서 끝이 나죠. 절제를 논했던 『카르미데스』도 그렇고, 경건함을 논했던 『에우튀프론』도 마찬가지입니다. 모두 지금 자신의 사유 수준으로는 이 개념에 뒤엉킨 논리적인 문제를 해결할 수 없음을 받아들이면서 끝맺음 됩니다.

물론 동시에 이는 납득할 만한 전개이기도 합니다. 스파르타와 그리스 세계를 양분했던 아테네 제국으로 몰려들었던 sophia의 물량 공세는 엄청났기 때문입니다. 게다가 소크라테스 본인도 중무장 보병으로서 참전했던 펠로폰네소스 전쟁이 점차 심화됨에 따라서, 정치적 혼란이 가중되기도 했죠—혼탁한 시절엔 기존 지식들이 항상 시험대에 오르니까요. 그래서 이런 상황에서는 안정감을 추구하기 위해 결론을 빠르게 내리고픈 욕망이 커지게 됩니다. 당연히 이는 본인이 알고 있거나 잘 적응한 바를 곧 진리라고 단정 짓는 것으로 귀결되기 쉽고요. 그래서 소크라테스가 설정한 저 결핍은 나르시시즘을 막기 위한 철학적 시금석이라고 볼 수 있습니다. 참고로 이는 인간과 세계에 대한 근본적인 시작점, 즉 제1시원을 찾으려는 시도에 대해 하이데거가 붙인 주의사항과도 연결될 수 있습니다. 하이데거에 따르면, 시원적인 것의 은폐성은 무엇보다 보존되어야 하며, 그것을 설명하려는 모든 시도는 시원 자체에 도달하기보다는 오히려 시원을 설명하는 자의 관점으로 끌어내릴 위험이 있다고 하죠.[15]

그러나 동시에 철학은 열려 있기 위해 열려 있는 학문은 아닙니다. 독단에 빠지지 않기 위해서 열림을 지향하는 것일 뿐, 열림 자체가 최종 목적일 수는 없죠. 실제로 솔론도 과감한 개혁을 결단하여 밀어붙였고, 소크라테스를 자신의 철학적 페르소나로 내세웠던 플라톤 역시도 논리학이나 정치 분야에서 나름의 정답들을 발표했습니다. 그러나 이것이 저 페니아적 결핍을 모두 해소하진 못했죠. 플라톤이 보여준 논리학에 대한 철학사적 기여는 인정하지만, 오늘날 논리학자들이 플라톤을 주교재로 쓰진 않습니다. 또한 이상적인 정치 체제라고 말했던 철학자-왕 개념 역시도 정치적으로 그다지 계승되지 않았죠. 기나긴 역사의 시선에서 볼 때, 철학자들의 주장은 그 시대의 특수성을 보여주는 데엔 쓸모가 있을지 몰라도, 그것이 시공간을 초월하여 적용되는 보편적인 진리인가에 대해선 언제나 물음표가 찍힙니다. 이 대목에서 진리를 추구하나 정작 진리에는 닿지 못하는 철학적 비극성을 숨길 수 없습니다.[16]

반복컨대 철학자는 인류와 세계의 본질을 추구하는 존재입니다. 이때 철학적 접근이란, 적어도 philosophia의 어원적 전통에 근거하자면, 기존 담론에 대한 폭력적인 규정이나 고수가 아닌 그 유효성을 다시 검증하는 열린 태도에 가깝습니다. 이를 통해 비본질로서 격하됐거나 혹은 아예 사유되지 않았던 것들에 대한 재평가를 실시하죠. 동시에 철학자는 독단적인 자의성을 견제하기 위해 스스로의 무지에 끊임없이 천착하는 존재이기도 합니다. 이 무지의 지는 세계의 복잡성을 향해 끊임없이 열려 있으려는 태도를 낳기도 하나, 동시에 그 열림의 완결을 끝끝내 볼 수 없을 것 같은 절망감을 낳기도 하죠. 다시 말해 철학적 우울증이란 진리를 보호하기 위한 방어기제인 셈입니다.

그러나—동시에—우울증은 엄연한 병입니다. 비대해진 낙담은 오만을 견제하는 것을 넘어서, 지적 활동 자체를 포기하도록 만들죠. 어차피 도달하지 못할 진리라면, 차라리 처음부터 체념하는 것이 더 유의미한 것처럼 느껴지기 때문입니다. 이런 맥락에서 이제부터 관건은 저 철학적 비극성을 유용하게 활용할 수 있을 만큼만 유지하는 일종의 농도 조절일 것입니다. 즉 이른바 멜랑콜리의 기술화인데… 이것이 과연 구호 이상의 논리적 구체성을 지닐 수 있는 과제인 걸까요? 물론 저로썬 의문입니다만, 이 글을 읽고 계신 당신이라면 혹시 다를지도 모릅니다. 포기에 대한 포기엔 확실히 가슴 뛰는 무언가가 있잖습니까?—건투를 빕니다!

본질의 형식

앞서 인용했던 표준국어대사전에 실린 철학의 정의를 다시 옮겨봅시다.

> 인간과 세계에 대한 근본 원리와 삶의 본질 따위를 연구하는 학문.

여기서 지적해볼 점은 일반적으로 사람들이 근본이나 본질을 말할 때, 그 형태를 간략하게 상상하는 경향이 짙다는 것입니다. 보통 광고 문구로 자주 쓰이는 '본질을 지향한다' 같은 말이 어떻게 사용되는지 떠올려보시죠. 이를테면 '의자의 본질'은 보통 편안함이죠. 따라서 의자의 본질에 집중하겠다는 가구회사는 인체공학적 편안함 그 자체에만 초점을 맞추겠다는 선언을 한 셈입니다. 그 외에 의자를 이루고 있는 디자인, 재료, 콜라보 굿즈, 장소에 따른 쓰임새 등 여러 요인을 모두 후순위로 밀어버린 뒤, 오로지 '편안함'이라고 하는 하나의 가치로 의자의 의미를 한정 짓는 거죠. 따라서 일상적인 용례로서 볼 때, 본질은 곧 단순화입니다.

이는 다른 예시도 마찬가지입니다. 가령 '인간은 동물이다'라는 명제를 떠올려봅시다. 대략 두 가지 경우에 이 말을 쓰는 듯한데, 하나는 보통 '동물'이나 '짐승'이 인간 이하의 행동에 대한 비난의 표현이라는 점을 고려할 때, 이 명제는 인간의 맹목적인 이기심이나 위선에 대한 교화 불가능성을 지적할 때입니다. 다른 하나는 의식주 같은 기본적인 요소가 고려되지 않은 형이상학적 기획을 비판하기 위한 수사로도 쓰이기도 합니다. 그러니까 탐욕이나 의식주가 인간사회에 대한 본질임을 지적하기 위해 쓰이는 셈이죠. 그러나 인간 자체는 굉장히 다양한 문맥 속에 존재합니다. 우리는 분명 먹고 자고 싸고 등 동물적인 요소와 많은 것들을 공유하지만, 동시에 고양이가 쇤베르크를 즐기진 않습니다. 또한 사자가 파인다이닝을 즐기지도 않죠. 하지만 '인간은 동물이다'라는 명제는 이러한 비-동물적인 요소들을 모두 괄호 안에 넣어버립니다. 그리고 동물성으로서 인간성을 단순화하죠.

당연한 말이지만 '본질'이라고 명명된 이 단순화된 명제는, 본질에서 탈락한 것들을 종속적으로 재구성합니다. 이를테면 '인간은 동물이다'라는 명제를 하나의 본질로써 발화할 때, 이에 반대되는 것처럼 보이는 친절한 말투, 화려한 복장, 데이트 코스 짜기 등 문화적인 요소들은 생물학적 본능을 위한 행동 정도로 격하됩니다—그러니까 전부 다 잠자리를 노린 수작들에 불과하다는 거죠! 그리고 이때 본질은 모든 비본질이 의존해야 할 목적이 됩니다. 반대로 말하자면, 비본질은 본질의 수단이 된다는 뜻이죠. 그렇기에 '인간은 동물이다'라는 명제가 단지 본인이 다양성을 사유하고 향유할 능력이 없는 걸 합리화하기 위해 만들어낸 전략, 다시 말해 다양성의 주체를 평가절하함으로써 본인의 열등함을 보상받으려는 저열한 심리에 기인했다는 식의 비판을 피해갈 수 있습니다. 반복컨대 '인간은 동물이다'는 어떤 상위 목적의 수단인 것이 아니라, 그 자체로 궁극적인 목적인 본질이라고 여겨지기 때문이죠.

정리하자면, 일반적으로 본질은 단순한 것으로 상상됩니다. 그리고 이 단순성은 비본질의 배후원인이 됩니다—궁극적인 목적이나 기반이 된다는 거죠. 이는 사실상 '전체'입니다. 본질 밑으로 모든 것이 헤쳐모이는 구도죠. 그 평가가 긍정이건 부정이건 간에, 비본질은 어떤 식으로든 본질과의 종속 관계 안에서만 설명됩니다. 그리고 이 지점을 다시 철학에 옮기자면, 아포리즘aphorism이 철학의 오랜 형식이자 지금까지도 이어지고 있는 유행이라는 점은 별로 놀랍지 않습니다. 아포리즘이란 것이, 짧고 간결하면서도 깊은 의미를 담고 있는 경구, 격언, 금언, 잠언 따위를 일컫는 것이니까요.—이는 본질의 형식인 단순성을 훌륭하게 구현해줍니다. 게다가 그 문구 속에 어떤 깊은 의미가 함축되어 있다는 느낌, 즉 전체가 담긴 듯한 느낌까지 선사해주죠—철학을 구현해주는 실로 절묘한 형식이지 않습니까?

이를테면 오늘날 도서 시장의 철학 분야에서 유행하는 형식인 이른바 '철학자의 말' 시리즈를 떠올려보시기를 바랍니다. 부처, 칸트, 소크라테스, 쇼펜하우어, 공자 어록,

스토아적 경구 필사집 등 그 종류가 참 많죠. 이런 책들은 어떤 논리를 빽빽하게 전개하는 것이 아니라, 제목 그대로 철학자가 말한 짧은 문구나 단락 하나 정도를 추려서 소개하고 있습니다. 물론 이 분야에서 제일 유명한 것은 철학계에서 보기 드문 도발적인 문체의 소유자이자 심지어 본인도 아포리즘적 형식으로 철학하기를 즐겨 했던 니체입니다. 유명한 것만 추려보자면, "신은 죽었다". "나를 죽이지 못하는 것은 나를 더 강하게 만든다", "깊이 있는 모든 사상가는 오해받는 것보다 이해받는 것을 더 두려워한다", "너는 너 자신이 되어야 한다" 등 모두 단순화된 아포리즘이죠. 단순화되어 있기에 굉장히 명료하거나 혹은 적어도 명료한 느낌을 줍니다. 그리고 사람들은 이를 철학의 본질적인 형태로서 이해하곤 하죠.

그렇다면 묻건대 이런 것이 '철학'인가?

권력들의 군도

능히 예측되듯, 이런 게 철학이었다면 애당초 이렇게 서두를 꺼내지도 않았을 것입니다.—세상은 명제 하나에 압축될 정도로 단순하지 않습니다. 단일 요인에 의해 어떤 사태가 촉발되는 경우는 드뭅니다. 이를테면 심심하면 경험하는 '대중교통 지연'을 떠올려봅시다. 콘서트나 스포츠 경기 같은 이벤트 때문에 차량이 한꺼번에 몰렸을 수도 있고, 접촉 사고가 났을 수도 있으며, 신호등 오작동이 발생했을 수도 있습니다. 당일 기관사의 컨디션이나 예기치 못한 승객들의 실랑이 등, 이 밖에도 전체적인 대중교통 운행 스케줄이 꼬일 수 있는 요인들은 넘쳐나죠. 여기에 더해, 도시가 처음 설계됐을 때 상정됐던 주민 수를 훨씬 넘어선 인구 과잉 문제, 정치 비리로 인해 설계가 왜곡된 도로 형태, 화석 연료 과다 사용으로 인해 변덕스러워진 기후 등 정치, 경제, 환경학적 요인까지 개입합니다. 다시 말해 하나의 사태는 우발적 요인들과 누적된 다층적인 관계 및 구조가 연동되면서 벌어집니다—단순성의 이면에는 항상 복합성이 있습니다.

이것은 하나의 개념이나 장소에 대해서도 마찬가지로 적용됩니다. 이를테면 '감옥'의 경우를 떠올려봅시다. 단순하게는 '죄를 지은 이를 가두어 두는 기관'으로 설명할 수 있죠. 죄에 대한 처벌을 가하고, 그 처벌을 통해 교화를 유도하려는 기관으로 이해됩니다. 그런데 자세히 보면 이 처벌과 교화는 단일하지 않습니다. 무슨 말이냐면, 처벌은 잘못을 한 이는 벌을 받아야 한다는 도덕의 영역이 개입되는 영역입니다—그래서 조선 시대엔 곤장을 쳤죠. 그런데 근대적인 의미에서의 교화는 정치 및 경제적인 의미가 강합니다. 이때 감옥은 단순 격리 시설이기만 한 것이 아니라, 그 안에서 시간표, 공간 배치, 활동 통제 등 세밀한 규율이 작동하는 공간이기 때문이죠. 그리고 이 방식은 자본주의와 연동됩니다. 현대인은 출근 시간을 지키고 정해진 규칙과 시간표에 따라 움직여야 합니다. 또한 가석방 심사와 성과급 심사는 모두 일종의 성적을 산정하는 방식입니다. 다시 말해 감옥에서 실시되는 교화는 곧 사회화이고, 그 기준은 자본주의입니다. 푸코는 규율 권력이 근대 이후 자본주의의 발전과 불가분의 관계를 맺고 있다고 봤죠.[17]

그런데 문제는, 현실에서 감옥은 되레 죄수의 재수감률을 높여버린다는 것입니다. 장기간 감옥에 수감되면서 사회의 적응력을 상실하고, 낙인 효과로 인한 낙담이 곧 재범의 유혹을 높이며, 다양한 범죄자들이 모인 감옥이 일종의 범죄 학교 역할을 하는 등 이에 대한 사회학적 분석은 넘쳐나죠. 심지어 앞서 소개했던 푸코는 감옥이 되레 범죄자를 생산하는 곳이라고 보기도 했습니다. 강연의 한 대목을 인용하자면,

왜 감옥은 이러한 반反생산성에도 불구하고 남아 있었을까요? 저는 사실 그것이 범죄자들을 생산했으며, 범죄가

우리 사회에서 모종의 정치경제적 유용성을 지니기 때문이라고 대답하겠습니다. 우리는 범죄의 정치경제적 유용성을 어렵지 않게 폭로할 수 있습니다. 우선 범죄자가 많을수록 더 많은 범죄가 생길 것입니다. 범죄가 더 많아질수록 인구 내에 더 많은 공포가 있을 테고, 더 많은 공포가 있을수록 치안 통제 체제는 훨씬 더 수용할 만한 것이 되고 심지어 바람직한 것이 될 테지요. 내부에 이 작은 위험이 영구히 존재한다는 것은 통제 체계를 수용 가능하게 하는 조건들 가운데 하나입니다.[18]

그러니까 이 맥락에서 범죄자는 사회를 통제하려는 권력의 자가증식적 속성을 드러내는 요소입니다. 자유를 억압하는 조치를 자발적으로 받아들이게 만드는 일종의 기술인 거죠. 참고로 같은 강연에서 푸코는 이외에도 합법의 테두리엔 들어오지 못했지만 분명 경제적인 이윤이 되는 업종들을—매춘, 도박, 밀수, 마약 등—운용하는 주체 또는 야당이나 노조 파괴를 위한 정치 깡패의 수요도 언급하고 있습니다. 그리고 또…('감옥'이 예시를 넘어 주제가 되어 버리기 전에 이쯤에서 일단락하겠습니다!). 좌우간 종합하자면, 감옥이라는 공간은 도덕, 정치, 경제, 심리학, 통치, 치안, 지하경제, 성적 쾌락, 테러 등 굉장히 다양한 영역들이 개입하여 구성되는 복합 공간이라는 것입니다. 그래서 푸코는 사회를 단일체로 이해해선 안 됨을 강조했죠.

> 사회는 오로지 하나의 권력만 행사되는 단일체가 아닙니다. 실제로는 상이한 권력들이 병치, 연결, 결집, 위계를 이루고 있으며, 각각의 권력은 그럼에도 나름의 특수성을 유지합니다. … 사회는 상이한 권력들의 군도입니다.[19]

종교 혹은 전투유머

대중교통 지연과 감옥에 대한 개략적인 설명만 했는데도 벌써 분량을 이렇게나 집어삼켰는데, 세계 그 자체는 어떻겠습니까? 거대한 외연을 갖는 존재, 동물, 물질, 정치, 질서 따위의 추상적인 명사들로 가리켜 볼 수는 있겠지만, 이에 대한 구체적인 해명과 관계에 대한 논리적인 기술은 사실상 불가능에 가깝습니다. 그래서 보통 '본질'이라고 일컬어지는 것은 뜯어보면, 대개 자신의 어떤 협소한 경험을 근본 원리라도 되는 것처럼 확대 적용했거나 혹은 그 시대의 담론이 진리라고 정해준 안전한 울타리 안에서 반복 재생된 소리인 경우가 대부분이죠.

이런 맥락에서 단순화 혹은 명료화는 무엇보다 반反 진

리의 징표라고 할 수 있겠습니다. 그저 철학이 단순했으면 하는 욕망이 투영된 관념에 지나지 않는다는 거죠. 그렇다면 섣불리 단순화하지 않고 복잡한 논리 체계를 감수하는 방식으로, 그렇게 철학함을 성실히 개진했을 때 본질에 도달할 수 있는가?―애석하게도 어떠한 확답도 줄 수 없습니다. 이를 끊임없이 시도하는 과정에서 지혜가 늘어나거나 심화되는 것은 긍정할 수 있겠지만, 이는 완결점이 아닌 소실점에 가깝기 때문입니다. 자신이 세상사에 대한 일종의 대통일 이론을 발견했고, 이를 가지고 위대한 항로로 들어선다면?―상이한 권력들의 군도를 배회하다가 난파당하기 일쑤입니다.

그러나 문제는 세계의 복잡성이라는 이 진실이 견딜 수 없는 불안을 낳는다는 것입니다. 서두에서 철학을 어떻게 정의했었죠? 삶의 근본 원리이자 본질입니다. 그런데 이 중요한 것이 너무도 복잡하고 모호해서 이해될 수도 없고, 그래서 사용할 수도 없다면?―여기서 촉발되는 불안은 견디기 힘든 것입니다. 따라서 이 진리가 단순하고도 명료했으면 하는 욕망을 품는 건 아주 자연스러운 귀결입니다. 내 손에 삶과 세계에 대한 확실한 나침반이 주어져 있다면, 모호한 안개 속에서 헤매다가 우울증에 빠지는 꼴은 피할 수 있겠죠. 통제력을 확보하고 싶은 욕망은 인간의 근원적인 욕망입니다. 또한 쉽게 추측되듯, 이 바람으로부터 명료한 진리를 원하는 것이 아니라, 명료한 것이 곧 진리였으면 하는 뒤틀림은 그리 멀리 떨어져 있지 않습니다. 당장 주변만 둘러봐도 단순함의 애호가들이 넘쳐나죠. 참고로 덧붙이자면, 이는 미래에도 결코 개선되지 않을 것입니다. 이는 기술의 발전과는 완전히 무관합니다. 첨단 기술이 집약된 스마트폰이 점괘를 대체했나요?―그럴 리가! 대신 예전엔 직접 찾아가야 했던 점집을 손바닥 안으로 옮겨왔죠. 기술은 비합리성을 효율화합니다.

잠깐 옆길로 샜는데, 다시 돌아오도록 하겠습니다. 이런 맥락에서 철학은 얼마든지 종교와 비슷할 수 있습니다. 버트런드 러셀Bertrand Russell은 종교를 미지에 대한 공포를 불식하기 위한 수단이라고 봤죠.

> 종교의 일차적이고도 주요한 기반은 두려움이라고 나는 생각한다. 그것은 한편으로는 미지의 것에 대한 공포이기도 하고, 한편으로는 앞서 말한 것처럼 여러분이 온갖 곤경이나 반목에 처했을 때, 여러분 편이 되어줄 큰형님이 있다고 느끼고픈 갈망이기도 하다. 두려움은 그 모든 것의 기초다.[20]

마찬가지 맥락에서 철학은 종교가 왜곡한 세계에 대한 참된 모습을 밝혀주는 계몽의 치료제 같은 게 아니라, 되레 종교처럼 세계를 왜곡되게 재현하는 또다른 수단일 수 있습니다. 라캉Jacques Lacan은 어디선가 '사물은 항상 베일에 둘러싸인 단위처럼 제시된다'고 말한 적이 있는데, 실제로 철학은 본질이라고 상정된 개념이나 논리로서 세계를 환원하기 때문입니다. 반복컨대 세상이 하나의 카오스라는 결론을 단호하게 내리는 건 결코 쉽지 않은 일입니다. 대화 중에 자신이 우연성을 감당할 수 있는 강인한 존재임을 과시하기 위해, 입으로 카오스적 주체가 되는 건 누구나 할 수 있는 일이지만, 혓바닥이 아닌 삶 자체 내에서 이를 소화하는 것?—불가능하고도 불가능합니다. 이런 맥락에서, 러셀이 세계의 카오스성을 받아들이는 방식을 '유머'로 정한 것은 결코 간과해선 안 되는 양식입니다.

> 우리가 살고 있는 세상은 혼돈과 우연의 결과라고 볼 수 있다. 그러나 만일 인간 세상이 세심한 목적에서 나온 산물이라고 한다면, 그 목적은 아마도 악마의 목적이었을 것이다. 나로서는 우연이라고 보는 것이 좀 덜 고통스러우며, 보다 그럴듯한 가정이라고 생각된다.[21]

현실을 풍자하면서도 종교를 비꼬는 방식으로 재치와 웃음을 유도하고 있습니다. 하지만 기본적으로 유머는 방어 기제의 일종입니다. 심각하고 위협적으로 느껴졌던 대상이나 사태를 우스꽝스럽게 재구성함으로써—그러니까 그것을 마치 가벼운 사안인 것처럼 취급함으로써—순간적으로나마 불안에서 벗어나는 기술인 거죠. 그렇기 때문에 단연 유머가 빛을 발하는 곳은 전쟁터입니다. 이를테면 포격이 멈춘 후 침묵이 흐를 때, 누군가가 천연덕스럽게 "어? 벌써 끝났어? 난 아직 총알도 못 쏴봤는데!"라고 말하는 유머를 떠올려봅시다. 진실은 여기저기 포탄이 떨어지는 죽음의 공포로 가득 찬 상황 속에서 아무것도 할 수 없었다는 것이지만, 이를 마치 포격이 너무 짧아서 대응할 기회를 놓쳤다는 듯이 조작하고 있죠.—이른바 '전투 유머'는 극단적인 심리적 스트레스를 해소하며 제정신을 유지하도록 돕습니다. 마찬가지 맥락에서 러셀의 혼돈에 대한 유머러스한 고찰은 전투 유머적 성격을 띤다고 할 수 있겠습니다. 이 에세이가 적혔을 것으로 추측되는 1940년대 말이 묵시록적 파괴를 보여줬던 제2차 세계대전이 끝난 직후였다는 점은 결코 우연이 아닐 것입니다.

철학자의 기질

여기까지 논했을 때—이 진리를 감당하는 것의 가혹함에도 불구하고—우리는 우발성을 곧 세계와 인간사의 근본 원리로서 선언해볼 수 있습니다. 자신의 폐활량이 적더라도, 폐활량이 큰 육상선수의 신체적인 특징에 대한 연구를 하지 못 할 이유는 없죠. 물론 이런 선언을 우리가 처음 하는 것은 아닙니다. 이를테면 기원전 1세기 로마에서 활동했던 루크레티우스Titus Lucretius Carus가 모든 존재는 원자들의 우연한 마주침에 의해 구성되고 해체되기를 반복한다는 존재론을 내놓았죠. 그러나 이 계보는—마치 그 가르침처럼—우발적으로 솟았다가 끊어져 버렸습니다. '인간의 지성은 본질적으로 피상적이기에 우리는 끊임없이 환상 속에 산다'[22]라고 선언하며 지성의 배후에 존재하는 카오스를 역설했던 니체의 목소리를 듣기 위해서는 세기말까지 기다려야 했고, 루크레티우스에 대한 적극적인 재발굴이 이뤄지기 위해서는 20세기 중반 루이 알튀세르를 기다려야만 했죠. 그전까지 우발성의 철학은 주류 철학사로 들어가기 위한 시민권을 발급받지 못했습니다—몇 가지 단서 조항이 달린 임시체류증을 받는 것조차 버거웠죠! 카오스를 곧 본질이라고 말할 수 있게 된 역사는 그리 길지 않습니다. 문헌학적으로 철학사의 최대 주주가 반카오스적 본질이라는 건 부정할 수 없는 사실입니다.

그렇다면 대부분의 철학은 유사 종교인가? 안정감을 도모하기 위한 논리적 심신안정제에 지나지 않는 것인가?—앞서 살폈듯 이러한 성향이 완전히 없음을 부정할 수 없지만, 동시에 완전히 그렇다고도 볼 수 없습니다. 왜냐하면 결정적으로 철학자는 데우스 엑스 마키나 같은 초월적인 요인을 상정하진 않기 때문입니다. 다시 말해 본인이 근본 원리나 본질이라고 내세우는 것에 대한 근거를 끊임없이 갈구하는 존재입니다. 이번에도 러셀의 생각을 옮기자면,

> 철학자의 기질은 매우 드문데, 상충되는 두 가지 특징을 결합되어야 하기 때문이다. 그중 하나는 우주나 인생에 대한 일반적 명제를 믿고자 하는 강한 욕구이고, 다른 하나는 지적으로 타당해 보이는 근거가 없으면 쉽사리 믿지 못하는 무능력이다. 깊게 생각하는 철학자일수록 자신이 지적으로 납득할 수 있는 상태에 도달하기 위해 스스로 만들어내는 오류도 더욱더 정교하고 복잡해지는 법이다. 철학이 모호한 이유가 여기에 있다.[23]

철학적 기질의 근간이 '무능력'이 있다는 이 영국적 냉

소는 숙고해볼 가치가 있습니다. 앞서 봤듯 일반적으로 사람은 본인에게 익숙한 걸 곧 본질로서 확대 적용하려는 성향이 있습니다―본인이 세상을 전혀 모른다는 데서 비롯되는 불안을 (망상적으로라도) 해결하기 위함이라고 설명했죠. 그런데 동시에 이는 자신에 대한 강한 자신감이 없으면, 불가능한 성취(?)입니다. 믿을 만한 근거라는 것이 자신이 주변에서 보고 겪은 게 전부임에도 불구하고, 그 협소하기 짝이 없는 것을 곧 우주라고 여길 수 있으려면, 그 주체는 얼마나 자신의 능력을 신뢰하는 것이겠습니까? 칸트 식으로 말하자면, 기껏해야 개별 경험이나 판단에 지나지 않는 것을 곧 세계의 모든 것을 아우르는 최종적인 통일성으로 격상시키는 이성Vernunft의 능력이 탁월하다고 볼 수 있겠는데, 다만 이때 Sapere aude(과감히 알려고 하라!)는 Credere aude(과감히 믿으려고 하라)로 교체됩니다.

그러니 철학자는 이런 믿음의 능력이 결여되어 있습니다. 세계를 관통하는 어떤 본질을 찾으려고 시도하되, 이에 대한 근거는 반드시 세계 내에서 찾아져야만 합니다. 그런데 앞서 세계는 복잡하고도 우발적인 공간이라고 했죠. 따라서 우연성 자체를 진리라고 말할 것이 아니라면, 철학자가 무언가를 본질이라고 주장하더라도, 이는 곧 무수한 반례를 낳을 수밖에 없습니다. 이 반례는 간단히 무시될 수 없는데, 반복컨대 믿음의 능력이 부족한 철학자는 지적으로 타당한 근거를 끈질기게 요청하는 주체이기 때문입니다. 그렇다면 철학자에게 반례는 어떻게 취급되는가?

주목해야 할 것은 지금 이 철학자의 주장이 과학적 가설이 아닌 철학적 테제라는 것입니다. 제가 말하고자 하는 바는, 테제는 반례나 오류가 나타났다고 해서 쉽게 철회될 수 있는 것이 아니라는 것입니다. 애당초 테제는 철회되려고 세우는 것이 아니기 때문입니다. 서두에서도 말했었죠. '인간은 동물이다'라는 본질적인 명제는 인간의 비동물성의 배후에 동물성이 존재한다고 주장합니다. 그러니까 사실 모든 비동물성은 곧 동물성의 변형이나 가면이라는 거죠. 이처럼 본질은 비본질을 위계화합니다. 비본질의 존재 자체를 소거하는 것이 아니라, 자신의 설명 체계 안으로 재편성하는 속성을 갖는다는 거죠.

편협하고도 생산적인 무능력

그래서 본질을 정립하고자 제기된 철학적 테제는 그 본성상—놀랍게도—오류를 낳을 수가 없습니다. 예시를 하나 더 들자면, 아리스토텔레스가 주장한 인간사회의 본질은 '인간은 사회적 동물이다'라는 명제를 생각해봅시다. 물론 인간이 사회로부터 많은 영향 관계를 주고받는다는 것은 사실입니다. 그러나 동시에 아무리 가까운 관계 속에서도 완전히 공유되지 않는 내면세계가 존재한다는 것 역시도 사실이죠. 또한 극한의 개인주의적 성향이나 종교적 은둔의 경우처럼 반드시 사회적 관계 속에서만 의미를 찾는 건 아니기도 합니다. 따라서 인간은 본디 사회적 존재가 아니지만, 어떤 압박력에 의해 어쩔 수 없이 사회를 구성하게 됐을 뿐이란 반론도 얼마든지 가능합니다.

그렇다면 이 도전에 맞서 '인간은 사회적 동물이다'라는 명제를 어떻게 변호할 수 있는가? 이를테면 그 개인주의적 성향은 자신이 원할 때면 언제든지 친구나 동료를 만날 수 있는, 다시 말해 언제든지 사회성을 회복할 수 있는 조건 속에서만 허락되는 작은 일탈에 불과하다고 재반박할 수 있습니다. 비사회성의 활성화 조건 자체가 사회성이라는 거죠. 종교적 은둔성 또한 비사회성의 자발적인 활성화가 아닌, 세속사회에 대한 환멸 같은 사회적 반작용인 경우가 대부분입니다. 게다가 그 양태 역시도 머릿속으로 신과 자연 그리고 자신으로 구성된 새로운 사회를 만들려는 또다른 사회성의 망상적 발현으로 나아가고요. 실제로 역사적으로 종교적 은둔은 개별적인 행위가 아닌 새로운 종교적 공동체가 구성되는 방향으로 나아가지 않았습니까?

따라서 이런 변호 과정을 통해 '인간은 사회적 동물이다'라는 테제는 자신에 대한 반론들을 역으로 자신의 한 사례로서 포섭합니다. 되레 그 반례들이야말로 자신의 테제가 옳다는 증거라는 재반박이 이뤄지는 거죠. 그래서 반복컨대 철학적 테제는 그 본성상 오류를 낳을 수가 없습니다. 이런 예시는 넘쳐납니다. 근본적으로 인간은 이기적이다!―이타심은 어떻게 설명할 텐가?―아니다, 그것은 겉으로만 이타적으로 보일 뿐, 실제로는 그 이타심을 통해 형성되는 신뢰가 더 큰 이윤으로 돌아오기에 행해지는 고차원적 이기심의 발로일 뿐이다. 근본적으로 인류의 역사는 계급투쟁의 역사이다!―고흐의 그림은 별로 계급적이지 않은 것 같은데?―아니다, 그것은 겉으로만 비계급적인 것으로 보일 뿐, 실제로는 계급적인 문제가 아로새겨져 있는데, 가령 물감 캔버스에 두껍게 덧발라 질감을 살리는 고흐 특유의 임파스토Impasto 기법은 그의 일렁이는 내면세계를 표현하는 것이고, 그 격정의 주된 요인인 고통은 계급적인 부조리에서 비롯된 것이기 때문이다―실제로 고흐는 당시 사회의 가장 낮은 계층에 속했던 농부나 프롤레타리아였던 광부들과 깊이 교류하지 않았던가? 기타 등등.

그렇다면 철학은 출구 없는 환원주의일 뿐인가?―저는

충분히 그럴 수 있다고 봅니다. 그러나 동시에 이 환원주의는 그리 단순한 게 아닙니다. 앞서 본 '인간은 사회적 동물이다'의 사례에서 비사회성의 활성화되기 위한 조건이거나 은둔적 정신의 사회적 발현 같은 새로운 설명을 발견했던 것처럼, 실로 역설적이게도 철학적 테제는 자신을 변호하는 과정에서 해석적 풍부함을 낳습니다. 물론 이는 러셀의 냉소처럼 "지적으로 납득할 수 있는 상태에 도달하기 위해 스스로 만들어내는 오류도 더욱더 정교하고 복잡해지는" 것이라고도 볼 수 있겠지만, 동시에 이 복잡성을 곧 허튼소리로 환원할 수는 없습니다. 테제를 고집스럽게 밀고 나가지 않았다면 발견할 수 없었을 새로운 논점들이 존재함을 부정할 필요는 없지 않습니까?

　이것이 바로 철학적 무능력이 가진 기묘한 지점입니다. 반복컨대 철학은 본질을 강력히 욕망하기 때문에, 어느 지점에서 이를 테제로써 정립하고야 맙니다(그렇기에 정립은 발견이라기보다는 발명에 가깝습니다). 그리고 그걸 끝까지 밀어붙이죠. 이 구도에서 세계는 진리가 추론되어야 할 무대가 아니라, 반대로 구현되어야 할 무대입니다. 그래서 이는 반례들이 가진 독립성이나 풍부함을 자신의 테제로 환원해버리는 편협함의 계기를 분명 갖습니다—이때 철학은 종교의 모습을 하고 있는 듯하죠. 그러나 동시에 철학은 반례의 존재를 무시하는 것이 아닌, 이를 새롭게 설명하여 자신의 논리 체제 안으로 재편성하려고 합니다. 그러니까 어떤 의미에서 철학은 반례와 적극적으로 마주하려고 한다는 점에서 확증편향의 반대항인 거죠. 즉 철학적 테제는 반례의 존재를 인식하는 계기가 됩니다. 또한 이를 해석하는 과정에서 비롯되는 깊어짐의 계기 또한 내재하죠. 그렇기에 철학자는 포용적이면서도 독단적입니다—기묘한 생물이죠?—러셀의 말마따나 철학자의 기질은 매우 드뭅니다.

    이만 마칩니다. 총총.

1 지그문트 바우만, 정일준 역, 『현대성과 홀로코스트』, 새물결, 2013, 136쪽.
2 테오도르 W. 아도르노·M. 호르크하이머, 김유동 역, 『계몽의 변증법』, 문학과지성사, 2001, 25쪽.
3 같은 책, 360~361쪽.
4 피에르 아도, 이세진 역, 『고대 철학이란 무엇인가』, 열린책들, 2017, 49쪽에서 재인용.
5 디오게네스 라에르티오스, 김주일 외 3명 역, 『유명한 철학자들의 생애와 사상』, 나남, 2021, 87; 94; 102; 107쪽.
6 헤로도토스, 김봉철 역, 『역사』, 길, 2016, 78~79쪽.
7 피에르 아도, 이세진 역, 『고대 철학이란 무엇인가』, 열린책들, 2017, 41~42쪽.
8 헤로도토스, 김봉철 역, 『역사』, 길, 2016, 80~81쪽.
9 디오게네스 라에르티오스, 김주일 외 3명 역, 『유명한 철학자들의 생애와 사상』, 나남, 2021, 71쪽.
10 플라톤, 김주일 역, 『파이드로스』, 아카넷, 2020, 148~150쪽.
11 플라톤, 강철웅 역, 『향연』, 아카넷, 2020, 124~125쪽.
12 같은 책, 125쪽.
13 피터 애덤슨, 김은정·신우승 역, 『소크라테스와 플라톤』, 전기가오리, 2017, 253쪽.
14 루트비히 비트겐슈타인, 이영철 역, 『청색 책·갈색 책』, 책세상, 2006, 42쪽.
15 마르틴 하이데거, 이선일 역, 『철학에의 기여』, 새물결, 2015, 274쪽.
16 피에르 아도, 이세진 역, 『고대 철학이란 무엇인가』, 열린책들, 2017, 93~94쪽 참고 바람.
17 미셸 푸코, 오생근 역, 『감시와 처벌』, 나남, 2003, 2부 1장 「순종적인 신체」 부분을 참조할 것.
18 미셸 푸코, 이상길 역, 『권력과 공간』, 문학과지성사, 2023, 32~33쪽.
19 같은 책, 18쪽.
20 버트런드 러셀, 송은경 역, 『나는 왜 기독교인이 아닌가』, 사회평론, 2005, 40쪽.

21 같은 책, 115쪽.
22 프리드리히 니체, 이상엽 역, 『니체 전집5: 유고(1872년 여름-1874년 말)』, 책세상, 2002, 19[49].
23 버트런드 러셀, 장석봉 역, 『생각을 잃어버린 사회』, 21세기북스, 2025, 96쪽.

진리의 두 얼굴

진리와 태초의 혼돈

진리. 우리는 '진리'에 대해 어느 정도 알고 있다고 생각합니다. 그도 그럴 것이, 개인의 주관적인 의견이나 감정과는 상관없이 무조건적으로 옳은 거죠. 이를테면 누군가에겐 1+1이라는 수식은 어딘가 냉혹하게 느껴질 수 있습니다. 그러나 냉혹성은 저 수식에 대한 진리가 아닌 주관적인 감상입니다. 대부분 동의하겠지만, 1+1=2라는 수학적 귀결이 진리이죠. 이 계산은 비가 오건 눈이 오건 미국에서 보건 아르헨티나에서 보건 남자가 풀건 여자가 풀건 비건이 풀건 하여간에 뭐가 됐건 간에 동일하게 적용된다고 여겨집니다. 실제로 표준국어대사전에도 진리는 이렇게 규정되어 있죠.

> 언제 어디서나 누구든지 승인할 수 있는 보편적인 법칙이나 사실.

지금까지 한 말에서 쓴 키워드들을 추려보자면, 우리가 대략적으로 공유하는 진리의 이미지는 무조건성, 수학, 논리, 동일성, 보편적인 법칙, 사실 따위가 겹쳐진 무언가입니다. 그리고 이는 일반적인 상식에 부합합니다. 20세기 중반 전개되기 시작한 비선형 동역학이나 분자 유전자학을 전공했거나 혹은 예술적으로 아주 고유한 신념체계를 갖춘 사람이 아닌 이상에야, 진리를 혼돈으로 떠올리진 않기 때문이죠. 그리고 실제로 많은 이들이 질서적인 형태의 진리가 실제로 세계 내에서 작동하고 있다고 믿습니다. 비단 물리법칙뿐만 아니라, ceteris paribus(다른 모든 조건이 동일하다면)이란 단서 조항을 사랑하는 경제학 원리들, 온갖 통계학적 경향, 의학에 근거한 헬스 훈련법, 정치적 발전단계설, 미디어에서 쏟아지는 미적 표준들, 그리고 통상 처세술을 일컫는 소위 '인간사의 진리'까지—사람들이 믿거나 혹은 자기도 모르게 믿고 있는 진리는 실로 다양합니다. 그렇다면 왜 이렇게 됐을까?

먼저 짚자면, 이렇게 진리를 질서의 형태로 떠올리는 경향은 과학이 전면화된 근대 이후의 특별한 경향이 아닙니다. 갈릴레이가 태어나기 한참 전의 인류 역시도 진리를 질서적으로 떠올렸습니다. 이는 사실상 인류 정신사의 시작점과 함께했다고 봐도 무방할 정도인데, 가령 그리스 신화에서 혼돈을 취급하는 방식이 대표적입니다. 영어권에서 혼돈을 뜻하는 chaos의 어원은 고대 그리스어 khaos입니다. 어릴 적에 만화로 보는 그리스 신화가 유행했기에 다들 익숙하시겠지만, 그리스 신화에서 이 카오스는 우주가 시작된 태초 상태로서 설정됩니다. 헤시오도스Hesiodos는 태초에 카오스가 있었고, 그런 다음에 만물이 자리할 대지가 생겨났으며, 이어서 머지않아 신들의 거처가 될 올림포스 산과 저승이 생겨났다고 노래했죠.[1]

이때 주목해볼 것은 가이아가 풍만한 가슴을 가진 여성의 모습으로 형상화되는 것과 달리, 카오스는 인격신이 아니라는 것입니다. 실제로 헤시오도스는 『신들의 계보』에서 카오스를 하나의 장소처럼 취급하기도 합니다.[2] 또한 헤시오도스보다 앞선 호메로스Homeros의 작품에서도 카오스가 인격적 존재로서 등장하는 장면은 어디에서도 찾아볼 수 없습니다. 이런 맥락에서 아리스토텔레스가 『자연학』에서 카오스를 일종의 공간chōra과도 같은 것으로 봤다는 것은 신화적 전통의 수용이라고 볼 수 있겠습니다.[3]

이처럼 카오스는 형태도, 언어도 갖지 않습니다. 저는 이것이 중요한 함의를 품고 있다고 보는데, 왜냐하면 이는 혼돈을 인격화할 수 없음을 보여주기 때문입니다. 물론 이는 어떤 의미에서는 아주 당연한 귀결입니다. 인격화의 본질이란 일종의 질서, 즉 반-혼돈이지 않습니까? 심지어 그 양태가 극단적인 악행이라 할지라도 인격화된 악은 최소한의 납득 가능한 동기와 이유를 갖습니다―어린 시절 겪은 극단적인 트라우마가 작용했기 때문일 수도 있고, 정신병 연기를 해서 감형을 받으려는 것일 수도 있으며, 선천적으로 충동 조절 및 도덕적 판단을 수행하는 전두엽에 문제가 있어서 그런 것일 수도 있죠. 반면에 혼돈 그 자체는 설명이 불가능합니다. 혼돈은 인과도 없고 뚜렷한 형태도 없습니다. 무엇이든 가능하고 무엇이든 불가능한 상태―그것이 곧 혼돈입니다. 심지어 혼돈은 죽음충동에 속하지도 않습니다. 죽음을 통해 안식을 얻고픈 충동은 고통 회피라는 명확한 욕망을 갖고, 또한 이를 수행하기 위한 일련의 자살 계획도 갖습니다. 이는 설령 비극적일지언정 모두 이해 가능한 범위에서 벌어집니다. 그리고 이해는 혼돈과는 정확히 반대되는 지점이죠. 반복컨대 혼돈은 근본적으로 불가해한 사태입니다―도무지 이해되지 않기에 혼돈이라 부르는 것입니다.

따라서 그리스적 신화 전통에서 혼돈이 인격화되지 않는다는 것은, 인격의 기준을 곧 이해 가능성으로 잡은 것이라고 볼 수 있습니다. 불가해성을 인간성에서 퇴출하려는 기획인 거죠. 실제로 '신화'라는 것 자체가 세상이 어떻게 시작됐고 자연 현상의 이유가 무엇인지를 알려주는 가장 오래된 설명 체계이지 않습니까? 다시 말해 신화라는 매체 자체가 반-혼돈을 지향합니다. 이것은 헤시오도스에게서 언급된 이후부터 카오스의 위상이 계속해서 축소되어가는 근본 이유이기도 합니다.

이를테면 올림포스에 존재하는 제우스, 헤라, 아테나, 아레스 같은 개성 넘쳐지는 신들이 서로 사랑하고 다투면서 온갖 사건들을 인간 세계에서 일으키게 된다는 것, 이것이 그리스 신화의 기본 골조이죠. 그렇다면 이렇게 물어볼 수 있습니다—신들의 다툼이 곧 카오스인 건 아닐까?—대답은 '아니오'입니다. 혼란은 표면적으로 나타난 결과일 뿐, 이는 모두 운명, 즉 모이라moira에 의해 예정된 결과로서 설명되기 때문입니다. 실제로 오만이나 무지에 의해 신들이 정해놓은 범위를 넘어서는 일이 벌어지더라도, 이는 일시적인 일탈일 뿐, 머지않아 인과응보를 담당하는 운명의 손길에 의해 바로잡힐 것으로서 취급되죠.❖ 또한 올림포스

❖ F. M. 콘퍼드, 남경희 역, 『종교에서 철학으로』, 이화여자대학교출판부, 1995, 17쪽. "능력은 잠시 자신의 합당하고 정상적인 한계를 넘어서 발휘될 수 있어, 신들이나 심지어 인간까지도 이 불가능한 것을 성취할 수 있다. 그러나 그러한 발휘는 전혀 바람직하지 않고 위험스러운 것이다. 왜냐하니 신들에게나 인간에게나 그들의 능력을 정상적으로, 올바르게 한정하는 어떤 운명적인 한계가 있기 때문이다. 이 한계를 넘어서는 것이

체계가 갖춰지면서 혼돈과 광기는 근원적인 것이 아닌, 한낱 수단으로서 축소됩니다. 이를테면 헤라클레스가 미쳐서 자신의 아내와 자식들을 죽이게 된 장면을 떠올려봅시다. 이는 격노와 광기가 의인화된 여신 리사$_{Lyssa}$가 헤라의 명령을 받고서 헤라클레스에게 광기를 주입한 결과인데, 이때 혼란은 올림포스 12신의 하수인 중 하나로 격하되고 있죠. 그러니까 카오스는 모이라의 하위범주 및 수단으로 축소돼버린 것입니다.

플라톤부터 중세 기독교까지

이렇게 카오스를 축소하거나 은폐하는 작업은 신화에서 철학으로 넘어간 뒤에도 마찬가지입니다. '서양 철학은 플라톤의 각주에 불과하다'라는 말의 주인공인 플라톤이 대표적인데, 아무래도 플라톤은 헤시오도스가 노래한 우주의 기원이 불만족스러웠던 모양입니다. 그래서 『티마이오스』에서 아예 자기만의 새로운 우주 창조론을 펼쳤죠. 여기서 본래부터 있었던 것을 질료인 코라$_{chōra}$라고 불렀는데,

> 가능하긴 하나, 이는 즉각적으로 네메시스(인과응보, nemesis)를 도발하는 위험을 무릅쓰고서이다."

이는 "비례logos도 없고 척도metron도 없는 상태로alogōs kai ametrōs"[4] 존재한다고 규정됐습니다. 그러니까 본래 카오스가 담당하고 있던 속성을 코라로 옮겨버린 것입니다. 왜 그랬을까?

앞서 본 헤시오도스적 신화 체계에서 카오스는 비록 인격화되지도 않고 처음 언급된 이후 다시 거론되는 일도 거의 없지만, 그럼에도 불구하고 시초를 담당하는 근원적인 요인으로 남아 있습니다. 그래서 헤시오도스적 카오스는 단순 무질서함이 아닌 어떤 창조적이고도 자발적인 성격을 담지하고 있죠. 플라톤은 이렇게 카오스에 근원적인 권능이 있다는 설정이 전혀 마음에 들지 않았던 것입니다. 혼돈으로부터 질서가 비롯됐다는 설명은 질서의 완전성을 위협하기 때문입니다―기원상 질서에 혼돈의 피가 섞인 듯한 불쾌감이 드는 거죠. 그래서 플라톤은 코라의 무질서함에서 질서를 배태할 자발성 자체를 제거했습니다. 그리고 혼돈을 마치 조각가의 손을 기다리는 대리석처럼 수동적인 존재로 격하시켰죠. 플라톤의 천지창조론에 따르자면, 데미우르고스Demiurge라는 신적 존재가 이 코라에 질서를 부여하면서 비로소 오늘날의 세계가 열리게 됐다고 기술됩니다. "이처럼 가만히 있지 않고, 조화롭지 못하며 무질서하게 움직이는 가시적인 모든 것을 그(데미우르고스)가 받아서는, 그것들을 무질서 상태ataxia에서 질서 있는 상태taxis로 이끌었습니다."[5]

그래서 세계가 뭐냐?―신이 부여한 설계에 부합하려는 코라입니다. 물론 플라톤적 관점에서 질료는 형상보다 열등하기 때문에 코라가 항상 온전한 형태를 갖추는 것은 아닙니다. 현실에서도 설계도 그대로 집이 지어지지 않는 경우가 있듯이 말입니다. 그러나 이때 발생하는 오류는 카오스처럼 파괴적인 역동성이나 자체적인 생산력을 가지지 않습니다. 마치 녹이 슬듯 수동적으로 부식하거나 무너질 뿐입니다. 그러니까 플라톤은 카오스의 시원적 속성마저 제거함으로써 우주론에서 카오스라는 이름 자체를 지워버린 셈입니다.

참고로 이런 경향은 그리스 문명이 퇴조한 뒤 유럽 사회를 지배하게 된 '기독교'에서 더욱 강화됩니다. "태초에 말씀이 계시니라 …"라는 「요한복음」의 1장 1절처럼 기독교의 우주론에선 플라톤적 코라 같은 질료 자체가 시원적인 것에서 배제돼버립니다. 시초나 근원을 담당하는 것은 오로지 신의 말씀이며, 이 말씀은 그리스어 원문에서 로고스Logos로 번역됐죠. 그리고 이어지는 구절에서 "이 말씀은 곧 하나님이시니라 만물이 그로 말미암아 지은 바 되었으니"라고 서술되어 있듯, 이 이성의 언어가 곧 신 그 자체이며 동시에 창조를 담당하게 됩니다. 이른바 '무로부터의 창조' creatio ex nihilo라는 극단적인 신념이 도입된 것인데, 이에 따르자면 코라 같은 질료조차도 모두 창조주가 만들어낸 것이 되죠. 따라서 카오스가 들어설 자리가 애당초 배제됩니다. 모든 것은 절대자인 신께서 질서 있게 창조했다는 거죠. 이 경우 혼돈은 억압되는 수준을 넘어서 아예 그 존재가 부정됩니다.

물론 무질서함에 대한 이러한 극단적인 배제는 여러 가지 문제를 낳았습니다. 가령 이 가르침이 참된 진실이라면 지상에서 벌어지고 있는 각종 혼란과 악덕들은 어떻게 설명해야겠습니까? 완전함을 추구했던 플라톤이 자신의 철학 체계 내에 코라의 열등함을 남겨놔야만 했던 논리적인 이유가 있었던 셈이죠. 그러나 기독교는 자신들의 교리를 플라톤으로 대체할 마음은 없었습니다. 대신 섭리론을 발달시켰죠. 그러니까 어떤 사태가 유한한 인간의 눈에 혼돈으로 보일지라도, 그 이면에는 신의 깊은 지혜와 의도가 작동하고 있다는 것입니다. 성 아퀴나스Thomas Aquinas가 했던 유명한 대답이 있죠.[6] "인간의 이성은 신성한 이성의 판단들에 그의 모든 충만함으로 참여할 수가 없다. 다만 그 나름의 방식으로 그리고 하나의 불완전한 방식으로만 참여할 뿐이다." 참고로 이는 근대에 활동했던 라이프니츠Gottfried

Wilhelm Leibniz의 최선의 세계 논변으로까지 이어졌던 변신론의 주요 논지이기도 합니다. 라이프니츠는 존재하는 모든 것은 전체의 관점, 즉 신의 관점에선 궁극적으로는 최선으로 흘러간다고 주장했죠. "신은 가능한 한 최대의 선을 산출하는 존재이고, 그렇게 하기 위해 필요한 모든 지식과 능력을 갖추고 있어서 신에게 결함, 과오, 죄가 있다는 것은 불가능하다. 신이 죄를 허용하는 것은 지혜이고 덕이다."[7]

질서의 배경

지금까지 그리스 신화, 플라톤 철학 그리고 기독교적 변신론 이렇게 세 가지 흐름을 살펴봤고, 저마다의 방식대로 카오스를 길들이거나 억압해왔음을 확인했습니다. 그리고 어떤 의미에서 이는—중간에 언급했듯—굉장히 자연스러운 반응입니다. 불가해성을 인간과 세계로부터 퇴출하려는 기획은 곧 그 개체의 생존과 직결되는 문제이기 때문입니다. 나를 살릴지 죽일지 알 수 없는 예측 불가능한 것과 함께하는 삶?—여기서 비롯되는 불안에 있는 그대로 장기간 노출될 때 인간 정신은 망가집니다.

이런 맥락에서 저 세 가지 정신 체계가 모두 극심한 사회적 혼란을 그 배경을 갖는다는 것은 결코 우연이 아닙니다. 차례대로 풀어서, 그리스 신화의 무대인 고대는 기본적으로 낮은 식량 생산성을 물론이거니와 기근과 전염병이 만연했던 시대였습니다. 평균 수명이 고작 30년가량에 불과했을 만큼 열악했죠. 신화가 자연 현상을 설명하기 위한 매체였다는 데에 주목하자면, 그리스의 신들이 보여주는 변덕과 오만은 그 원상인 자연환경이 고대 그리스인에게 얼마나 가혹하게 다가왔는지를 보여준다고 할 수 있겠습니다. 그뿐만 아니라 전쟁도 빼놓을 수 없는 혼돈의 요인이었죠. 신화의 시대였던 호메로스의 『일리아스』는 트로이를 무대로 한 전쟁 영웅들의 서사시였고, 역사로의 이행 이후 헤로도토스의 『역사』 역시도 리디아부터 이집트와 이오니아를 아우르는 페르시아 제국의 방대한 정복 전쟁부터 이것이 범그리스 연합에 의해 가로막히는 과정까지를 다룬 거대한 전쟁사였습니다. 다시 말해 세상이 카오스였기에 무엇보다 카오스를 견딜 수 없었던 것입니다.

플라톤의 경우에도 마찬가지입니다. 청년 플라톤이 소크라테스를 쫓아다니며 철학을 배우던 시절은 한때 에게해를 주름잡았던 제국 아테네가 처참하게 몰락해가던 시점입니다. 펠로폰네소스 전쟁에서 패배한 뒤 스파르타의 지원을 받는 이른바 '30인 참주정'이라는 괴뢰 정부가 운영됐고, 이것이 혁명으로 전복된 뒤에도 크고 작은 혼란이 이어졌죠—소크라테스가 독배를 받은 것도 이쯤입니다. 또한 전쟁 중 전염병이 크게 돌아서 아테네 인구의 3분의 1이 사망하는 극단적인 사태가 벌어지기도 했습니다. 가령 투키디데스Thucydides의 기록은 이 역병으로 사망자가 너무 많아서 정상적인 장례 절차를 치를 수 없게 된 상황부터, 이윽고 국가 시스템이 붕괴하고 도덕적 해이가 범람하는 무법천지가 되어버린 아테네의 광경을 적나라케 담고 있죠. 그러니까 플라톤이 직전 세대로부터 건네받은 역사적 유산은 혼돈이었고, 자신이 감내해야만 했던 현실도 몰락의 조짐들로 가득한 위태로운 것이었습니다. 플라톤은 세계에 절대적인 질서, 즉 이데아를 발명해내지 않았으면 아마도 미쳐버렸을 것입니다—그의 철학은 사실상 방어기제입니다.

끝으로 기독교도 마찬가지입니다. 잘 알다시피 첫 시작은 유대교였죠. 유대교가 발흥한 것은 예루살렘 동쪽에 펼쳐진 사막 지역인 '미드바르 예후다'Midbar Yehuda입니다. 다윗이 사울 왕을 피해 숨었던 곳이자, 세례자 요한이 활동하고 예수가 악마의 시험을 받았던 곳으로 유명하죠. 참고로 히브리어로 광야를 뜻하는 '미드바르'는 '말씀'(다바르)과 어원이 같아서, 이 지역 이름은 신의 목소리가 들리는 곳이라는 신학적 의미를 같이 갖고 있습니다. 그런데 이런 이름이 붙은 것이 단순한 우연이 아닌 것이, 이 지역은 정신착

란을 일으키기 쉬운 지역이기 때문입니다. 사해에 가까운 동쪽 지역은 사실상 비가 거의 내리지 않아 언제나 건조한 상태이고, 특히나 여름은 44도에 육박할 정도의 살인적인 고온을 자랑합니다. 또한 사막 기후 특성상 일교차가 극단적이며, 뜨거운 열풍을 뜻하는 함씬Hamsin이 불기라도 하면 여기에 휩쓸린 모든 것이 말라비틀어지죠. 이만큼 열사병으로 인한 뇌 기능 손상에 최적화된 곳도 지구상에 드물 것입니다. 여기서 심심하면 신의 목소리를 들었다는 사람들이 등장하는 건 그리 놀랄 만한 일이 아닙니다―물론 농담입니다!

이런 가혹한 기후뿐만 아니라, 유대인의 역사도 가혹하기로 유명합니다. 이를테면 제일 유명한 것이 「출애굽기」이죠. 이스라엘 백성이 이집트의 노예 생활에서 벗어나, 선지자 모세가 말한 약속의 땅 가나안을 찾아 대략 40년 동안 광야를 떠돈 이야기입니다. 모든 신화나 종교적 서술에는 과장이 섞여 있음을 고려하더라도, 이집트를 떠난 유대 집단은 꽤 오랫동안 앞에서 말한 저 광야를 떠돈 셈인데, 이 과정이 어땠을 것 같습니까? 그러니까 기본적으로 신에 의해 만사가 섭리화되어 있다고 강력하게 믿지 않으면, 도저히 버틸 수 없는 극한의 상황에 놓여 있었던 것입니다. 참고로 이는 유대교가 예수와 바울을 거쳐서 새롭게 가톨릭으로 재구성된 이후에도 마찬가지입니다. 가톨릭이 폭발적인 성장을 이뤄냈던 때는 로마 온난기가 종료되면서 기후가 대대적으로 한랭화된 3세기부터입니다. 덕분에 농업 생산성이 감소했고, 전염병이 창궐했으며, 새로운 터전을 찾아 남하하기 시작한 게르만족의 이동으로 인해 로마 국경이 불타오르기 시작했던 혼란기였죠.

충동과 믿음

이처럼 진리의 역사는 혼돈을 그 배경으로 갖습니다. 세계의 카오스적 면모를 부정하고, 그 이면에 근본적인 질서가 작동하고 있다는 믿음을 가졌던 거죠. 지금까지 서양 정신사가 카오스를 어떻게 억압해왔는지 살펴봤는데, 이에 대한 근대적 귀결점은 단연 합리주의입니다. 모든 판단에 최대한 이성적이고자 노력할 때 그에 부합하는 진리를 찾을 수 있으리란 전망이죠. 그런데 여기서 조심해야 할 점은, 이러한 합리주의적 믿음이 단순 기만만은 아니라는 것입니다. 이는 단순히 뉴턴의 운동 법칙이나 열역학 법칙 같은 자연과학적 질서가 현존하지 않느냐는 차원의 지적이 아닙니다. 되레 종잡을 수 없다고 여겨지는 인간 사회 내에서도 합리주의적 믿음이 합리주의적 실체를 만들어내기 때문입니다.

이를테면 충동을 떠올려봅시다. 달콤한 음식을 끊임없이 먹거나 잠을 계속해서 자려고 하거나 혹은 성행위에 거의 무한대로 집착하거나 등 인간을 구성하고 있는 충동들은 굉장히 다양하고 집요합니다. 잘 알다시피 이 중에서 이른바 '생존 충동'이란 포괄적인 표현으로 묶이는 충동이 항상 우리 몸의 사령탑에 앉는 건 아닙니다. 되레 이 충동은 일종의 비상 프로토콜에 가까울 뿐, 일상에선 거의 작동하지 않죠—현대인은 비만임에도 끊임없이 배달 음식을 추구하잖습니까?—사회에 만연한 흡연과 알코올 문화는 또 어떻습니까? 그러나 현대인 모두가 섭식장애나 과다수면증 혹은 의학적으로 의존증에 해당하는 중독에 시달리는 건 아닙니다. 대부분은 그럭저럭 충동들을 조절하면서 생활을 영위하죠. 그렇다면 이는 어떻게 해서 가능한가?—합리주의적 믿음이 개별 충동에 대한 주요한 협상 지렛대가 되어주기 때문입니다.

이를테면 식욕에 대한 과잉 충동은 어떻게 조절되는지 따져봅시다. 먼저 과식으로 인해 건강이 훼손됐을 때 얻게 되는 일상의 지장이 있습니다. 건강이 무너지면 친구를 만나고 돈을 벌고 잠을 자는 등 무수한 충동과 쾌락들이 무너지게 되죠. 또한 미적 가치를 지키고픈 충동이 작동할 수도 있고, 7대 죄악 중 하나인 탐식을 피하고 싶은 종교적 욕망이 작동할 수도 있습니다. 그런데 지금 열거한 이 모든 것은 모두 일정 질서에 기반합니다. 건강을 유지함으로써 거의 확정적으로 얻게 될 것으로 여겨지는 미래, 미적 기준과 종교의 체계가 유지될 것이라는 믿음—이는 질서에 속합니다. 그러니까 식욕에서 유예된 만족을 다른 곳에서 충족하거나 혹은 더 크게 보상받을 수 있으리란 일종의 무의식적 어음이 발행되는 셈입니다—자아는 충동의 수표책입니다.

그런데 질서가 존재하지 않는다면? 내일의 삶이 부도수표라면? 설령 질서가 존재하더라도 내가 그 질서에 부합할 가능성이 제로에 수렴한다는 점에서 충동을 유예하거나 교환할 하등의 이유가 없다면?—이럴 때 섭식장애가 생깁니다. 식食의 충동을 협상할 카드가 사라졌기 때문에, 불확실한 미래보다는 당장의 만족을 갈구하게 되는 거죠. 실제로 섭식장애는 자신의 삶과 환경에 대한 통제력을 상실했다고 느끼는 이에게 자주 나타나는 증상이죠. 섭식장애가 예측할 수 없는 감정 기복과 무기력감으로 대표되는 우울증과 높은 공병률을 보인다는 것은 결코 우연이 아닙니다. 또한 이른바 '오늘을 즐기자!'라는 카르페디엠carpe diem이 유행했던 배경이 14세기 중반 유럽 흑사병이 기승을 부리던 어두컴컴한 시절이라는 것 역시도 결코 우연이 아닙니다.

지금까지의 논의를 뒤집자면, 합리주의적 믿음은 충동들을 제어하기 위한 대전제입니다. 이게 없으면 충동들의 무작위적 소용돌이를 제어할 수단이 사라지게 됩니다. 실제로 내일을 장담할 수 없는 극한의 혼돈이 벌어졌을 때, 이로 인해 충동들이 고삐 풀린 채로 날뛰게 됨으로써 혼돈을 더욱 극대화하죠. 다시 말해 충동이 혼돈을 낳는 것이 아니라, 혼돈이 충동을 묶은 고삐를 끊습니다. 그렇기에 합리주의적 믿음은 실제로 충동들을 제어하게 함으로써 도덕, 문화, 정치, 경제 영역에서의 일정한 질서를 창출해냅니다. 물론 이는 순환 관계입니다. 자신이 구축한 질서를 보고 실체적으로 질서가 있다고 다시금 믿게 되기 때문이죠. 합리주의적 진리는 수행적 발화인 셈입니다. 참고로 이 지점을 정확히 포착했던 건 니체였습니다.『우상의 황혼』에서 소크라테스의 기원을 이렇게 설명했죠.

> 그러나 소크라테스는 훨씬 더 많은 것을 간파하고 있었다. 그는 아테네의 귀족들의 이면을 꿰뚫어보고 있었고, 자신의 경우가, 곧 자기와 같은 특이체질이 이미 예외가 아니라는 사실을 파악하고 있었다. 도처에서 그와 동일한 종류의 퇴락이 은밀히 준비되고 있었다. 다시 말해서 옛 아테네는 이제 종말을 고하고 있었던 것이다.—게다가

소크라테스는 전세계가 자신을 필요로 하고 있다는 사실을—자신의 수법, 자신의 치료법, 자신의 개인적 자기 보존술을 필요로 하고 있다는 사실을 알고 있었다. 도처에서 본능들은 무정부 상태에 빠져 있었다. 사람들은 도처에서 지나친 방종에 빠져 있었다. 즉 정신의 괴물 상태가 보편적인 위험으로 존재했다. "본능들이 폭군으로 군림하려고 한다. 우리는 그것에 대항하는 더 강한 폭군을 고안해내야 한다."[8]

니체에 따르자면 소크라테스는 뭐냐? 아테네의 몰락으로 인해 이른바 "정신의 괴물 상태"가 돼버린 고삐 풀린 폭군으로서의 충동들을 제어하기 위해 요청된 또다른 대항-폭군입니다. 그러니까 세계엔 질서정연한 진리가 존재하고 인간 이성은 부단한 철학함을 통해 여기에 도달할 수 있다고 믿었던 소크라테스적 합리주의는—충동들에 집어삼켜지지 않기 위한—"자신의 개인적 자기 보존술"인 거죠. 그리고 여기까지 논했을 때, 이런 의문이 드는 것은 자연스럽습니다. 그래서 진리는 혼돈인가 질서인가? 카오스인가 코스모스인가?

니체 가라사대

물론 세계의 궁극적인 상태를 확정 짓는 것은 불가능합니다. 엄밀하게 말해, 과연 세계를 관통하는 궁극적인 질서가 있는 것인지 아니면 카오스의 소용돌이에 불과한 것인지는 미정이기 때문입니다. 이를테면 식물, 조류藻類 그리고 일부 세균들이 태양의 빛에너지를 이용하여 에너지를 합성하는 광합성—이 원리 자체는 변칙적이지 않습니다. 관성의 법칙도 작동하고, 맥스웰 방정식에 따른 전기와 자기 현상도 물리학적으로 실재하죠. 과학은 판타지가 아닙니다. 지구상에 유효하게 작동하는 법칙의 목록은 빼곡합니다. 그래서 세계가 마냥 질서적이기만 하냐? 당연히 그렇지 않습니다. 인류는 당장 몇 년 전에 전 지구를 셧다운 시켰던 코로나 팬데믹을 예측할 수 없었음은 물론이거니와, 당장 몇 시간 뒤 주시시장이 오를지 내릴지도 확정적으로 추론해낼 수 없습니다. 또한 진화론에서 돌연변이는 DNA 복제 과정의 오류와 수선 시스템의 한계로 인해 무작위적으로 발생하죠. 21세기에 들어와서는 전례 없는 규모의 빅데이터를 바탕으로—이른바 딥러닝deep learning을 통해—극도로 정교한 예측 모델인 AI를 개발하고 있긴 하나, 과연 이를 통해 미래를 결정론적인 것으로 만들 수 있을지는 여전히 미심쩍습니다.

그러니까 우리가 경험하는 세계는 질서와 혼돈이라는 두 짝이 모두 존재하고 또한 적나라케 기능하고 있습니다. 하여 질서에 무게를 두고서 혼돈은 아직 밝혀지지 않은 공식과 논리의 발현에 불과하다고 말할 수도 있고, 반대로 혼돈에 무게를 두고서 질서는 몇 가지 요소들이 우연찮게 연결되어 생겨난 한낱 경향에 지나지 않는다고 말할 수도 있죠. 당연히 질서와 혼돈이 끊임없이 상호작용하고 서로를 통해 발현되는 복잡하고 역동적인 시스템이 곧 세계라는 식의 절충형 모범답안을 내놓아볼 수도 있습니다. 하지만 근본적으로 무엇이 정답인지는 확정 불가능합니다. 증명할 수 없으니까, 이는 철학적 테제의 영역이라고도 볼 수 있겠습니다. 어떻게 이성을 발휘할지는 여러분 각자의 몫이라는 말이죠!

다만 이때 주의해야 할 점은 어떤 테제를 택하건 간에, 사태는 이분법적으로 단순하게만 흘러가진 않는다는 것입니다. 심지어 본질은 카오스 속에서 법칙을 찾아내는 것이란 철학사의 오랜 불문율을 거스르며, 세계의 본질을 곧 카오스로 선언하더라도 마찬가지입니다. 본질은 카오스이기 때문에 질서는 모두 허구이다? 이런 단순한 결론은 유도되지 않습니다. 칸트의 말마따나 학문적 복잡성에 대한 혐오는 지적 결핍에 대한 반작용에 지나지 않죠.[9] 철학적 테제는 언제나 기초공사입니다. 바닥엔 시멘트를 단단하게 굳히더라도 그 위에 올라가는 건축물은 얼마든지 화려하고 복잡할 수 있다는 거죠. 집을 지을 때 시멘트를 쓰지만 동시에 집이 시멘트로만 이뤄질 수는 없습니다. 이에 대한 대표적인 예시는 앞서 잠깐 소개했던 프리드리히 니체입니다. 니체는 세계의 근원적인 형태가 카오스라고 봤습니다. 서구 철학 전통에서 상정하고 있는 배후에 존재하는 참된 질서 따위는 한낱 신화에 지나지 않는다고 봤죠. 그가 좋아하는 표현으로는 형이상학을 망치질한 것입니다.[10]

혹시나 해서 짚자면, 적어도 니체 본인에게 저 말은 단순한 문학적 수사가 아닙니다. 도덕이나 정치 영역에서 절대적인 진리가 없음은 물론이거니와, 수학이나 자연과학의 법칙들도 여기서 예외가 아니기 때문입니다. 니체는 수학적 개념은 인간이 생존과 편의를 위해 만들어낸 일종의 가상이라고 주장했죠. 이를테면 '이 사과 하나와 저 사과 하나를 더하면 사과가 두 개가 된다'라는 1+1=2의 고전적인 예시를 떠올려봅시다. 암묵적으로 두 사과는 '하나'라는 자연수로 추상화되고 그런 점에서 '동일성'을 획득합니다. 그러나 동시에 이 동일성은 인간 정신의 발명품입니다. 크게, 모양, 미세한 분자 구조 등 실제로는 동일한 사과는 존재할 수 없기 때문입니다.[11]

어떤 의미에선 이는 지극히 옳은 성찰이긴 합니다. 이를테면 삼각형은 세 개의 직선으로 연결된 평면 도형이죠. 그런데 세계에 어디에도 수학적 정의에 부합하는 '평면'이란 건 존재하지 않습니다. 아무리 평평해 보이더라도 분자 단위에서는 미세하게 울퉁불퉁할 수밖에 없기 때문입니다. 또한 '직선'의 정의는 폭이 없음인데, 이런 것도 존재할 수 없죠. 실제로 존재하는 모든 것은—심지어 컴퓨터 화면 위의 선도 픽셀pixel이란 면적을 갖죠—일정한 폭과 두께를 가지기 때문입니다. 그러면 수학은 뭐냐? 현실에 대한 근사치이자, 이에 기반한 추상적 체계입니다. 좀 더 밀고 나가자면, 니체에게 기호화된 모든 사고방식 자체가 일종의 해석입니다. 생물학적으로 XY염색체를 가지고 있다면 보통 '남자'라고 규정되지만, 동시에 모든 남자가 남자이기만 한 건 아닙니다. 저마다 취미도 다르고 식습관도 다르죠. 이처럼 성별은 그 개체를 규정짓는 하나의 방식일 뿐, 그 개체 그 자체인 건 아닙니다. 앞서 본 수학도 마찬가지입니다. 이는 대상을 규정짓는 방식 중 하나일 뿐입니다. 개체 자체는 수학적 규정으로 환원될 수 없습니다.

이때 오해하지 말아야 할 점은, 니체가 수학이 말짱 망상에 불과하다고 말한 건 아니라는 것입니다. 이를테면 뉴턴의 만유인력 법칙부터 케플러의 행성 운동 법칙, 호만 전이 궤도, 칼만 필터의 통계적 필터링 그리고 아인슈타인의 상대성 이론에 따른 시간 지연 및 공간 왜곡까지 고려한 고도의 복잡한 수학적 계산을 통해 아폴로 11호는 달 착륙에 성공했습니다. 수학이 작동했다는 것을 어떻게 의심할 수 있겠습니까? 니체의 논점은 이러한 실제적인 현실을 거부하는 것이 아닙니다. 다만 이 계산의 절대성을 거부할 따름입니다. 같은 예시를 계속 활용하자면, 아폴로 11호가 달에 착륙했던 1969년 7월 20일의 고정값은 태양입니다. 좀 더 정확히는 태양의 질량 1.989×10^{30}kg가 그대로 유지되는 한에서만 저 계산이 성립된다는 말이죠. 그런데 천문학적으로 태양은 불변한 게 아닙니다. 천문학적으로 약 50억 년 후엔 수명을 다할 것으로 추측된다니까, 그때가 되면 질량 손실로 인해 힘의 크기가 극적으로 변할 것입니다. 당연히 1969년 7월 20일 작동했던 법칙들도 폐기되거나 혹은 큰 변화를 겪는 것이 불가피할 테죠. 그러니까 무슨 말이냐면, 어떤 상태가 절대적인 것이 아니라는 것입니다. 태양의 중력처럼 그 상태를 창출하고 있는 조건은 얼마든지 변화할 수 있기 때문입니다.

삶의 조건으로서 비진리

물론 여기까지 읽었을 때, 건전한 상식을 가진 독자라면, 이게 너무 멀리 가버린 얘기가 아닐까 하는 의구심이 들 것입니다. 수학이 일종의 해석이라고? 태양의 수명 운운하면서 절대성을 부정하겠다고?―1세대를 대략 30년으로 잡았을 때 50억 년 뒤면 대략 1억 6천 6백만 세대가 넘게 지나가야 하는 무지막지한 시간대인데, 기껏해야 100년 남짓 살아갈 뿐인 현 인류인 우리가 이걸 진지하게 고려해야 하나? 니체가 정말로 이렇게 말했다고?―이러한 의구심이 드는 건 너무 당연하고, 사실은 이러한 의구심을 가진 독자가 직접 도서관에 가서 니체 원문을 열람해보는 경험을 해봤으면 해서, 각주에 문헌 출처들을 남긴 것이기도 합니다. 문학적이거나 자기계발적인 물로 희석하지 않은 니체 철학의 원액이 어느 정도인지 보여드리고 싶었거든요―니체는 후대 연구자들의 정신 건강을 위협하는 일종의 독성 물질임이 분명합니다!

사물의 본질이 곧 카오스라는 저 니체적 가르침을 진지하게 받아들이는 것은, 사실상 불가능에 가깝습니다. 이걸 있는 그대로 받아들일 때 어떤 지경에 도달하냐면, 단순히 대대적인 역병이 돌아서 광기에 휩싸인 아테네 혹은 포위

섬멸전으로 잿더미가 된 스탈린그라드 수준이 아니라, 그냥 맑은 하늘이 펼쳐진 평범한 출근길조차 재앙의 조짐으로 가득한 지옥도로 변하게 됩니다. 갑자기 지하철이 탈선할 수도 있고, 머리 위로 공룡을 멸종시켰던 운석이 떨어질 수도 있죠. 어디를 가던 '파이널 데스티네이션 시리즈'가 펼쳐지는 셈이죠. 물론 이런 재앙의 가능성은 극히 희박하지만, 동시에 아주 불가능한 것도 아닙니다. 카오스가 세계의 본질임에 집착할 때 확률과 통계는 비웃음거리로 전락하기 일쑤입니다―애당초 그걸로 예측이 안 되니까 '카오스'라고 부르는 거니깐! 그렇지만 이로 인해 외출을 전혀 하지 못한 채, 언제나 벼랑 끝에 서 있는 듯한 긴장 상태에 시달린다면, 보통은 정신과에서 범불안장애 진단을 받습니다. 그리고 항우울제 처방이나 인지행동치료 프로그램을 권유받겠죠. 혹은 당장 내일이 불투명하기에 충동을 마구 분출하며 카르페디엠적 주체가 된다면, 여러분을 기다리는 것은 높은 확률로 노후 빈곤입니다.

그리고 이 지점에서 반전을 주자면, 카오스에 너무 집착해서는 안 된다고 말한 것이 바로 니체 본인이라는 것입니다. 물론 실제로 많이 알려진 니체는 고정적인 진리를 거부하는 새로움의 사도입니다. 그의 아포리즘 목록에서 이런 문구를 발견하는 건 그리 어렵지 않죠. "나는 체계를 세우는 자들을 불신하며 그들을 피한다. 체계를 세우려고 한다는 것은 정직성이 결여되어 있다는 것을 의미한다."[12] ─그도 그럴 것이, 앞서 봤듯 세계의 본질적 형태가 카오스라면, 체계에 대한 집착은 곧 세계의 진상을 제대로 보지 않으려는 기만극이 되기 때문입니다. 그러나 동시에 니체는 저 아포리즘이 수록된 장에서 끝까지 관철된 앎을 거부하고 있기도 합니다. "내가 영원히 알고 싶지 않은 많은 것이 있다.─지혜는 인식에도 한계를 긋는다."[13]─명백히 선언되고 있듯, 지혜는 세계를 있는 그대로 빠짐없이 인식하는 데에 있는 것이 아니라, 되레 한계를 긋는 데에 있습니다. 이건 또 무슨 소리인가?

사실 이러한 반전은 앞서 니체가 수학을 부정하면서 했던 인용문 속에 암시됐던 것이기도 합니다. 구절 하나를 다시 환기하자면, "다행스럽게도 그러한 믿음에서 나오는 이성의 발전을 다시 되돌리기에는 이미 너무 늦었다."─묻건대 이게 왜 다행스러운 거죠? 적어도 두 가지 의미입니다. 하나는 앞서 말했듯 가상은 그냥 가상이 아닙니다. 아폴로 11호를 달에 착륙시킨 수학 계산식처럼 엄연히 기능하는 가상들이죠. 이것이 절대적인 법칙으로 작동하는 게 아니라고 해서, 이를 알아내고 활용하지 말라는 법은 없습니다. 따라서 "이성의 발전"을 통해 지금 우리가 누리고 있는 현대 과학의 산물들을 부정할 이유가 없는 거죠. 다른 하나는 카오스를 오랫동안 응시하면 미쳐버린다는 것입니다. 니체는 세계의 근원적인 모습을 "영원히 고뇌하며 모순에 가득 찬 존재"[14], 즉 일종의 카오스라고 처음 선언했던 『비극의 탄생』에서 이렇게 적었습니다.

> 이런 의미에서 디오니소스적 인간은 햄릿과 유사하다. 양자는 우선 사물의 본질을 올바로 들여다보았다. 그들은 인식했던 것이다. 그러고 나면 행동을 한다는 것은 그들에게 구토를 불러일으키는 것이다. 그들의 행동은 사물의 영원한 본질을 조금도 바꿀 수 없기 때문에, 뒤죽박죽인 세계를 다시 정돈하라고 요구받는 것이 그들에게는 우스꽝스럽고 치욕적인 것으로까지 느껴진다. 인식은 행동을 죽인다. 행동하기 위해서는 환각의 베일에 싸일 필요가 있다.[15]

세계의 진상을 인식한다는 것, 다시 말해 세계가 카오스에 근거한다는 사실을 직시할 때, 그 인간은 구토를 느낍니다. 이 구토는 자신에게 카오스를 정돈할 능력이 없음에 대한 절망이요, 극한까지 떠밀린 우울이죠. 따라서 인식의 주체는 무력감에 손끝 하나 움직이지 못하는 마비 상태에 빠지고 맙니다. 말 그대로 "인식은 행동을 죽인다." 그래서 행동하기 위해서는 세계가 카오스가 아니라고 믿는 "환각의 베일에 싸일 필요"가 있는 것입니다. 수학이나 도덕 체계가 단순한 가상이 아닌 단단한 실체가 있는 무언가라고 믿어야만 한다는 거죠. 그렇다면 니체적으로 봤을 때 이는 세계의 진리라고 할 수 있는 카오스를 부정한 것이므로 '오류' 내지 '비진리'라고 볼 수 있고, 우리들의 삶은 자살하거나 우울증에 빠지지 않기 위해 이 오류와 비진리에 근거한다고 말할 수 있습니다. 실제로 이는 『선악의 저편』에서 삶을 유지하기 위해 비진리를 받아들여야 한다는 사유❖로서 정식화됐죠.

인간적인 너무나 인간적인

정리하자면 니체에게 세계의 본질은 카오스이고 인간은 이 맨정신으로 이 카오스를 견딜 수 없기에, 이 본질을 질서로

❖ 프리드리히 니체, 김정현 역, 『니체 전집14: 선악의 저편/도덕의 계보』, 책세상, 2002, 19쪽.; 『즐거운 학문』에서는 오류를 곧 삶의 조건으로 설정했습니다. 프리드리히 니체, 안성찬·홍사현 역. 『니체 전집12: 즐거운 학문/메시나에서의 전원시/유고(1881년 봄~1882년 여름)』, 책세상, 2005, 196쪽.

서 바꾸고자 합니다. 우주는 신에 의해 조율된다는 전통적인 종교관부터 우주를 관통하는 근본 원리는 수학이라는 근대적 과학관까지 그 진리의 역사는 장구하죠. 그러나 니체는 이러한 진리를 단순한 허구나 기만극에 불과하다고 말하지 않습니다. 그가 보기에 저 카오스를 직면하기에 인간의 정신은 턱없이 나약하고 유한하며, 동시에 법칙처럼 보이는 일련의 경향들이 실제로 기능하는 것 또한 사실이기 때문입니다. 반복컨대 그 경향이 절대적이지 않다고 해서 그걸 이해하고 활용할 필요가 없다는 결론은 도출되지 않습니다(이건 마치 인간은 어차피 죽게 되므로 살아봤자 무의미하다는 식의 논변에 불과합니다). 그렇기에 니체는 되레 과학을 배우기를 적극적으로 권하고 있습니다.❖

니체는 뉴에이지식 자연주의나 야만 예찬론자 따위가 아닙니다. 이는 니체를 반지성주의의 선봉에 세우고 싶은 사람들의 욕망이 반영된 것일 뿐, 니체와는 무관합니다—니체는 니체주의자가 아닙니다. 우리들이 살아가는 동안 과학은 기능하고, 50억 년 뒤에 태양이 소멸한다고 해서 지금 태양계에서 유효한 원리들을 탐구하고 배우지 말아야

❖ 1872년 여름에 남긴 메모에서 니체는 자연과학의 성과들을 적극 배워야 한다고 말하고 있다. 프리드리히 니체, 이상엽 역, 『니체 전집5: 유고 (1872년 여름~1874년 말)』, 책세상, 2002, 30쪽.

할 필요는 없습니다. 다만 니체의 논점은 "우리는 환상을 통해서만 살 수 있다"라는 선언처럼 이 법칙은 절대적인 것이 아닌, 절대적인 질서가 있었으면 하는 인간의 욕망이 반영된 가상이라는 것입니다. 이러한 믿음은 우리가 과도한 불안이나 우울증에 빠지지 않게 해주며, 계속해서 세계를 탐구하고 활용할수록 북돋아 줍니다. 에어컨부터 각종 의료 기술까지 현대 과학의 성취에 대해 일일이 열거할 필요는 없을 것입니다. 그래서 니체에게 전통적인 진리는 단순 오류가 아닌 이른바 삶에 필수적인 믿음이자 도구로서 취급했죠. 다시 말해 진리는 곧 오류이되 이는 이른바 유용한 오류nützlicher Irrtum입니다.[16]

그러나 이것이 전부인 건 아닙니다. 인용문 말미에 니체가 날카롭게 비틀고 있듯, 이러한 진리는 우리의 삶이 핵심을 전혀 변화시키지 못한다고 적고 있기 때문이죠. 물론 이는 아주 상식적인 말입니다. 이를테면 물리적으로 봤을 때 우리가 땅을 발로 밀어낼 때(작용), 땅도 우리를 같은 크기의 힘으로 밀어냅니다(반작용). 따라서 우리는 앞으로 걸을 수 있죠. 그러나 동시에 작용-반작용 법칙을 지키기 위해 걷는 사람은 없죠. 우리는 맛집에 가거나 사랑하는 이를 만나러 가기 위해 걷습니다. 물리법칙은 그 욕망을 실현하기 위한 수단이자 그 욕망이 구현되는 조건이죠. 따라서 니체가 행한 이른바 모든 가치의 재평가Umwertung aller Werte가 겨냥한 주된 분야는 예술, 도덕, 정치 같은 영역이었습니다. 그러니까 『차라투스트라는 이렇게 말했다』가 뉴턴을 논박하기 위해 적힌 책은 아니란 소리이죠!

그렇지만—그럼에도—진리를 둘러싼 상황은 크게 변하지 않습니다. 최소한의 정신 건강을 위해 세계가 물리적으로 법칙화된 공간이라고 믿고, 그 외의 인문적인 분야에서만 카오스를 개방한다? 조금만 생각해봐도 이는 불가능합니다. 뉴턴의 운동법칙이나 맥스웰 방정식 때문에 정신과를 방문하는 이는 거의 없으니까요. 극심한 것은 정치나 문화 혹은 경제적인 규범이 흔들릴 때 가해지는 충격입니다. 게다가 어느 누구도 매번 전면적으로 변화를 수용할 수는 없습니다. 취향, 편견, 신념체계 같은 요소는 한번 형성되면 좀처럼 바뀌기 힘듭니다. 고정관념의 강화는 단지 인지 능력이 저하되고 사회적 접촉이 감소하는 노년기민의 증상이 아니라, 그냥 인간 인생 전체에 걸쳐서 나타나는 일관적인 경향이기 때문입니다. 최선을 다해 노력해볼 수는 있겠지만, 결국엔 어딘가에선 멈춰 서게 될 테죠. 내 결론을 타인에게 강요하지 않는 선에서 만족하며 죽음을 기다리는 순간이 분명 찾아올 것입니다. 우리 모두는 유한합니다.

따라서 인문적인 분야에서 카오스의 전면화는 무엇보다

불가능한 과제입니다. 여기서도 절망에 빠지지 않기 위해 확정 지을 필요가 있는 일련의 법칙, 아니 환상들이 존재합니다. 사회, 도덕, 정의, 경제, 문화 등 여러 분야에서 작동하는 유용한 오류이자 진리들을 인정하지 않을 수 없죠. 그리고 내 정신이 무너지지 않는 선에서—당신이 이를 원한다면—일부를 바꿔볼 수 있을 것입니다. 그렇지만 이 경우에도 카오스에 장기간 노출되어선 곤란합니다—이는 사고로 인해 벌어질 수 있는 불미스러운 사태이지, 결코 권장사항이 아닙니다. 앞서 말한 니체의 작업도 모든 가치의 해방이 아니라 모든 가치의 재평가였다는 것을 적극 환기할 필요가 있습니다. 기존 개념에 대한 평가를 새롭게 하여 나만의 진리로 재구성하겠다는 거죠. 주어진 질서를 따르느냐 내가 창조한 질서를 따르느냐의 차이는 있지만, 어쨌거나 질서 속에 있다는 점은 공유됩니다. 반복컨대 카오스 자체는 인간이 버틸 수 없는 것입니다. 그래서 신은 죽었다던 니체의 선언은 옳습니다—이 말이 뜻하는 바는 무엇보다 우리 중 어느 누구도 신일 수 없다는 것입니다. 우리는 모두 인간적인, 너무나 인간적인 존재일 따름입니다.

    이만 마칩니다. 총총.

1 헤시오도스, 천병희 역, 『신들의 계보』, 숲, 2009, 116행.
2 같은 책, 814행.
3 조대호, 「카오스와 헤시오도스의 우주론 : 『신들의 탄생』을 중심으로」, 한국철학회, 2002, 7쪽 참고 바람.
4 플라톤, 박종현 역, 『티마이오스』, 서광사, 2000, 148쪽.
5 같은 책, 83쪽.
6 Thomas Aquinas, 『The Summa Theologica』, trans. by Fathers of the English Dominican Province. edition Benziger Bros, 1947, First Part of the Second Part, Question 91, Article 3. (*https://isidore.co/aquinas/summa/FS/FS091.html)
7 고트프리트 빌헬름 라이프니츠, 이근세 역, 『변신론』, 아카넷, 2014, 170쪽.
8 프리드리히 니체, 박찬국 역, 『우상의 황혼』, 아카넷, 2015, 35~36쪽.
9 임마누엘 칸트, 이엽 외 2명 역, 『논리학·교육론』, 한길사, 2021, 51쪽.
10 프리드리히 니체, 안성찬·홍사현 역. 『니체 전집12: 즐거운 학문/메시나에서의 전원시/유고(1881년 봄~1882년 여름)』, 책세상, 2005, 184쪽.
11 프리드리히 니체, 김미기 역. 『니체 전집7: 인간적인 너무나 인간적인 1』, 책세상, 2001, 32쪽.
12 프리드리히 니체, 박찬국 역, 『우상의 황혼』, 아카넷, 2015, 20쪽.
13 같은 책, 12~13쪽.
14 프리드리히 니체, 박찬국 역, 『비극의 탄생』, 아카넷, 2007, 81쪽.
15 같은 책, 116·117쪽.
16 Wolfgang Müller-Lauter, 『Nietzsche-Interpretationen』, De Gruyter, 1999, p.212.; 최근 니체 철학에서 인간 삶의 기능으로서의 진리 개념을 조명한 국내 연구로는 다음을 참조 바람. 정대훈, 「'지식의 의지' 개념 분석을 중심으로 한 푸코와 니체의 사상적 관계에 대한 고찰」, 『철학』 제139집, 2019, 167~195쪽.

에필로그

주의사항

이 책을 처음 시작했던 프롤로그의 첫 문단을 옮겨봅시다. "철학을 배우고자 이 책을 펼쳤을 이에게 제일 먼저 드리고픈 말씀은, 철학은 배울 수 없다는 것입니다. 중요한 부분이니 반복해서 말하겠습니다—철학 자체는 전달 불가능합니다. 이것이 축복인지 유감인지에 대한 가치판단은 유보하도록 하겠습니다. 그건 제 몫이 아닌 까닭입니다." 이어서 마지막 문단의 후미 또한 옮겨보자면, "그렇지만, 적어도 본 책이 여러분 각자가 가진 철학적 기량을 시험하고 단련하는 데엔 꽤나 쓰임새가 있으리라 감히 믿고자 합니다."

과연 이 믿음은 이뤄졌을까요? 원고를 집필할 때 제 머릿속에 떠들어대는 상상 속의 독자들은 '그리 나쁘진 않았다'라고 말해주지만, 상상이라는 건 언제나 자의적인 법입니다. 달리 다른 도리가 없기에 상상력을 경유할 뿐, 그리 신뢰할 만한 능력은 아니죠. 본 책은 사회, 예술, 종교, 철학의 다양한 분야들을 건드리며 철학함에 이바지하기 위한 예제들을 다루었습니다만, 이는 분명 누군가에게는 기존에 알고 있던 내용을 다소 열화된 방식으로 요약한 것에 지나지 않는 것일 수도 있을 겁니다. 그렇지만 반대로 이제까지 생각해본 적 없는 방향으로 사유가 트이는 경험을 한 이도 있을 테죠. 전자에 대해선 별로 드릴 말씀이 없습니다.❖ 문제는 후자인데, 이들을 위한 짧은 주의사항으로서 이 에필로그를 덧붙이고자 합니다.

여기에 속한 분들 대부분 철학이란 학문 자체는 제대로 접한 적이 없는 독자일 심산이 큽니다. 이른바 철학적 초심자인 거죠. 그도 그럴 것이, 단군 이래 문제가 되지 않았던 적이 없는 대한민국 교육체계는 물론이거니와, 마치 하나의 자연 질서처럼 돼버린 자본주의 체제 역시도 철학함을 접하고 단련하기엔 그리 우호적이지 않은 환경이기 때문입니다―물론 역사에서 비단 자본주의가 아니더라도 철학이 주류였던 사회는 거의 없었지만 말입니다. 따라서 이 책을 통해 이전에는 떠올리지 않았던 생각들을 떠올리게 됐다는 건 그리 놀랍지 않습니다. 다만 이때 '떠올리지 않았던 생각들'을 '떠올리지 못했던 생각들'로 오해해선 안 됩니다.

❖ 깝죽대지 말고 학회에서 보도록 합시다, 산 채로 배를 갈라서 … ―물론 농담입니다!

얼핏 보기에 비슷한 말처럼 보이지만 이 두 표현은 완전히 다른 차원에 속합니다. 떠올리지 않았다는 것은 말 그대로 떠올리지 않은 것에 불과합니다. 마치 비가 오지 않는 하늘을 보고 '오늘은 비가 오지 않네'라고 말하는 것처럼 건조한 사실 판단인 거죠. 그러나 떠올리지 못했다고 생각하는 순간, 이는 능력의 부정이 돼버립니다. 마치 대뇌피질이 모자란 고양이가 톨스토이를 읽지 않는 게 아닌 읽을 수 없는 것이듯, 못-부정문을 쓰는 순간 여러분의 사유는 끊임없이 스승을 찾는 무능의 굴레에 갇히게 됩니다.

이는 언어를 통한 의미 전달이 갖는 경이로운 효율성, 바로 그 뒤쪽으로 생긴 짙은 그림자입니다. 모든 걸 직접 경험을 통해서만 배워야 한다면 우리는 지금도 뗀석기를 다듬고 있을 테지만, 동시에 이 말인즉 타자의 언어는 여러분의 경험—좀 더 정확히는 그 경험에 대한 나름의 의식적인 정리 바깥에서 침입한다는 뜻이기도 하죠. 그렇기에 사회, 퇴폐, 이미지 등 분명 같은 경험을 했음에도 내가 떠올리지 않았던 관점들을 듣는 경험은, 자칫 나 스스로는 그런 생각을 떠올릴 수 없었을 것이라는 가상을 만들어내기 일쑤입니다. 본인이 그 말을 이해할 수 있는 능력을 갖고 있다는 것보다는, 저 스승을 만나지 않았더라면 사유 능력이 영원히 비활성화된 상태로 남아있었을 것만 같은 아찔한 기분이 드는 거죠.

물론 이런 기분은 언어의 역설에 기인합니다. 먼저 짚었듯, 언어를 통한 정보나 깨달음의 전달은 직접 경험을 아득히 넘어서는 지적 지평을 우리에게 선사해주기 때문입니다. 자신은 거인의 어깨 위에 올라섰기 때문에 멀리 볼 수 있었다고 말했던 뉴턴의 말은 결코 과장이 아닙니다. 따라서 자신의 무지에 대한 끊임없는 자각은 도처에 흩어진 앎을 경청하도록 만드는 주된 원동력이고, 이는 실제로도 지름길입니다—고로 이상한 핑계를 둘러대며 독서를 게을리하지 마시기를 바랍니다! 독일어에서 '이성'을 뜻하는 'Vernunft'가 '듣다/청취하다'를 뜻하는 'vernehmen'과 어원적으로 긴밀히 엮여 있다는 건 결코 우연이 아닙니다. 그러나—동시에—경청에만 너무 매몰되면 스스로 사유하는 능력이 함몰되고 맙니다. 문제가 생길 때마다 부모를 찾는 아이 혹은 나이를 먹어서도 여전히 그 습관에 묶인 어른-아이처럼, 설명자의 노예가 돼버리는 거죠. 이는 자꾸만 전문가를 찾고 그러다가 전문가의 전문가까지 찾아 나서는 기이한 악순환의 원인이기도 합니다.

이런 맥락에서 좋은 쪽이건 싫은 쪽이건 간에 소크라테스가 실로 문제적인 인물이라는 건 분명합니다. 널리 알려졌듯, 소크라테스식 대화법이란 끊임없는 질문을 통해 상대방으로 하여금 자신이 알고 있던 바가 사실은 비진리였음을 추론케 하는 것, 즉 무지를 깨닫게 하는 방식이죠. 그런데 이 방식은 그 자리에서 사람을 바보로 만드는 기술이기도 합니다. 실제로 플라톤이 묶어낸 대화편의 중후기로 갈수록 소크라테스와 대화하는 상대방은 '그렇습니다'를 반복하는 일종의 거수기가 돼버리죠. 이는 훌륭한 극작가인 플라톤의 단순 실수가 아닌, 소크라테스식 대화법이 가진 어두운 점이 발현된 것입니다. 그렇기에 자크 랑시에르Jacques Rancière가 소크라테스를 두고, 상대방을 가르치는 것이 아닌 우매화abrutissement하고 있다는 지적은 깊이 숙고될 필요가 있습니다. 소크라테스 같은 스승의 개입이 아니었다면 자신이 가진 생각이 비진리임을 영원히 몰랐을 것이라고, 그러니까 자신은 진리에 대해 영원히 수동적이기만 한 무능한 존재라고 여기게 만든다는 거죠.[1]

그렇다면 소크라테스는 지적 해방의 대립자인가? 지적으로 스승에 종속돼버리는 우매화를 퍼뜨린 존재인가?—이 책에서 여러 차례 강조했듯, 단순화는 오류로 가는 지름길입니다. 이런 분석이 곧 소크라테스의 전부라고 판단하는 건 랑시에르라는 또다른 스승에게 종속되는 우매화에 불과할 것입니다—이를테면 소크라테스가 요구한 건 무능의 자각이 아닌 무지의 자각이었음을 지적해볼 수 있겠죠. 그러나 소크라테스가 행하는 문답이란 형식에 이런 어두운

면이 있을 수 있다는 것 정도는 얼마든지 취해볼 수 있습니다. 그리고 이를 적절히 가공하여 단순한 지식의 부재를 역량의 부재로 오해하지 않기 위한 시금석으로도 써볼 수도 있을 것입니다.

 물론 단순한 낙관은 금물입니다. 우매화의 감각이란 무의식으로 스며드는 것인지라 부단한 의식적 단속을 요구로 하는 아주 피곤한 사안인 까닭이죠.❖ 또한 모든 분야를

❖ 개인적으로는 쓰는 것을 추천합니다. 읽음에만 머무르는 건 터무니없을 만큼 무모하기 때문입니다. 이는 자신이 천재라고 믿고픈 둔재들의 오만입니다. 천재들도 끊임없이 메모하고 초고가 걸레짝이 될 만큼 고쳐댔음을 잊어선 안 됩니다. 뇌는 불편함을 기본적으로 거부합니다. 그런데 이때 뇌의 무게중심은, 당면한 문제를 고집스럽게 해결하는 것보다는 잊어버리는 쪽으로 기울어져 있습니다. 인류 역사의 대부분은 정착한 곳을 어떻게든 개선해보려는 정주가 아닌, 유목으로 이뤄져 있기 때문입니다. 다시 말해 뇌는 피함을 곧 해결책으로 인식합니다. 그러나 애석하게도 루소의 말마따나 문명인에게는 미답지가 없습니다. 이제 회피는 물리적 방식이 아닌 망상적 방식으로 전환됩니다. 문제가 있음에도 마치 없는 것처럼, 그러니끼 이해하지 못한 설 마치 이해한 듯한 기분으로 덮어버리는 것입니다. 따라서 읽고서 드는 이해된 기분은 말 그대로 기분일 뿐입니다. 기분은 실체가 아닙니다. 하여, 기분은 철학의 적입니다. 반대로 쓴다는 건, 이해한 바를 바깥으로 끄집어낼 수밖에 없다는 것입니다. 이는 두 가지 근본적인 계기를 가져다줍니다. 첫째, 읽어낸 논리를 씀을 통해 정리하면서 결국 빈칸과 얼룩들을 찾게 됩니다. 이는 저자의 오류일 수도 있고, 독자의 오류일 수도 있습니다. 확실한 건 이를 해결함으로써 앎의 디딤돌이 하나 더 생긴다는 것입니다(물론 이 돌이 쌓아지는 곳이 진보의 계단일지 바벨탑일지는 알 수 없습니다). 그러므로 쓰기 전까지 당신은 아는 바에 대해 모른다고 가정해야 합니다. 이 가정을 통해 진리의 종착지에

스스로 생각하는 것은 물리적으로 불가능한 일이기도 합니다. 결국에 어느 정도는 덮어놓고 믿으며 의존해야만 하죠. 그렇다면 스스로 생각해야 할 사안과 의존해야 할 사안 간의 황금비율이 존재할까요? 당연히 존재하지 않습니다. 삶 자체에 대한 전문가는 없습니다. 전문성이란 말 그대로 특정 영역에 대한 것인데 반해, 삶이란 실로 다채롭고도 역동적인 엮임이기 때문이죠. 그래서 삶의 전문가를 자처하는 건 사기꾼뿐입니다. 이 책의 서두를 철학 자체를 가르치는 것의 불가능함을 선언하면서 시작했다는 걸 절대로, 절대로 잊으시면 안 됩니다. 결국엔 당신의 삶은 당신이 살아내야 하는 것이고, 또한 스스로 사고하며 규정할 수밖에 없는 것입니다. 각자의 자리에서 힘닿는 데까지 가는 것 이상은

도착할 수 있음은 보증해줄 순 없지만, 적어도 나침반은 되어줄 것입니다. 둘째, 쓴다는 건 필연적으로 텍스트의 일부를 발췌하고 축약함을 내포합니다. 텍스트 전체를 그대로 필사하는 건 쏨이 아닌 까닭입니다. 그렇다면 발췌와 축약의 기준은 무엇인가? 이는 독자가 속한 고유한 맥락에 다름 아닙니다. 이를 통해 독자는 자기 자신에 대해 깊이 알아볼 계기를 갖습니다. 자신이 무엇에 주안점을 두고 있는지 혹은 거기에 주안점을 두라고 은밀히 명령한 이가 누군지에 대한 물음을 던질 계기를 얻게 됩니다. 만일 텍스트의 이해와 사용이 읽음의 목적이라면, 가혹하게 정식화해, 쓸 줄 모르면 사실은 읽은 것도 아닌 것입니다. 이상의 논리에 대한 거부는 거부합니다—이는 백치이거나 신일 것인데, 둘 다 대화와 설득의 대상이 아닌 까닭입니다. 저는 한낱 인간에 불과합니다.

없습니다. 전달에 관한 한 오로지 철학함만이 간신히 유효합니다. 철학은 전달의 영역이 아닙니다.

이만 마칩니다. 총총.

1 자크 랑시에르, 박영옥 역, 『자크 랑시에르와의 대화』, 인간사랑, 2020, 548쪽.

우리는 철학에 대해 어느 정도 알고 있다고 생각한다

모르진 않지만, 잘 아는 것도 아닌 것들에 대한 철학 개념 쌓기

초판 1쇄 2025년 9월 24일
초판 2쇄 2025년 10월 30일

지은이 홍준성
발행인 최현수
편집팀장 여지효
기획 및 책임편집 이유진
편집 여지효 최선화
표지 디자인 최효정
본문 디자인 서주성

브랜드 북엔드
본사 대전광역시 서구 둔산로 63, 403-539호
전화 0507-1367-3454 팩스 0505-300-3454
홈페이지 bookend.tech
이메일 info@bookend.tech
인스타그램 instagram.com/bookend.tech

ISBN 979-11-976013-8-5 (03100)
발행처 (주)도서출판 북엔드
등록 2021년 9월 15일 제 2021-000047호

- 북엔드는 북테크 스타트업 '북엔드'의 지식교양서 브랜드입니다.
- 이 책은 저작권법에 따라 보호를 받는 저작물이므로 무단 전재와 복제를 금지하며, 내용의 전부 또는 일부를 이용하려면 반드시 저작권자와 북엔드의 서면동의를 받아야 합니다.
- 책값은 뒤표지에 있습니다. 잘못된 책은 구입하신 곳에서 바꿔드립니다.